Stefanie Gruber

Lichtkriegerin

Seelenreise

Bibliografische Information der Deutschen Nationalbibliothek:
Die Deutsche Nationalbibliothek verzeichnet diese Publikation
in der Deutschen Nationalbibliografie;
detaillierte bibliografische Daten sind im Internet über
www.dnb.de abrufbar.

© 2014 Stefanie Gruber
Titelbild: Julia Tenschert
Satz: Bluecomm, Rudolf Hamberger
Herstellung: BoD – Books on Demand,
Norderstedt
Printed in Germany

ISBN: 978-3-00-044448-7

Erinnert aus meiner Seele – geboren für die Welt.

Für meine Schwester Christina.

Danksagung

Mein besonderer Dank gilt vor allem meiner
Familie, ohne euch und eure liebevolle
Unterstützung hätte ich das nicht geschafft.
Danke Ulrich, mein Seelengefährte und Ehemann.
Danke Maximilian, für dein anerkennendes Staunen.
Danke Emily, für dein feuriges Anstacheln.
Danke Valentina, für die lustigen Spielpausen.
Danke Christina für die ständige Inspiration
und das Kinderhüten.
Danke an alle, die mir Mut gemacht haben
nicht aufzugeben.

Ich danke der „Rotte"! Allen voran Claudia,
ohne dich würde es dieses Buch nicht geben!
Michael, Rudi, Gundula, Angelika, Gabi, Maria, Eva,
Ulrike, Doris, Tanja, Karina, Anton, Ulrika.

Danke meiner Herzensschwester Julia, dass sie
immer ein offenes Ohr und Herz für mich hat.

Ich danke allen meinen Leserinnen und Lesern!
„Möge euch beim Lesen der Lichtkriegerin,
eure Seele Bilder schenken, damit auch ihr
euch erinnert."

Inhalt

Verwirrende Begegnung	9
Gedanken lesen	16
Alltagstrott	21
Nächtlicher Besucher	25
Reise in die Vergangenheit	34
Schmerzliche Entscheidung	44
Schreckliche Ereignisse	58
Das Leben geht weiter	65
Unwiderrufliche Verwandlung	84
Mein neues Leben	102
Wer bin ich	113
Die Suche beginnt	138
Die Höhle des Grauens	167
Portale und große Mütter	205
Der König der Seelenzehrer	257
Das Erwachen	281

Verwirrende Begegnung

Es war ein herrlicher Freitagmittag, ich war so aufgekratzt wie schon lange nicht mehr. Wir waren auf dem Weg nach München zu einem Konzert meiner absoluten Lieblingsband, den Red Hot Chili Peppers. Es herrschte mildes Frühsommerwetter, genial für ein Open Air. Wir, das sind mein geliebter Schatz Andreas, meine kleine Schwester Tessa und meine Wenigkeit. Darf ich mich an dieser Stelle kurz vorstellen: mein Name ist Lea Müller und ich bin 30 Jahre alt. Mein Mann Andreas und ich haben zwei Kinder, Leo und Anna, die wir dieses Wochenende in die Obhut meiner Mutter gegeben haben. Sie freut sich immer sehr über den Besuch ihrer Enkel. Tessa war mit von der Partie, da wir ihr das Konzert samt Übernachtung zum Geburtstag geschenkt hatten. Die ganze Fahrt blödelten wir und waren bester Laune, vor allem Tessa, die mit einem guten Freund von Andreas, namens Christian, einen heißen SMS Flirt am Laufen hatte. „Was schreibt er denn wieder?", wandte ich mich nach hinten zu ihr, da das Handy schon wieder gepiept hatte. Ganz aufgelöst antwortete sie: „Er überlegt, ob er auch noch kommt!" Ach je, dachte ich, das kann ja noch heiter werden. Wenn sich Tessa in was hinein gesteigert hatte, konnte man sie kaum wieder runterholen. Andreas grinste die ganze Zeit, sagte aber nichts. Er hatte ein ruhiges Gemüt, manchmal zu ruhig für meinen Geschmack, aber ich liebte ihn über alles und er mich auch. Der Gedanke daran, die nächsten Stunden gemeinsam mit ihm zu verbringen, machten mich richtig glücklich. Heute gehörte er mir ganz allein, ich musste ihn nicht mit den Kindern und schon gar nicht mit seiner Arbeit teilen.

„Wir sind gleich da", sagte Andreas, „da links ist das Stadion und dahinter der Olympiapark und irgendwo dort ist unser Hotel." Er fuchtelte wild mit seiner Hand herum. Nach wenigen Minuten lenkte Andreas den Wagen auf einen Parkplatz und wir stiegen aus. Er öffnete den Kofferraum und machte sich an unserem Gepäck zu schaffen. Tessa fragte ihn: „Glaubst du, dass Christian kommt?" Andreas schaute sie kurz an: „Weiß ich doch nicht, aber Christian ist immer für eine Überraschung gut." „Lasst uns einchecken und die Zimmer anschauen", sagte Andreas, um vom Thema abzulenken und ging voraus. Wir folgten ihm, Tessa mit einem erwartungsvollen Lächeln im Gesicht, sie glaubte felsenfest, ihr neuer Angebeteter würde nach dem Konzert im Hotel auf sie warten. Ich ließ ihr ihre Hoffnung, nahm meine Tasche und schloss mich ihnen an. Wir betraten das Foyer und wurden sofort freundlich begrüßt. Andreas erledigte die Formalitäten und drückte uns die Zimmerschlüssel in die Hände, wobei ich einen gleich meiner Schwester gab. „Lea", fragte sie mich, „kommst du dann in mein Zimmer und hilfst mir beim Schminken?" „Ja gerne", antwortete ich ihr, „lass mich noch kurz duschen und dann bin ich gleich bei dir." Andreas verdrehte die Augen, „Mädels, wir gehen auf ein Open Air, nicht in die Disco." „Was weißt du schon", sagte ich darauf und lächelte ihn verschmitzt an, „wir wollen trotzdem hübsch ausschauen." Ich bekam gar nicht mit, dass wir den Aufzug wieder verlassen hatten und schon vor unserem Zimmer standen. Tessas Zimmer befand sich drei Türen weiter von unserem entfernt. „Was hast du für eine Zimmernummer?", rief ich ihr noch zu, bevor sie in der Tür verschwand. „214", rief sie zurück. „Ich ruf an, wenn ich fertig bin." „Ok", gab sie zur Antwort und dann schloss sich die Tür hinter ihr. Andreas stand schon im Zimmer und war gerade dabei, sich auf das Bett zu werfen, als ich die Tür zuzog. Das Zimmer war nicht sehr groß. In der Mitte stand ein Doppelbett mit weißer gestärkter Hotelwäsche überzogen, gegenüber stand ein Fernseher, daneben ein Sofa mit Tisch, somit war die Einrichtung komplett. Er grinste mich fröhlich an: „Hast du Lust?" fragte er mich. „Schatz", ich verdrehte die Augen, „können wir uns das nicht für später aufheben? Und außerdem wartet Tessa auf mich". Schmollend schaute er mich an: „Sie ist etwas anstrengend, aber heute gehörst du trotzdem nur mir", scherzte er. Ich musste lachen und küsste ihn auf den Mund. „Ich liebe dich", flüsterte ich an seinem Ohr und dann küssten wir uns leidenschaftlich. „Ich dich auch", raunte er zurück. Dann änderte er das Thema. "Ich ruf kurz zuhause an und gebe ihnen Bescheid, dass wir gut angekommen sind." „Ok", war meine knappe Antwort und ich stand auf und verschwand im Bad. Gleich darauf stand er mit dem Handy vor mir, „Die Kinder wollen noch mit dir sprechen." „Ja, gib her." „Hallo", sagte ich ins Telefon, „Hallo" erklang die Stimme unseres Ältesten, „Was machst du?", fragte er mich neugierig. Ich erzählte ihm, wie das Zimmer aussieht und dass ich jetzt duschen möchte. Zum Schluss wünschte ich ihm noch einen schönen Abend und gute Träume. „Bussi, Leo", sagte ich am Ende unseres Gesprächs, daraufhin reichte er das Telefon an Anna weiter. Ihr erzählte ich das gleiche und dann wünschte uns meine Mutter ebenfalls einen schönen Abend. „Danke bis Morgen", gab ich ihr zur Antwort und wartete, bis sie aufgelegt hatte. Ich hörte den Fernseher und machte mich endlich fertig, schließlich wollten wir heute noch zum Konzert. Als ich aus dem Badezimmer kam, schaute mich Andreas an und sagte „Toll, siehst du aus." Erfreut antwortete ich ihm, dass man das von ihm nicht sagen könne. „Machst du dich bitte auch bald fertig, während ich zu Tessa gehe?" „Gleich, nur kein Stress", war seine kurze Antwort mit Blick auf den Fernseher.

Ich ging zum Telefon und wählte Tessas Zimmernummer, als sie abhob, fragte ich, ob sie bereit wäre für meine Schminkkünste. „Ja, ich warte schon auf dich", schnatterte sie aufgeregt. Noch ein letzter prüfender Blick in den Spiegel und was mir da entgegen lachte, sah ganz passabel aus. Mittlerweile war es 18.15 Uhr, wir hatten eben noch eine Kleinigkeit gegessen und machten uns endlich auf den Weg zum Stadion, denn um 19.00 Uhr war Einlass. Wir konnten zu Fuß gehen, denn Andreas hatte wieder mal das nächstgelegene Hotel ausgesucht. Da war er total praktisch veranlagt, da spielte der Preis keine so große Rolle. In Gedanken musste ich lachen. Wir schlenderten durch den Olympiapark, ich hielt Andreas Hand und Tessa war felsenfest davon überzeugt, dass sie Christian mit ihrer zweistündigen SMS-Attacke zum Kommen überredet hatte. Sie erzählte uns alle Details, die er geschrieben hatte und wir halfen ihr dabei, jedes Wort zu analysieren. Mann, war ich froh, als wir unser Ziel erreicht hatten. Wir stellten uns an der langen Schlange an und tausend Gerüche strömten auf mich ein. Die verschiedensten Parfüms, ekeliger Schweißgeruch und der Geruch von Essbarem, das an verschiedenen Ständen hinter dem Eingang zum Verkauf angeboten wurde, vermischten sich zu einem solchen Durcheinander, dass mir leicht schwindlig wurde. Andreas drückte meine Hand, „Geht's dir gut?" „Ja, alles klar", war meine gutgelaunte Antwort, „nur die vielen Menschen sind wir Einsiedler nicht gewohnt", scherzte ich. „Ja, ganz schön was los hier." Als wir den Eingang passiert hatten, erreichten wir die Treppe, die ins Stadion hinunterführte und wir machten uns auf, einen guten Platz zu finden. Die meisten Leute saßen auf dem Boden und tranken oder aßen, lachten und unterhielten sich. Es war so voll, dass ich mich auf Andreas Rücken konzentrieren musste, um ihn nicht aus den Augen zu verlieren. Tessa schleifte ich hinter mir her.

Als wir nach ein paar Minuten einen Platz gefunden hatten, fragte uns Andreas, was wir trinken wollten. „Ein Bier", sagte ich und Tessa wollte auch eins. „Ich hol uns was, rührt euch nicht vom Fleck." Schon war er in Richtung Getränkestand verschwunden. Ich nutzte die Gelegenheit und musterte die Leute, die direkt vor und neben uns standen.

Die Vorband begann bereits zu spielen. Tessa fingerte ihre Zigaretten aus der Tasche und schaute mich fragend an. Ich war eigentlich seit Jahren Nichtraucher, aber in solchen Situationen wie diesen konnte ich nicht widerstehen. Außerdem bekam ich immer Lust aufs Rauchen, wenn ich Alkohol trank. Blöde Angewohnheit, aber so war das halt. Also nahm ich mir eine und bedankte mich. Sie hielt mir das Feuer hin und mit einem gekonnten Zug machte ich sie an, als hätte ich nie damit aufgehört. „Ich hab uns zwei Schachteln mitgenommen", sagte sie mit einem breiten Grinsen im Gesicht. „Du denkst mit, kennst mich eben", sagte ich scherzhaft. Tief zog ich den Rauch in meine Lungen und ließ ihn wieder ausströmen, weiter blickte ich mich um. Im ersten Moment bemerkte ich den Mann überhaupt nicht, da er mir den Rücken zukehrte. Er stand eine Reihe links vor mir. Doch plötzlich drehte er sich um und sah direkt in meine Augen. Mir wurde ganz komisch im Bauch und ich sah schnell weg. Ich schob das auf die Zigarette und mein Blick glitt wieder zu diesem gutaussehenden jungen Mann. Er stand da und war das schönste männliche Wesen, das ich jemals in meinem Leben gesehen hatte. Ein mir unbekanntes Gefühl zog mir fast die Füße weg. Er war groß, muskulös mit einer sportlichen Figur. Er hatte wunderschöne, lange, tiefschwarze, glänzende Haare, die ihm offen weit über die Schulter fielen. Sein Gesicht war kantig, die gerade Nase über diesem verführerischen Mund war der Wahnsinn. Aber am meisten faszinierten mich seine großen mandelförmigen himmelblauen Augen. Sein Blick war so durchdringend, als würde er sich direkt in meine Seele bohren. Eine Ausstrahlung und Anziehungskraft gingen von ihm aus, die ich mit Worten nicht beschreiben kann. Ein Wesen aus einer anderen Welt. Bei diesem Gedanken, schauderte ich und mir stellten sich die Nackenhaare auf, mein Blick glitt zu Boden. In dem Moment kam Andreas mit zwei Bechern Bier für uns und einem Becher Caipi für ihn, den er mit den Zähnen festhielt zurück. „Nimm mir das ab", nuschelte er unverständlich. Schnell nahm ich den Becher aus seinem Mund. Tessa bedankte sich und auch ich bedankte mich bei ihm. Seine Laune war super, das stand ihm ins Gesicht geschrieben. Ich lächelte, war doch albern, mich jetzt von diesem Typen da vor mir aus der Ruhe bringen zu lassen. Ich prostete Andreas und meiner Schwester zu, drückte meine Zigarette aus und nahm einen tiefen Zug von dem kalten Bier. *Schon besser,* dachte ich. Was dann passierte ging ziemlich schnell, dieser Kerl ging direkt auf uns zu, besser gesagt auf mich und schob sich zwischen uns hindurch, er war mir so nah, dass er mich fast berührte. Mir wurde augenblicklich schwindlig. „Was soll das?", schimpfte Andreas, „Kannst du nicht aufpassen." „Spinnt der", kicherte Tessa. „Entschuldigung", war alles, was über seine Lippen kam und so schnell wie er gekommen war, war er in der Menge verschwunden. Ich stand da wie vom Blitz getroffen, er war mir so nah gewesen, dass ich die Wärme und Energie, die von ihm ausging, körperlich spüren konnte. Aber was mich noch mehr beunruhigte, war die Tatsache, dass ich wusste, dass dies kein Versehen war. Er wollte an mir vorbei, aber aus welchem Grund, fragte ich mich. In dem Moment gaben meine Beine nach und ich musste mich auf den Boden setzen. Andreas beugte sich besorgt zu mir hinab, „Was ist los, Schatz?" „Nichts", log ich, „mir ist nur schwindlig von der Zigarette." Warum log ich ihn an? Ich verstand die Welt nicht mehr, in mir herrschte ein solches Gefühlschaos, dass ich nicht einmal mitbekommen hatte, dass die Vorband zu Ende gespielt hatte. Eine erwartungsvolle Stimmung lag in der Luft, alle warteten gespannt auf die Stars des Abends. Dann ertönten die ersten Klänge der E-Gitarre und ein Jubel und Geschrei ging durch die begeisterte Menge, als die Red Hot Chili Peppers ihr erstes Lied anspielten. 40000 Menschen um mich jubelten, schrien und kreischten. Schnell stand ich auf. Von dieser Euphorie ließ ich mich gern mitreißen, ich konzentrierte mich voll auf das Lied und sang mit, obwohl es mich irgendwie anstrengte. *Wo war er*, schoss es mir durch den Kopf. Ich schaute zu Andreas um, der hinter mir stand und mitsang, er lächelte mich an. *Puuh*, dachte ich, *er hatte nichts bemerkt*. Tessa entpuppte sich neben mir zum Kettenraucher und strahlte mich an. „Das beste Geburtstaggeschenk", schrie sie mir zu. „Gern geschehen", schrie ich zurück. Mein Blick glitt automatisch zu der Stelle, wo dieser unbeschreiblich anziehende Kerl gestanden hatte, es überraschte mich nicht, er war zurück. Er stand drei Schritte links vor mir und schaute mir direkt in die Augen. Mein Gott, ist der schön, wunderschön. Perfekt. Ich war wie geblendet, etwas in mir schmolz dahin, ich konnte nicht mehr klar denken. Jetzt grinste er mich auffordernd an. Hoffentlich bemerkt Andreas nichts. Zu spät, ich spürte wie er sich hinter mir versteifte, er muss gesehen haben, wie ich den schönen Mann anschmachtete. Ich tat so, als wäre ich voll auf die Band fixiert, aber in Wirklichkeit hatte ich nur noch Augen für ihn. Er war sportlich gekleidet, mit olivfarbenen Shorts und einer schwarzen Kapuzenjacke. Ich schätzte ihn ein paar Jährchen älter, vielleicht 35. Wir flirteten unaufhörlich und erst jetzt fiel mir auf, dass er nicht allein war. Eine hübsche, junge Frau, mit langen schwarzen Haaren, lehnte sich eben zu ihm und sagte ihm etwas ins Ohr. Ich konnte es natürlich nicht verstehen. Seine Freundin, ist doch klar, wie konnte so ein gutaussehender Kerl denn keine haben. Was machte ich da? Du bist verheiratet und hast zwei Kinder, schimpfte ich mit mir selbst. Ich drehte meinen Ehering am Finger und atmete tief durch. Soeben fragte mich Andreas, ob ich auch noch etwas trinken möchte und ich nickte ihm zu. Schon war er verschwunden. Sofort packte mich Tessa am Arm, „Bist du bescheuert", fragte sie mich, „was flirtest du so offensichtlich mit diesem Kerl?" „Ich flirte nicht", gab ich betont ernst zurück, „aber der sieht doch unglaublich gut aus." „Das schon, aber Andreas gefällt das überhaupt nicht", sagte sie vorwurfsvoll. „Man wird wohl noch gucken dürfen", sagte ich darauf. Sie wechselte das Thema. „Die sind richtig gut, super Wetter haben wir auch", plapperte Tessa drauf los. Ich ging nicht auf das Gespräch ein und meine Augen suchten automatisch diesen sonderbaren Mann, der mich komplett aus der Fassung brachte und etwas in mir erweckte, das ich nicht kannte.

Gedanken lesen

Inzwischen hatte sich die Dunkelheit über den Olympiapark gelegt, das Stadion hatte sich in ein Tollhaus verwandelt. Nur er stand seelenruhig vor mir und grinste mich herausfordernd an. Es verwunderte mich, dass dieser verdammt gutaussehende Typ sich wirklich mich ausgesucht hatte für seinen Flirt. Ich sollte ihm meinen Ehering zeigen, dann würde er mich bestimmt in Ruhe lassen. *Geh zur Toilette*, hörte ich eine Stimme in meinem Kopf, es war die seine. Ich wusste es. *Nein*, protestierte ich in Gedanken, *lass mich in Ruhe*. Was geschieht hier, ich drehe durch, ich habe Halluzinationen. Ich höre Stimmen. Ein klares Lachen war in meinem Kopf zu hören. *Verschwinde aus meinen Gedanken,* flehte ich mehr zu mir selbst. Wie sollte jemand mit mir in Gedanken sprechen? Wieder das amüsierte Lachen. Ich suchte seinen Blick, aber er war verschwunden. Ich schaute mich um. Keine Spur von ihm.

„Ich muss mal", schrie ich Tessa ins Ohr und klemmte meine Beine übertrieben zusammen. Sie verstand und fragte, ob sie mitkommen solle. Ich schüttelte den Kopf, nein sie konnte ich jetzt nicht brauchen. Schnell drehte ich mich um und zwängte mich durch die Menge Richtung Treppe davon. Andreas war noch nicht zurück, Tessa weiß ja Bescheid, beruhigte ich mein Gewissen. Was machte ich da bloß, wo sollte ich denn hingehen, fragte ich mich. Aber meine Beine trieben mich die Treppe hoch, als wüssten sie den Weg. An den Toiletten angekommen, huschte ich schnell hinein. Er war nicht da, wie auch. Das war alles nur Einbildung, schimpfte ich mit mir selbst. Ich beeilte mich und wollte zurück zu den anderen. Als ich oben an der Treppe stand und mein Blick über die vielen tausend Menschen wanderte, bekam ich Gänsehaut. Einem Impuls folgend, drehte ich mich langsam um. Hinter mir stand dieser fremde Kerl und blickte mich eindringlich an. Es verschlug mir die Sprache. Meine Hände zitterten, mein Herz machte einen Sprung. „Hallo, wie geht's", sagte er mit tiefer, dunkler Stimme. „Gut", war meine verdatterte Antwort.

Er nahm meine Hand und zog mich von der Treppe weg, mein Instinkt sagte mir, ich sollte mich losmachen und schleunigst zu den anderen gehen. Aber mein Körper gehorchte mir nicht. „Wer bist du und was willst du von mir?", sagte ich mit so fester Stimme wie möglich. Er grinste und zog mich weiter. *Nein, ich will das nicht, bleib stehen*, dachte ich. Er blieb stehen und sein Blick war eisig. „Wir müssen reden", sagte er mit ernster Stimme. Ich merkte, wie ich wütend wurde, obwohl mir seine plötzliche Ausstrahlung unheimlich war. „Ich kenn dich überhaupt nicht, lass mich in Ruhe!" Ich drehte mich hastig um und wollte davonlaufen, aber so schnell, dass ich die Bewegung nicht ausmachen konnte, stand er vor mir und versperrte mir den Weg. Jetzt bekam ich vollends Panik. Ein gutaussehender Psychopath, oder ein mordender Frauenverführer, waren meine nächsten Gedanken. Ein lautes Lachen kam aus seinem verführerischen Mund und er schaute mich erneut mit diesen durchdringenden Augen an. „Lea, hör mir zu, ich werde dir kein Haar krümmen." Jetzt war ich es, die hysterisch lachte, woher wusste er meinen Namen? Mir wurde schwindlig, meine Lider flatterten und ich schloss die Augen. Sanfte Hände und ein mir vertrauter Duft, sein Duft, nahmen mich mit. Als ich meine Augen aufschlug, saß ich an eine Mauer gelehnt und er hockte vor mir. Unsere Blicke trafen sich. „Wer bist du?", kam es heiser aus meinem Mund. Meine Kehle war wie zugeschnürt. „Mein Name ist Magnus und ich bin schon seit sehr langer Zeit auf der Suche nach dir." „Warum nach mir, ich bin verheiratet. Such dir eine andere!" Er grinste frech. „Das ist eine sehr lange Geschichte", war seine knappe Antwort. „Du musst sofort mit mir kommen."
Ich verstand überhaupt nichts mehr. Meine Gedanken fuhren Achterbahn. „Nein", protestierte ich. Plötzlich schlug seine Stimmung um. Sein gehetzter Blick zur Treppe, holte mich in die Gegenwart zurück. Wie lang war ich schon fort, Andreas und Tessa würden sich bereits Sorgen machen. Ich stand schwerfällig auf und schaute ihn funkelnd an. „Verdammt, dein Mann sucht dich, gleich ist er da", sagte er gepresst. „Bitte lass mich gehen!", flehte ich ihn an. Mein Verstand wollte

weg, aber mein Körper fühlte sich auf unerklärliche Weise zu ihm hingezogen. Ohne Vorwarnung küsste er mich sanft auf die Lippen. Mein Herzschlag setzte für eine Sekunde aus, ich zitterte erneut am ganzen Körper. Nicht aus Angst, sondern aus purer Verzückung. „Ich komme wieder", flüsterte er in mein Ohr und war verschwunden. Ich wollte ihm noch etwas hinterher rufen, da sah ich Andreas auf mich zu steuern. Er sah stinksauer aus. „Lea, wo warst du die ganze Zeit? Das Konzert ist gleich zu Ende", wütete er drauflos. „Ich musste warten", log ich nicht sehr geschickt. Hoffentlich hat er uns nicht gesehen, betete ich. Ich versuchte mich zu beruhigen, aber was eben Passiert war, brachte mich völlig aus dem Gleichgewicht. Dieser Magnus, seltsamer Name, lockte mich zur Toilette, um mich zu entführen. Er wusste meinen Namen und konnte aus unerklärlichen Gründen Gedanken lesen und in meinem Kopf sprechen. *So ein Blödsinn*, war mein nächster Gedanke, niemand kann das, aber das überzeugte mich nicht. Zum Abschied küsste er mich so unendlich zärtlich und liebevoll. Meine Lippen brannten noch immer, und von seinem unwiderstehlichen Geruch war ich wie benebelt. Andreas schaute mich streitlustig an. „Kommst du mit, oder willst du Wurzeln schlagen?" Bloß nicht streiten, beruhigte ich mich und hakte mich bei ihm unter. Mit genervter Stimme sagte ich: „du kannst dir nicht vorstellen wie viel Mädels zeitgleich mit mir pinkeln mussten." „Wir reden später", war seine gereizte Antwort und er zog mich mit, schnurgerade zur Treppe hinunter auf unseren Platz. Dort angekommen begrüßte mich Tessa mit einem vorwurfsvollen Blick. „Du warst eine dreiviertel Stunde nicht da, die spielen bereits die Zugabe." Weiter kümmerte sie sich nicht um mich und wandte sich wieder der Band zu. Die Zeit war viel zu schnell vergangen. Von dem Konzert hatte ich zu meinem Entsetzen nicht viel mitbekommen. Außerdem kaufte Andi mir meine bescheuerte Lügerei nicht ab. Stocksteif und schweigend stand er hinter mir. Ich fühlte mich schlecht, was hatte ich getan. Fast wäre ich freiwillig mit diesem Kerl gegangen. Ohne es zu merken, wanderte mein Blick auf seinen Platz links vor mir. Doch der

Platz war leer. Die hübsche Frau war ebenfalls verschwunden. Andere Fans standen dort und schwenkten voller Begeisterung Feuerzeuge. Die letzten Klänge der Zugabe hallten über den Olympiapark, dann brach der ohrenbetäubende Jubel los. Wie gelähmt stand ich in der Menge und die tiefe Stimme des schönen Mannes hallte wieder und wieder in meinem Kopf. Seine letzten Worte waren eindeutig. „Ich komme wieder." Beruhige dich, sagte ich zu mir. Morgen fahren wir nach Hause und es war ausgeschlossen, dass ich ihn jemals wiedersehen würde. Zu meinem Entsetzen machte mich diese Feststellung traurig. Wir bewegten uns bereits Richtung Ausgang, als ich merkte, wie meine Blicke nach ihm suchten. Meine Schwester und Andreas unterhielten sich über die letzten 100 Minuten. Tessas Begeisterung war grenzenlos. Andreas war immer noch etwas sauer. Der beruhigt sich schon wieder, hoffte ich und nahm seine Hand. Sie war angenehm warm und mir so unendlich vertraut. Wie konnte ich nur eine Sekunde unsere Liebe aufs Spiel setzen, durchzuckte es mich heftig. Tessas Redefluss war unaufhaltsam, vor allem da ihr wieder eingefallen war, dass Christian im Hotel auf sie warten würde. Wir strömten mit all den anderen Menschen durch den Olympiapark zum Hotel. Du musst dich zusammenreißen, befahl ich mir bestimmend. Zu unserer Überraschung war Christian wirklich gekommen und saß strahlend auf einem Stuhl im Foyer. Meine Schwester stürmte auf ihn zu und umarmte ihn heftig. Ich war einerseits froh darüber, weil sie mir jetzt nicht etliche Stunden vorjammern würde, warum er sie nicht haben will. Andererseits musste ich Andreas noch weiter belügen, was mir nicht gerade leicht fiel. Wir diskutierten noch eine Viertelstunde, ob wir uns einen Absacker an der Bar genehmigen oder lieber auf unsere Zimmer verschwinden sollten. Da Tessa auf keinen Fall mehr aus Christians Umarmung gelöst werden konnte, wünschten wir ihnen eine Gute Nacht und trennten uns. Das Lachen der beiden war das letzte, was ich hörte, als sich die Tür zu unserem Zimmer schloss.

Andreas verschwand im Badezimmer und ich suchte meine Schlafsachen heraus. Ich hatte das Bedürfnis, erneut zu duschen, um etwas Zeit zu gewinnen. Andreas kam aus dem kleinen Bad, er roch frisch nach seiner Zahnpasta und ging sofort ins Bett. Als ich fertig war und zurück ins schwach beleuchtete Zimmer schlich, in der Hoffnung, er würde bereits schlafen, lag er auf der Seite, den Kopf auf die Hand gestützt und schaute mir direkt in die Augen. Ich musste lächeln und kroch zu ihm ins Bett, um ihm die Haare zu verwuscheln. Er drückte mich fest an sich und küsste mich mit solch einer Leidenschaft, dass mir die Luft wegblieb. In dieser Nacht liebten wir uns wie schon lange nicht mehr. Er beteuerte mir mehrmals seine Liebe und ich konnte ihm die meine nur bestätigen. Als ich glücklich in seinen Armen einschlief, waren die letzten verwirrenden Stunden vergessen.

Alltagstrott

Zuhause war alles beim Alten. Ich verdrängte das Erlebte in die Tiefen meines Unterbewusstseins und stürzte mich in die Arbeit. Bei banalen Tätigkeiten, wie bügeln oder Autofahren, fiel mir das Erlebte wieder ein, und ich tat es mit meiner zu regen Fantasie ab. Alles nur Einbildung, beschwichtigte ich mich immer wieder. Zu viel Esoterikkram gelesen und blöde Filme geguckt. Trotzdem grübelte ich immerfort über die Begegnung mit meinem Unbekannten. Die Monate vergingen, nichts geschah, absolut nichts. Nur in meinen Träumen passierten die schrecklichsten Dinge. Auch Magnus kam immer wieder darin vor, so unglaublich gutaussehend wie ich ihn in Erinnerung hatte. Einmal hatte ich solch einen schrecklichen Albtraum, dass ich zitternd erwachte und froh darüber war, alles nur geträumt zu haben. Fürchterliche Kreaturen trieben darin ihr Unwesen und ich musste untätig zusehen, wie sie unschuldige Menschen auf grausamste Art und Weise töteten. Mir war entsetzlich kalt, und ich kuschelte mich schnell unter Andreas Decke und versuchte wieder einzuschlafen. Am Morgen konnte ich mich nur vage an diesen gespenstischen Traum erinnern. Es war Samstag und wir frühstückten gemeinsam, da wir alle heute frei hatten. Andreas hatte frische Brötchen geholt und war in die Zeitung vertieft. Als er kurz aufblickte, sagte er mir beiläufig, dass er kommendes Wochenende auf eine Fortbildung fahren müsse und erst Sonntagabend wieder heimkommen würde. „Ja, geht in Ordnung. Ich könnte mit den Kindern meine Mutter besuchen, dann wird uns nicht langweilig ohne dich", überlegte ich laut. „Das find ich eine gute Idee, sie hat dich und die Kinder schon eine Weile nicht mehr gesehen. Da macht ihr drei euch ein schönes Wochenende", sagte er guter Dinge und ging auf meine Bemerkung nicht weiter ein. Ich erzählte Leo und Anna über den bevorstehenden Ausflug, und beide freuten sich riesig. Vor lauter Übermut liefen sie wie wild durchs Haus und spielten fangen. „Was steht heute auf dem Programm, Schatz?", fragte Andreas, nachdem er seine Zeitung ordentlich zusammengefaltet hatte.

„Ich weiß nicht, wir könnten vielleicht gemeinsam kochen und mit Sam, das war unser Hund, ein sechsjähriger Mischlingsrüde, einen langen Spaziergang machen", schlug ich vor.
„Find ich gut, wir könnten in den Wald gehen", nickte er begeistert. Nach kurzer Überzeugungsarbeit, die Andreas bei den Kindern leisten musste, ging es nach dem Mittagessen los. Wir hatten einen kleinen Rucksack mit Proviant dabei, den ich schleppen musste. Andreas hatte Sam an der Leine und die beiden übernahmen die Führung. Die Kinder waren plötzlich mit Begeisterung dabei und hatten sich bereits mit Wanderstöcken ausgerüstet. Ich hing meinen Gedanken nach und war voller Glück und Dankbarkeit für alles, was wir gemeinsam bereits erreicht hatten. Ich hatte einen wundervollen Mann und Vater für unsere, zwei hübschen, klugen und gesunden Kinder. Wir hatten unser schnuckeliges Haus in herrlicher Alleinlage und gut bezahlte Jobs. Meine Familie, der Haushalt und meine Arbeit füllten mich völlig aus. *Was wollte ich mehr?* Fragte ich mich. Warum konnte ich den Unbekannten nicht vergessen? Ich wünschte mir ein glückliches, ruhiges Leben bis ans Ende meiner Tage mit den Menschen, die ich liebe. Aber da war sie wieder, diese Sehnsucht nach diesem wunderschönen Mann, und mit der Erinnerung an ihn kam das Gefühl von Angst, Verlangen und Schmerz. Alles würde anders kommen, aber dies konnte ich zu diesem Zeitpunkt nicht wissen.
Die Woche verging wie im Flug, Andreas verließ mit uns das Haus und fuhr auf seine zweitägige Fortbildung, die Kinder fuhren mit dem Bus zur Schule und ich zur Arbeit. Meine Mutter wusste bereits, dass wir sie heute besuchen wollten und hatte jede Menge Vorbereitungen getroffen. Wie Omas halt sind, war meine Erklärung für ihre übertriebene Kocherei. Was würde ich für eine zukünftige Oma abgeben, bei dem Gedanken musste ich lachen. Würde ich dann immer noch Rockmusik hören und über mein nächstes Tattoo nachdenken? In der Arbeit angekommen, löste ich nach kurzer Übergabe den Frühdienst ab. Ich arbeitete vormittags von Montag bis Freitag an der Rezeption in einem Fünf-Sterne-Hotel. Die

Arbeit mit den vielen unterschiedlichen Gästen machte mir Spaß. Freitag war immer mehr zu tun, da wir viele An- und Abreisen hatten. Der Vormittag verging daher schnell und ich konnte es nicht erwarten, mit den Kindern loszufahren. Da klingelte das Telefon und ich sah die Nummer meines Chefs aufblinken. *Was will denn der jetzt wieder?* Ich nahm den Hörer ab und sagte so höflich und fröhlich wie ich konnte: „Guten Tag, Herr Schmidt, Lea Müller am Apparat, was kann ich für Sie tun?" „Frau Müller, ich wollte Ihnen mitteilen, dass sie dieses Wochenende für Denise einspringen müssen, sie hat sich eben krank gemeldet", befahl er im Kommandoton. „Aber....", setzte ich zum Protest an, da war die Leitung bereits unterbrochen und das Gespräch bereits beendet. So ein Kotzbrocken dieser Schmidt, dem könnte man glatt den Hals umdrehen und Denise gleich mit, dauernd muss ich für sie im Frühdienst einspringen. Mir blieb nichts anderes übrig als meine Mutter anzurufen, um sie zu fragen, ob sie die Kinder übers Wochenende behalten könne. Meine Mutter hatte absolut keine Einwände und so holte ich die Kinder von der Schule ab und wir fuhren gemeinsam los. Auf dem Hinweg erzählte ich ihnen die kleine Planänderung, was sie super fanden, denn dann konnte ich sie nicht so zeitig ins Bett schicken. Meine Mutter hatte sich wirklich voll ins Zeug gelegt, um uns zu verwöhnen. Sie bekochte uns mit dem Lieblingsessen der Kinder, Lasagne mit frischem Salat. Außerdem hatte sie zum Nachmittagskaffee eine leckere Schokoladentorte gebacken. So gegen fünf verabschiedete ich mich von ihnen und fuhr müde alleine los. Zuhause angekommen erwartete mich Sam schwanzwedelnd am Gartentor, was mir jetzt, wo ich allein hier in der Abgeschiedenheit war, ein Gefühl der Sicherheit gab. Angst hatte ich keine, ich war schon öfter allein zuhause gewesen, aber ein beklemmendes Gefühl blieb. Als ich den Schlüssel der Haustür zur Sicherheit zweimal umdrehte, klingelte mein Handy. Es dauerte eine kleine Ewigkeit, bis ich das Ding in meiner riesigen Handtasche fand und atemlos dranging. Andreas ruhige Stimme erklang am anderen Ende der Leitung. „Wo hab ich dich jetzt her gehetzt?", fragte er neugierig. „Ich bin eben heimgekommen, die Kinder sind bei Oma geblieben, mein Chef hat mir eine Sonderschicht aufgebrummt", sagte ich schon etwas ruhiger. „Hab mein Handy nicht gleich gefunden. Wie war dein Tag?", fragte ich weiter. Ich erfuhr in knappen Sätzen, dass es sehr interessant gewesen war und dass er jetzt noch mit einigen anderen Schulungsteilnehmern Essen ging. Wir wünschten uns eine gute Nacht und schöne Träume. „Heiße Küsse, bis bald", dann legte ich auf. Ich beschloss, früher ins Bett zu gehen als sonst und las in meinem Roman noch zwei Kapitel, dann fielen mir erschöpft die Augen zu.

Nächtlicher Besucher

Kurze Zeit später wurde ich durch ein lautes Bellen von Sam aus meinem tiefen Schlaf gerissen. Ich lag im Bett und lauschte auf Geräusche, die von draußen hereinkamen. Sollte ich aufstehen und nachsehen, warum er so einen Lärm veranstaltete, fragte ich mich. Da jaulte er plötzlich entsetzlich auf. Mein Magen verkrampfte sich vor Schreck und ich saß stocksteif in meinem Bett. Was sollte das denn, hatte er sich etwa verletzt? Ich schlug die Decke zurück und biss die Zähne zusammen. Was kann schon passiert sein, bestimmt gibt es eine vernünftige Erklärung für sein blödes Gejaule. Mutig und wütend über diese nächtliche Störung schritt ich durchs Zimmer auf den dunklen Flur. Kein Licht machen, schoss es mir durch den Kopf. Langsam und leise atmend schlich ich die Treppe runter. Draußen war kein Laut mehr zu hören und Sam war mucksmäuschenstill, als ob nichts gewesen wäre. Ich stand an die Wand gelehnt vor unserer Haustüre. Vorsichtig blickte ich um die Ecke in die helle Nacht hinaus. Was ich jetzt im fahlen Mondlicht erkannte, konnte ich nicht fassen. Da stand lässig grinsend meine Konzertbegegnung.

So wunderschön und engelsgleich wie bei unserem ersten Aufeinandertreffen. Er war gekommen und meine Erinnerung kam schlagartig zurück. Seine letzten Worte, nach dem unverschämten Kuss: *ich komme wieder*. Alles nur Einbildung, ruhig atmen, ermahnte ich mich. Ich hatte mich von der Tür abgewandt und wollte wieder zurück in mein Bett gehen, da hörte ich seine wohlklingende Stimme in meinem Kopf: *„Hallo Lea, darf ich reinkommen"*? Ich blieb wie angewurzelt stehen, aber wie beim Konzert versagte mein Verstand und mein Körper bewegte sich selbstständig Richtung Tür und sperrte diese auf. Er glitt graziös herein und sah mir dabei tief in die Augen. „Es tut mir leid, dass ich dich und deinen Hund erschreckt habe, aber dein Hund mag mich nicht", stellte er fest. „Ähm, hallo, komm doch rein", war meine blöde verdatterte Antwort. Ich konnte in der Gegenwart dieses Mannes nicht richtig sprechen oder denken, geschweige denn sonst etwas. Ich führte ihn in unser gemütliches Wohnzimmer und drückte im Vorbeigehen auf den Lichtschalter. Ich ließ mich auf das Sofa nieder, bevor ich das Gleichgewicht verlieren würde. Er bewegte sich mit einer solchen Eleganz im Raum hin und her, dass ich mir in meinem ausgewaschenen Schlafanzug und den verstrubbelten Haaren richtig scheußlich vorkam. Er hingegen war fabelhaft gekleidet, wie ein Model aus einer Zeitschrift. Er trug eine schwarze enge Hose und ein weißes Hemd, das am Kragen eher offen war. Eine schwarze, eng geschnittene Lederjacke machte sein Outfit perfekt. Seine Haare waren im Nacken zu einem Zopf gebunden, was sein makelloses kantiges Gesicht noch besser aussehen ließ. Seine blauen Augen strahlten mich an. „Schön hast du es hier, gefällt mir", grinste er mich an. In meinem Kopf drehte sich alles. „Was machst du hier?", fragte ich mit fester Stimme. „Ich hab dir doch gesagt, dass ich wiederkomme", antwortete er ernst. „Nicht leicht, dich hier allein zu treffen, ich hatte großes Glück, dass dein Chef so leicht zu manipulieren war." „Wer bist du und was willst du von mir?" fragte ich. Er machte mir trotz seiner wunderschönen Erscheinung Angst. „Ich wollte dich besuchen und dich einladen." Ich riss mich zusammen und sagte gereizt: „Ich höre Magnus". Ich hatte seinen Namen nicht vergessen, also wenn er schon meinen benutzte, dann konnte ich das auch. „Nicht wütend werden, Lea, beruhige dich, ich werde dir bestimmt nichts tun." „Darf ich mich zu dir setzen?", fragte er mit unschuldiger Miene. So schnell wie er neben mir saß, konnte ich nicht ablehnen. „Liebste Lea, hör mir genau zu, ich habe nicht viel Zeit. Du musst mir bitte vertrauen. Kannst du mir vertrauen?", fragte er mich eindringlich und sein Blick war sanft und voller Liebe. „Ich weiß nicht", sprudelte es aus meinem Mund, „ich habe so viele Fragen. Als erstes woher kennst du mich?" „Das, Lea, ist ja die Schwierigkeit, ich kann dir das hier nicht erzählen, sobald du unsere Geschichte kennst, bist du hier nicht mehr sicher. Darum würde ich dich gern zu mir nach Hause einladen. Aber bitte beantworte erst meine Frage, willst du mir vertrauen?" Gegen jede Vernunft, sagte ich ja. Als Antwort holte er einen

Umschlag aus seiner Jacke hervor und reichte ihn mir. Ich nahm ihn entgegen und schaute in seine unergründlichen Augen. „Darin befinden sich zwei Flugtickets nach Schottland. Du wirst nächsten Samstag um 13.30 Uhr fliegen. Ich erwarte dich nach der Landung in Edinburgh. Bitte erlaube mir, dich eine Woche in meiner Villa als Gast begrüßen zu dürfen, und dort werde ich dir alles erzählen. Ich werde dir jede Frage beantworten, die in deinem klugen Köpfchen herumschwirrt, ich verspreche es." „Aber", versuchte ich zu protestieren, „warum muss ich nach Schottland fliegen und für wen ist das zweite Ticket?" Ich ließ ihn nicht antworten. „Am besten wäre es, du sagst mir auf der Stelle, was ich wissen will und danach verschwindest du wieder." „Ja, so temperamentvoll und direkt wie in alten Zeiten." Jetzt reichte es mir aber, ich sprang auf und schrie ihn an: „Du kennst mich überhaupt nicht und ich kenne dich auch nicht, also hör auf so etwas zu behaupten." Woher ich manchmal meinen Mut nahm? Da saß irgendein irrer Perverser auf meinem Sofa und faselte, er kenne mich, und ich schrie ihn an. Er blickte mich traurig an und ein Schatten huschte über sein Gesicht. „Du vertraust mir doch, schon vergessen? Ich bin nicht irre oder pervers, jedenfalls nicht auf die Weise wie du meinst", sprach er ruhig weiter. „Ja, ich kann deine Gedanken lesen, weil du mich lässt. Ebenso spüre ich deine große Anspannung und Angst. Zum letzten Mal, Lea, ich werde dir kein Haar krümmen. Das muss dir für den Moment genügen." Ich schaute dieses überirdisch schöne Wesen ungläubig an. Wenn er wirklich weiß was ich denke, o Himmel, dann weiß er auch wie verdammt gutaussehend und anziehend ich ihn finde. Ein breites Grinsen war jetzt den ernsten Zügen gewichen. „Was für Talente hast du noch außer Gedanken zu lesen, unheimlich gut auszusehen, fantastisch zu riechen und Menschen zu manipulieren?" „Tief in deinem Innern weißt du bereits, wer ich bin, aber wenn du mir versprichst, nicht zu schreien und nicht ohnmächtig zu werden, verrate ich es dir." „Ich höre", mehr brachte ich vor Aufregung nicht hin. Er zögerte und nahm meine Hände in seine, sie waren warm und ein wohliges Kribbeln ging von

ihnen aus. Ich schreckte zurück, riss mich aber gleich wieder zusammen. Ich wollte wissen, was er für eine Erklärung hatte.
„Lea, wo soll ich bloß anfangen? Ich bin ein uraltes Wesen. Ich bin ein Gefährte der Baobhan-Sith. Meine Sinneswahrnehmungen sind um ein hundertfaches stärker als die eines Menschen. Das heißt, ich rieche, höre und sehe um ein Vielfaches besser als du. Außerdem bin ich unwahrscheinlich stark und schnell. Meine körperlichen Wunden heilen in Sekunden und mein zellulärer Zerfall kam zum Stillstand. Wir altern nicht und sind somit praktisch unsterblich. Ich kann menschliche Nahrung zu mir nehmen, sie sättigt mich aber nicht auf Dauer. Ich nähre mich vom Blut meiner Seelengefährtin, und falls ich das nicht erhalte, muss ich gelegentlich auf anderes menschliches oder tierisches Blut zurückgreifen." Ich sog laut die Luft ein, ich hatte fast zu atmen vergessen. Das war unglaublich.
„Das ist ja ekelhaft", mich schüttelte es bei diesem Gedanken. „Du bist ein abstoßendes Monster", fauchte ich ihn an.
„Weißt du, Kleines, wir müssen keine Menschen töten, falls dich das beruhigt. Es ist unglaublich, aber wir haben mehr Blut als wir brauchen. Das reicht für alle Baobhan-Sith auf diesem Planeten. Vor ungefähr zwanzig Jahren haben einige von uns Blutbanken gegründet, so kommen wir ohne Mord an unser kostbares Lebenselixier. Wir melken euch, so wie ihr die Kühe." Er verzog seine Lippen wieder in dieses verlockende Grinsen. „Uns, du hast uns gesagt, gibt es denn mehr von euch?", wollte ich wissen. Ich fand das bizarr, mich machte die Sache auf einmal neugierig. „Es gibt schon ein paar, aber wir sind nicht die Bösen". „Musst du die Sonne meiden?", fragte ich als nächstes. Er lachte: „Nein, die Sonne macht uns nichts aus. Obwohl mir persönlich die Nächte lieber sind, sie sind ruhiger, weil viele Menschen schlafen. Weißt du, die vielen Gerüche, Gedanken und Gefühle von euch sind oft sehr anstrengend. Wir können zwar alles ausblenden, wenn wir wollen, aber das kostet uns Kraft. Deshalb leben wir zurückgezogen und abgeschieden. Fast wie du mit deiner Familie hier in diesem Haus. Der Volksmund würde uns als Vampire bezeichnen, wegen der Blutgeschichte, obwohl das der fal-

sche Ausdruck ist, wir sind Baobhan-Sith." Als er das sagte, sprang ich auf und machte mich von ihm los. Was machte ich hier bloß, ich sitze mit einem „Vampir" auf meinem Sofa und überlege, ob ich ihn in Schottland besuchen komme. Er nickte und lachte laut auf. Alles klar, er konnte ja meine Gedanken lesen. „Ich will nicht, dass du meine Gedanken liest", sagte ich barsch. „Dann lass es nicht zu, es ist ganz einfach, konzentrier dich." „Es ist wie bei einer Tür, abschließen und zusätzlich einen Riegel vorschieben."
„Das kann ich nicht." „Du wirst es bald lernen, sonst kommst du dir in unserer Gegenwart ziemlich nackt vor," konterte er lächelnd. „Oh, wie witzig du doch bist. Jetzt nochmal langsam, ich steige nächsten Samstag in ein Flugzeug, um Vampire oder Baobhan-irgendwas zu besuchen. Wie stellst du dir das bloß vor, was sage ich meinem Chef, wenn ich von heute auf morgen eine Woche verschwinde? Und wer soll sich um Andreas und die Kinder kümmern? Die kann ich unmöglich allein lassen, nein, das kommt nicht in Frage." „Das ist alles bereits erledigt, du hast ab Freitag zwei Wochen Urlaub, deine Mutter kümmert sich um die Kinder und Andreas erzählst du, du müsstest deine liebeskranke Schwester wegen irgendeiner ungeklärten Affäre nach Schottland begleiten. Sie hat dich übrigens eingeladen." Er winkte mit den Flugtickets. „Du solltest sie die nächsten Tage einweihen, damit sie nichts verrät und Andreas nicht misstrauisch wird. Du wirst übrigens allein fliegen. Dort am Flughafen angekommen werde ich dich persönlich abholen. Bitte vertrau mir, du bist in Gefahr und du musst schnellstens deine Vergangenheit kennenlernen." Er blickte mich sorgenvoll an und fügte hinzu: „So bist du in der Lage, auf alle deine Fragen eine Antwort zu finden."
Er erhob sich völlig lautlos von der Couch und machte Anstalten, sich zu verabschieden. „Es ist an der Zeit, dass ich verschwinde, wie du so schön sagst." „Nein, bitte noch nicht. Eine Frage musst du mir noch beantworten", flehte ich ihn an. „Warum ausgerechnet ich, es waren tausend junge Frauen auf diesem Konzert und was weißt du über meine Schwester?"

„Das sind bereits zwei Fragen, aber ich will ehrlich zu dir sein, obwohl die Zeit drängt." Schmerzerfüllt traf mich sein Blick als er anfing, die eben gestellte Frage zu beantworten und krampfhaft nach den passenden Worten suchte.
„Wie soll ich dir das erklären, genügt es dir fürs erste, wenn ich dir sage, dass ich seit 350 Jahren auf dich gewartet habe? Es war ein glücklicher Zufall, dass du auf diesem Konzert aus heiterem Himmel aufgetaucht bist. Du weißt nicht, wie lange und intensiv ich dich gesucht habe, seit sicher ist, dass du als Mensch wiedergeboren wurdest. Ach Lea, wie gerne würde ich dich in meine Arme schließen und küssen. Meine Selbstbeherrschung ist fast dahin."
Er wirkte auf einmal tieftraurig und todernst.
Am liebsten hätte ich ihn auf der Stelle in meine Arme geschlossen und getröstet. Einerseits fühlte ich mich bereits vom ersten Augenblick von ihm magisch angezogen, andererseits ekelte mich die ganze Geschichte so an, dass mir im Moment die Worte fehlten. Er wusste sowieso über mein Gefühlschaos Bescheid, da er in meinen Gedanken lesen konnte wie in einem Buch, was das Ganze noch unangenehmer machte. „Ok, ich werde nach Edinburgh fliegen, aber meine Schwester kommt mit. Da du im Manipulieren so großartig bist, dürfte das für dich kein Problem darstellen." Diesmal schien er verblüfft zu sein, nickte aber nur. Die Luft zwischen uns knisterte förmlich. Mein Widerstand gegen ihn löste sich in Luft auf, und ehe ich mich versah, lag ich in seinen starken Armen und wir küssten uns heftig. Der intensive Kuss schien eine Ewigkeit zu dauern und jagte mir wohlige Schauer über den Rücken. Mein Unterleib reagierte verräterisch auf seine Zunge. Er war mir nicht fremd, mein Innerstes, meine Seele kannte ihn. Seine Hände fanden den Weg unter mein Oberteil. Sanft strichen sie über meine nackte Haut am Rücken, ie unter seiner Berührung entzückt prickelte. Ruckartig machte er sich von mir los und sah mir tief und lange in die Augen. Ich war wie hypnotisiert und unter Schock. Mein Atem ging heftig. „Bis bald, meine Schöne", flüsterte er heiser und war verschwunden, bevor ich überhaupt ein Wort des Abschieds

über die Lippen bringen konnte. Meine Hand fuhr über meine angeschwollenen Lippen. Sie schmeckten köstlich - nach ihm. Mein Körper bebte erregt. Magnus war über alle Berge. Ein kurzer Blick auf die Uhr bestätigte, dass es unmenschlich wäre, jetzt um drei Uhr morgens meine Schwester anzurufen, um ihr die ganze Sache zu erklären. Aber ich war viel zu aufgewühlt, um wieder ins Bett zu gehen. In meinem Kopf ratterten die Gedanken wild umher und an Schlaf war keinesfalls zu denken. Deshalb schnappte ich mir mein Handy und wählte die Nummer meiner Schwester. Es klingelte eine Ewigkeit, bis endlich eine ziemlich verschlafene Stimme am anderen Ende zu hören war. „Hallo", krächzte Tessa. „Hallo, Tessa, sorry, dass ich dich mitten in der Nacht anrufe, aber ich muss dringend mit dir sprechen. Kann ich vorbeikommen?" „Wie spät ist es?" Es raschelte in der Leitung, dann war ein Fluch zu hören: „Ich hab in drei Stunden Dienst, was ist los, ist was passiert?" „Mach uns Kaffee, ich bin in 20 Minuten bei dir." So schnell es ging schlüpfte ich in meine Jeans, zog mir einen Pulli über und eilte aus dem Haus. Die ganze Sache war zu viel für mich, was sollte ich bloß machen, ich habe eben einen wildfremden Mann, ach was, ein wildfremdes Wesen geküsst, ich war im Begriff, ihn zu besuchen und was dann passieren würde, weiß nicht mal Gott. Meine tiefe Verzweiflung und Verwirrung nahm immer mehr zu, ich liebte Andreas von ganzem Herzen und natürlich unsere Kinder. Er kann doch nicht hier auftauchen und mir nichts dir nichts mein Leben auf den Kopf stellen. Ich beeilte mich und fuhr los. Nach endlosen Minuten sah ich das Haus, in dem meine Schwester wohnt. Ich parkte an der Straße. Leise stieg ich aus und lief die letzten Meter zu ihrer Wohnung. Von rechts hörte ich etwas in den Büschen rascheln, mein Finger drückte den Klingelknopf, schon wieder raschelte es, jetzt fast neben mir. Irgendwie war mir das Geräusch unheimlich. *Komm schon, Tessa, mach die Tür auf.* Ich versuchte mich zu beruhigen, bestimmt war es nur eine Katze, oder was weiß ich. Es half alles nichts, ich spürte es zu deutlich, ich wurde beobachtet. Dieser Blick aus der Dunkelheit brannte förmlich auf meinem

Rücken. „Mach doch die verdammte Tür auf", murmelte ich vor mich hin. Schließlich ertönte das Summen der Türanlage und ich drückte etwas zu heftig dagegen, stürzte schnell hinein und stemmte mich mit voller Kraft dagegen, um das, was da draußen war, auf keinen Fall hier rein zu lassen. Zwei Stufen auf einmal nehmend lief ich die Treppe hinauf und stand vor meiner Schwester. „Um Gottes Willen, was ist mit dir passiert, du siehst schrecklich aus. Ist der Teufel hinter dir her?" Ich packte sie am Arm und zog sie in die Wohnung. Im Wohnzimmer angekommen drückte ich sie auf die Couch. „Bitte stell mir jetzt keine Fragen und hör zu!" Ich tigerte hin und her und musste völlig durchgedreht aussehen. „Irgendetwas oder irgendjemand war da unten vor deiner Haustür und hat mir einen riesigen Schrecken eingejagt, aber dazu später. Ich hatte eben Besuch und du wirst mir das wahrscheinlich nicht glauben, aber ich habe dich da jetzt mit reingezogen und deshalb muss ich dich einweihen."
Meine Schwester sah am Ende meiner Berichterstattung genauso bescheuert drein wie ich und starrte mich mit schreckgeweiteten Augen an. „Du willst ihn besuchen, hab ich recht?", meinte sie aufgeregt. „Weißt du, ich muss dahin fliegen, erstens, um zu wissen, dass ich nicht durchdrehe und zweitens, bringt er in mir eine Seite zum Klingen, er hat eine tiefe Sehnsucht angestoßen, der ich auf den Grund gehen möchte. Ich weiß, das alles ist so unglaublich und total unrealistisch, dass es nicht wahr sein kann. Vampire, Gedanken lesen, als Mensch wieder geboren, was soll das alles bedeuten. Ich bitte dich, komm mit und falls ich mir das alles nur eingebildet habe, bringst du mich in die Psychiatrie. Ist das klar?", erwiderte ich schmunzelnd, obwohl mir bei diesem schrecklichen Scherz das Lachen besser vergehen sollte. Vielleicht war ich wirklich krank, es könnte ein Burn-out sein, das konnte doch vorkommen. Tessa richtete sich auf und kam auf mich zu, sie schlang ihre Arme um mich und drückte mich fest. Ich war völlig fertig und sackte zusammen, heiße Tränen rannen über mein Gesicht. „Schsch, ist ja gut, meine Große, alles wird gut. Wir klären das auf, falls du die Tickets selbst gekauft hast, müsste

dein Kontostand sich verschmälert haben und wenn er dir die Tickets wirklich geschenkt hat, dann machen wir eben eine Woche Urlaub und besuchen deinen Gönner. Hätte nicht gedacht, dass dieser Irre nochmal auftaucht. Ab morgen hab ich sowieso Urlaub und da machen wir uns eine schöne Zeit. Ich erzähl Andreas, dass ich dich eingeladen habe und er nicht nein sagen kann. Die Kinder bekommen Besuch von Oma, das wird ihr gefallen, sie ist sowieso viel zu oft allein." Langsam beruhigte ich mich und nickte zu Tessas Worten. Ihre Erläuterung war einleuchtend und eine andere Wahl blieb mir nicht. Ich musste Magnus besuchen. Wir besprachen noch weitere Details unserer bevorstehenden Reise ins Ungewisse und legten uns eine Geschichte zurecht, die wir den anderen erzählen würden. Es war mir zuwider, Lügen zu erfinden, aber in dieser Situation war es für alle Beteiligten das Beste. Als Tessas Wecker klingelte, verabschiedete ich mich von ihr und eilte nach Hause. Ich war hundemüde und musste dringend unter die Dusche, bevor meine Schicht anfing. „Ohh", kam es ärgerlich über meine Lippen, das versaute Wochenende ging auf Magnus Konto, er hatte ja meinen Chef manipuliert.

Reise in die Vergangenheit

Natürlich war Andreas überhaupt nicht begeistert und redete die ganze Woche fast kein Wort mit mir. Er war schon irgendwie eigenartig gewesen, als er von seiner Schulung zurückgekommen war. Aber was mich mehr beunruhigte war, dass er jeden Abend Überstunden machte und völlig erschöpft nach Hause kam. Ich konnte ihm keineswegs böse sein und war froh, dass er mich ziemlich in Ruhe ließ, so dass meine schlechte Lügerei keinem auffiel. Ich hasste es zu lügen. Meine Mutter und die Kinder freuten sich auf ihre gemeinsame Zeit, und eine Woche war viel zu kurz für alle ihre Pläne. Mein Schwesterherz rief mich jeden Tag fünfmal an und fragte mich, was sie denn einpacken sollte, wie dort das Wetter sei und anderen so unwichtigen Kram. Die Tage schlichen dahin, aber niemand konnte die Zeit aufhalten. Irgendetwas Unerklärliches war in Gang gesetzt worden, ich konnte es spüren. Ich fühlte, dass etwas Schreckliches geschehen würde und schob es auf die bevorstehende Reise.
Am Ende war der verfluchte Tag schneller gekommen als ich es mir gewünscht hatte. Wir saßen bereits im vollbesetzten Flugzeug nach Edinburgh, dort erwartete uns nach Ansage des Piloten Regen und kalter Wind. Von meinem unsterblichen Verehrer hatte ich bis dato kein Lebenszeichen mehr vernommen. Einerseits flehte ich, er möge nicht aufkreuzen, andererseits musste ich mir dann über meine psychische Gesundheit wirklich Sorgen machen. Zum Zeitvertreib übte ich verzweifelt, meine Gedanken abzuschirmen, wobei ich natürlich keinen blassen Schimmer hatte, wie ich das überhaupt anstellen sollte. Ich wollte es Tessa ebenfalls erklären, aber die hörte mir nicht zu. So ganz, vermutete ich, kaufte sie mir meine unglaubliche Geschichte sowieso nicht ab, aber vielleicht war das auch gut so, beruhigte ich mich. Einer von uns sollte schließlich im vollen Besitz seiner geistigen Kräfte sein. Schon während der Landung, fing mein Herz in meiner Brust wie verrückt zu schlagen an, ich konnte bereits im Flieger Magnus Anwesenheit spüren, es war als wäre ich elektrisiert. Ein

Summen und ein mir unbekanntes Vibrieren erfüllten meinen gesamten Körper. „Geht's dir gut, du bist ganz grün im Gesicht?", fragte Tessa mit besorgtem Blick. „Er ist hier, ich kann ihn fühlen", war alles, was ich zitternd herausbrachte. Als wir unsere Koffer hatten und Richtung Ausgang stöckelten, stand mein schöner Unbekannter bereits spitzbübisch grinsend im Ausgangsbereich und erfüllte diesen mit seiner mysteriösen Präsenz. Tessa geriet leicht ins Stolpern, als ich ihr zu raunte: „Scheiße, da steht er, ich bin nicht verrückt." Er hatte eine betörende Wirkung auf jedes weibliche Wesen hier am Flughafen. Jede Frau im näheren Umkreis, starrte ihn unverblümt an. „Hallo, meine Damen, schön euch zu sehen, wie war der Flug?", erkundigte er sich zur Begrüßung. „Hallo, war in Ordnung, darf ich vorstellen, meine Schwester Tessa", erwiderte ich schnippisch. Die ganze Sache brachte mich so aus der Fassung, dass meine Nerven mehr als gereizt waren, mein Körper stand wie unter Strom und meine Gedanken schlugen Purzelbäume. „Herzlich willkommen, Tessa, wir haben uns bereits auf dem Konzert gesehen. Ich heiße Magnus und freue mich, dich kennenzulernen. Draußen wartet unser Wagen, darf ich bitten." Er war so verdammt charmant und höflich, dass ich ihn am liebsten vors Schienbein getreten hätte. *Warum machte er mich so wütend?* Tessa war völlig von der Rolle und schnatterte wild drauf los. Sie bedankte sich für die großzügige Einladung und so weiter und so fort. Er nahm unsere Koffer, als wären es Kosmetiktäschchen und schlenderte zielstrebig zum Ausgang. Wir hinter ihm her. Draußen parkte ein riesiger schwarzer Geländewagen mit getönten Scheiben. Ich hatte noch nie so ein monströses Gefährt gesehen. Ein rothaariger, ebenfalls verdammt gutaussehender Typ mit Sonnenbrille öffnete bereits für uns die Türen. „Darf ich vorstellen, das ist mein bester Freund Caleb. Caleb, Tessa und Lea." Caleb machte eine lässige Verbeugung in unsere Richtung und begrüßte uns. Meine Schwester starrte den Kerl mit einem schmachtenden Blick an, der richtiggehend peinlich war, sie hatte ausgerechnet eine Schwäche für rothaarige Männer. Wenn seine Augen jetzt noch smaragdgrün sind, dann heiratet sie mir diesen Kerl auf der Stelle, dachte ich zerknirscht. Magnus suchte dauernd meinen Blick und grinste mich herausfordernd an. „Dein Gedankenschutz klappt schon hervorragend", meinte er an mich gewandt. „Ja, wenn du das sagst. Wohin bringt ihr uns jetzt? Direkt in die Unterwelt?", war meine gereizte Antwort. „Lea, sei nicht so unhöflich zu unserem Gastgeber! Wir sind hier zu Besuch", ermahnte mich Tessa. Lachend meinte Magnus: „Hör auf deine Schwester, Schatz." Ich überhörte die Anrede von wegen Schatz. „Wie kannst du bloß zu denen halten?", schnauzte ich meine Schwester an. Als wir die Plätze verteilten, bot Tessa, die Verräterin, sich natürlich als Beifahrerin neben diesem Caleb an. Der freute sich ersichtlich über ihre zugewandte Aufmerksamkeit. Verdammt, er passte genau in Tessas Beuteschema. Magnus setzte sich zu mir auf den Rücksitz, näher als mir lieb war, da er in mir solch ein feuriges Verlangen auslöste, dass mir ganz schwindlig wurde. Seit ich im Flieger mit jeder Faser meines Körpers seine Energie gespürt hatte, war es jetzt, wo er direkt bei mir war, schier unerträglich für mich geworden, still zu sitzen. Ich wollte ihn berühren und weiß der Himmel was sonst noch alles. Dieses Gefühl der Lust, das er in mir auslöste, machte mich so schrecklich wütend. „Uns steht eine dreistündige Fahrt bevor, also entspann dich ein bisschen", beschwichtigte er mich. Mir war wohl bewusst, dass er seine Wirkung auf mich und meine immer stärker werdende Erregung wahrnahm. Es war, als hätte jemand ein Feuer, ach was, einen Waldbrand in meinem Innern entfacht. „Wollen die Damen einen Schluck trinken?" Er öffnete einen Kühlschrank und bot uns Wasser, verschiedene Säfte, Champagner, oder Hochprozentiges an. Ich wendete den Blick ab und lehnte das Angebot ab. Tessa verlangte nach Champagner, sie war in Feierlaune und hatte Urlaub. Na toll! Ein Blick auf meine Uhr sagte mir, dass es an der Zeit war, mich zuhause zu melden. In meiner Tasche kramte ich nach meinem Handy und merkte erst jetzt, wie stark meine Hände zitterten. Was sollte ich gegen dieses Gefühlschaos unternehmen, meine Wut und fehlende Beherrschung war nicht besonders hilfreich. Ich fand mein Handy und hielt mich daran fest. Vielleicht sollte ich mir ebenfalls einen Drink genehmigen? Da hielt mir Magnus bereits ein Glas Champagner entgegen. „Hier, nimm einen Schluck!", soviel zu meiner hervorragenden Gedankenkontrolle. „Unser Anwesen hier in Schottland liegt in der Nähe von Inverness, es wird euch gefallen", hörte ich Caleb zu Tessa sagen. Mit meiner zitternden Hand schob ich das mir angebotene Glas beiseite. „Nein danke, ich brauch einen starken Kaffee und muss dringend telefonieren." „Caleb, würdest du bitte bei nächster Gelegenheit anhalten, damit Lea ihre Wünsche erfüllt bekommt?" „Geht klar, in zwei Kilometern kommt eine Tankstelle", erwiderte er. „Du erfüllst mir meine Wünsche?", fragte ich belustigt an Magnus gewandt. „Bist du vielleicht die gute Fee?", blaffte ich ihn an. „Ich würde dir jeden Wunsch erfüllen, du müsstest mir nur die Gelegenheit dazu geben."

„Weißt du, Magnus, ich will ehrlich zu dir sein, die letzte Woche war eine Katastrophe, ich bin ziemlich erschöpft und müde." Ich war wirklich am Ende meiner Kraft. Magnus nahm meine zitternde Hand in seine und drückte sie leicht. Ein Kribbeln durchfuhr meinen Körper und mein Herzschlag beruhigte sich, das Zittern meiner Hände hörte schlagartig auf. „Was machst du da?" Er ging nicht auf meine Frage ein und zog mich näher zu sich heran. Es fühlte sich fantastisch an, so nah bei ihm zu sein. Seine Energie vermischte sich mit meiner und ein wohliges Gefühl machte sich in mir breit. Ich hatte mich noch nie so gut gefühlt wie in diesem Moment. Er war mir so unendlich vertraut.

„Erzähl mir, was dich beunruhigt hat."

„Es war eigenartig, wahrscheinlich hab ich mir das nur eingebildet, aber in der Nacht, als du mich besucht hast, wurde ich verfolgt. Die ganze Woche über fühlte ich mich beobachtet. Irgendetwas war da. Andreas war auch so seltsam, so unnahbar, mal abgesehen davon, dass er sauer war, war er nicht wie sonst. Er hat sich nicht mal verabschiedet." Diese Erkenntnis machte mich plötzlich sehr traurig. Magnus drückte mich an seine Schulter und legte sein Kinn auf meinen Kopf. Es fühlte sich so verdammt richtig an, in seinen Armen zu liegen. Er schien nachzudenken und ich fühlte, wie sich seine Muskeln anspannten. „Das gefällt mir nicht." An Caleb gewandt fragte er. „Gab es irgendwelche Aktivitäten in der Nähe von Leas Haus, von denen ich nichts weiß?" Jetzt war er richtig aufgebracht. Sein Zorn übertrug sich spürbar in erschütternden Wellen auf mich, als ob es eine unsichtbare Verbindung zwischen unseren Gefühlen gäbe. „Magnus, das sollten wir nicht hier besprechen und soweit ich weiß, ist nichts und niemand gesehen worden. Wir haben fünf Wächter aufgestellt, keiner hat etwas bemerkt, und ein jeder meldet sich zur vereinbarten Zeit. Beruhige dich wieder". Ich machte mich aus seiner Umarmung los und schaute ihn vorwurfsvoll an. „Bitte, was hat das jetzt wieder zu bedeuten?" „Wir beschützen dich und deine Familie schon eine ganze Weile, genaugenommen seit dem Konzert, nur Andreas macht mir Sorgen, er war einige Male spurlos verschwunden, bevor unsere Späher ihn wieder gefunden haben." „Wie? Verschwunden, erklär mir das bitte!" „Unser Späher hat ihn verloren und danach erst Stunden später wieder aufgespürt, wir wissen nicht, wo er war, aber vermutlich hatten ihn unsere Feinde, soweit wir das nachprüfen konnten, nicht in ihrer Gewalt."

„Feinde, Ihr habt Feinde?" Mit hochgezogener Augenbraue starrte ich ihn an und fragte ihn eindringlich: „Wo habt ihr Andreas gefunden?" „Um deine erste Frage zu beantworten, wir haben sehr gefährliche Gegner", er wollte Zeit gewinnen und setzte erneut zum Sprechen an, „und dein Andreas war, naja, bei..." „...bei einer anderen Frau", beendete ich schnaubend seinen Satz. „Du willst behaupten, dass er mich betrügt?", fragte ich misstrauisch. Tessa rief zuckersüß nach hinten um mich vor dem nahenden hysterischen Anfall abzulenken: „Jetzt gibt's Kaffee, Schwesterherz, und du wolltest zuhause anrufen." Der Wagen hatte bereits angehalten. Ich schlug die Autotür etwas zu heftig auf und stürmte aus dem Wagen. Ich musste weg von diesem Kerl, der im Begriff war, mein Leben zu zerstören. Tränen brannten in meinen Augen, das konnte doch alles überhaupt nicht wahr sein. Taumelnd stürzte ich zum Eingang, alles drehte sich um mich, ich spürte kalten Schweiß auf meiner Stirn und verlor den Boden unter den Füßen. Die ganze Anspannung der letzten Wochen, meine von Alpträumen geplagten Nächte und die Tatsache, dass Andreas mich belügt und vielleicht betrügt, war mir soeben zu viel geworden. Ehe ich mich versah, schlug ich nicht wie erwartet am Boden auf, noch taumelte ich gegen eine Wand, sondern spürte nur noch starke Arme die mich schützend auffingen. „Lea, alles in Ordnung?" An Magnus muskulöse Schulter gelehnt, führte er mich sachte zurück zum Wagen und setzte mich ins Auto. Tränen rannen mir über die Wangen und ich war nicht fähig, ihm eine Antwort zu geben. Der Kloß in meinem Hals war riesig. Ich wusste nicht, ob ich in Ordnung war. Nichts war mehr in Ordnung, das hier war das reinste Chaos. Irgendetwas in meinem Inneren fing an zu rebellieren, es wollte an die Oberfläche und ich wusste nicht, ob ich die Kraft hatte, es zu verhindern. Mit tränenerstickter Stimme fragte ich Magnus: „Was geschieht mit mir? Wer bin ich?" Er reichte mir ein Taschentuch. „Ich wollte es dir erst erzählen, wenn wir in Black Moon Castle angekommen sind und du dich etwas ausgeruht hast, aber das spielt jetzt keine Rolle mehr. Bist du bereit für unsere Geschichte, oder darf ich dir noch deinen gewünschten Kaffee bringen?" Ein wunderschönes Lächeln erschien auf seinem Gesicht, er war plötzlich sehr aufgeregt und geschäftig.

„Ja, ein Kaffee wäre super", schniefte ich. „Mir ist klar, dass ich im Moment nicht den gefasstesten Eindruck mache, aber seit du in mein Leben getreten bist, geschehen nicht nur merkwürdige Dinge, sondern die kleinen Details, die du mir schon verraten hast, könnten mich glatt in den Wahnsinn treiben. Bitte, ich möchte einfach alles wissen."

In diesem Moment ging meine Tür auf und Caleb reichte mir einen großen Becher Kaffee. „Mit viel Milch und ohne Zucker, so wie du ihn am liebsten magst". Ich bedankte mich bei ihm, blöde Gedankenleserei, oder war das mentale Verständigung zwischen Magnus und Caleb? Im Hintergrund bemerkte ich, dass Tessa wohl mit zuhause telefonierte und stellte erschrocken fest, dass ich nicht in der Verfassung war mit den

Kindern, geschweige denn mit Andreas, zu sprechen, zuerst musste ich die ganze Geschichte von Magnus hören. Caleb hatte soeben seinen Platz als Chauffeur erneut eingenommen, da öffnete Tessa die Beifahrertür. „Lea, geht's dir wieder besser?" Ohne auf ein Zeichen meinerseits zu warten, fuhr sie fort: „Mama und die Kinder sind einkaufen und Andreas hab ich von deinem Handy eine süße SMS geschickt, dass wir gut gelandet sind und du bei Ankunft im Hotel anrufst." „Danke, Tessa, ich bin froh dich hier zu haben." „Ich weiß." Sie reichte mir mein Handy und drückte meine Hand. Als sie mit Caleb einen dermaßen heißen verliebten Blick tauschte, musste ich erneut heftig schlucken. Mit fragendem Gesicht wendete ich mich an Magnus, der sofort verstand, auf was ich hinaus wollte. „Bei uns gibt es so was, hmmm, wie soll ich sagen, Liebe auf den ersten Blick. Hört sich das für dich verständlich an?" „Du willst mir jetzt weismachen, die beiden haben sich gesehen und schwuppdiwupp beschlossen, wir sind ab heute ein Liebespaar, oder wie?" „Ja, wenn du das so ausdrücken willst, aber das können wir später ausführlicher besprechen. Jetzt hab ich die Aufgabe, dir tausend Dinge zu erklären und weiß gerade nicht womit ich anfangen soll." Dieser verlegene Blick, den er mir eben zuwarf, war neu. „Vielleicht erzählst du mir als erstes, wer und was du bist?" Er nahm meine Hand in seine und drückte sie ganz zärtlich. „Wenn du willst, kann ich dir telepathisch Bilder übermitteln, dann kannst du meine Worte besser verstehen. Hab keine Angst, es tut nicht weh, ist wie fernsehen schauen." „Ok, dann mal los."
Hätte ich vorher gewusst, was ich da für grausige Details von nun an mit ihm teilen würde, hätte ich mich dagegen entschieden.

„Du, Lea, und deine Gefährtinnen seid aus einer Verbindung überirdischer Wesen und der Menschen entstanden. Diese dämonischen Kreaturen leben, soweit wir herausfinden konnten, in einem Paralleluniversum zu eurer Welt. Sie sind bereits so stark, dass sie unter den Menschen leben. Sie ernähren sich von eurer Angst, Wut, Hass, von allen schlechten und bösen Emotionen. Sie rauben denjenigen, die zu Mördern, Betrügern oder ähnlichem werden, ihre Seelen und schlüpfen in ihre Körper. So können sie dieses grausige Spiel weiterspielen und von der furchtbaren Angst ihrer besetzten Opfer leben. Die Seelenzehrer hatten nur ein kleines Detail übersehen, nämlich, dass eine neue Rasse entstehen könnte, wenn sich dämonisch besessene Menschen mit normal sterblichen Frauen paaren. Du warst vor tausend Jahren eine der ersten Baobhan-Sith, du bist eine Stammesälteste. Deine Mutter hatte glücklicherweise die grauenvolle Vergewaltigung und die schweren Verletzungen, die ihr der besetzte Menschendämon zugefügt hatte, ohne sein Wissen überlebt und dich zur Welt gebracht. Du warst eines der ersten Mischwesen mit den außergewöhnlichsten Fähigkeiten, die die Erde bis dahin bevölkert hatte. Binnen sechzehn Jahren bist du zu einer wunderschönen jungen Frau herangewachsen. Du hast schnell gelernt, deinen außergewöhnlichen Hunger mit Blut zu stillen und deine gewaltigen Kräfte und deine enormen Sinnesleistungen zu kontrollieren. Du hast gespürt, dass es noch andere Mischwesen wie dich geben muss und dich nach jahrelangem körperlichem Training und reifer Überlegung auf die Suche nach ihnen gemacht. Du wolltest Rache für das, was diese abscheulichen Kreaturen deiner Mutter angetan hatten und sie auslöschen. Dir war klar, dass du das Gleichgewicht wieder herstellen musst, bevor die Menschheit komplett zerstört und von den Besessenen regiert wird. Die Zeit konnte dich nicht bremsen, denn du bist von dem Tag deiner ersten Menstruation keinen Tag mehr gealtert, dir kann keine Krankheit auf diesem Planeten etwas anhaben. Deine Körperheilung vollzieht sich zehnmal schneller als bei einem normalen Menschen. Du bist sozusagen unsterblich." Während er sprach, sah ich die ganze Geschichte vor meinem inneren Auge. Es war schrecklich und faszinierend zugleich. Diese dämonischen Wesen waren schwarze dicke Schatten, die jedes Licht aufzusaugen schienen. Sie schwebten durch die Dunkelheit der Nacht, immer auf der Suche nach einer menschlichen Seele. „Aber, entschuldige, wenn ich dich unterbreche, ich bin aber nicht mehr diese Baobhan-Sith, sondern ich bin ein Mensch." „Lass mich weiter erzählen, wir kommen bald zu dieser Stelle. Du musstest bald feststellen, dass die Nachkommen der Dämonen alle weiblicher Natur waren und nicht jede bereit war, für deine Sache zu kämpfen. Als du sieben Stammesälteste gefunden hattest, habt ihr einen Pakt geschlossen und euch auf den Kampf gegen eure Väter vorbereitet. Schnell habt ihr die Schwachstellen der dämonischen Wesen entdeckt, sie vertragen kein Sonnenlicht, besser gesagt keine UV- Strahlung. Dem Element Feuer haben sie ebenfalls wenig entgegenzusetzen. Soweit wir wissen, entschwinden sie dann zurück in ihr Reich der Finsternis." Ich hob die Hand um ihn zu unterbrechen. „Aber wie kann es dann dich und Caleb geben?" Ein belustigtes und breites Grinsen zog sich über sein Gesicht. „Naja, ihr habt außer euren besonderen Fähigkeiten auch eine sehr triebhafte und leidenschaftliche Natur, da ist es doch selbstverständlich, sich hin und wieder mit dem männlichen Geschlecht die Zeit zu versüßen. Da ihr damals die Menschen für die Nahrungsaufnahme herangezogen habt, ist es einer ausgehungerten Stammesgefährtin rein zufällig passiert. Während ihres heißen Liebesabenteuers mit ihrem Jüngling hat sie ihn vor lauter Begierde gebissen und ausgesaugt, und er war so in Ekstase und dachte, die Beißerei gehörte zum Liebesspiel und biss zurück. Ein Schluck ihres Blutes genügte, um ihn zu verwandeln. Diese Liebesaffäre ging in unsere Geschichte ein ,und ich erzähle sie immer wieder gern. Übrigens sind Deidre und Malcolm nach wie vor ein glückliches Paar, denn wenn sich unsere Art im sexuellen Akt mit Austausch des Blutes vereinigt, sind wir für immer und ewig aneinander gebunden." Eine leichte Röte überzog mein Gesicht, da sich seine Bilder dieses erotischen Sexspielchens eben auch in meinem Kopf abgespielt hatten. „Oh, das wusste ich nicht, wer ist somit deine Gefährtin?" „Mein kleines Dummerchen, ist dir das die ganze Zeit entgangen? Du bist meine Gefährtin, für immer und ewig, und ich bin überglücklich, dich nach einer Ewigkeit wieder in die Arme schließen zu können." Er zog mich zärtlich in seine Arme und küsste mich so sanft und liebevoll, dass ich mich ihm nicht entziehen konnte, geschweige es überhaupt wollte. Sein unwiderstehlicher Geruch und seine einzigartige Ausstrahlung brachten mich schier um meinen klaren Verstand. Meine Seele hatte ihn bereits von Anfang an erkannt, und mein Herz öffnete sich ihm liebevoll. Mein Verstand holte mich aber binnen eines Augenblicks wieder in die Realität zurück. Die war immerhin, dass ich in meinem jetzigen Leben eine verheiratete Frau und Mutter war und mir das ganze Ausmaß dieser Blutsaugergeschichte nicht gefiel, da ich anscheinend eine tragende Rolle zu spielen hatte. Zärtlich beendete ich den Kuss und sah meinem früheren Gefährten fest in die Augen. „Magnus, ich fühle unsere Seelenverwandtschaft, doch bin ich an das Hier und Jetzt gebunden. Morgen werde ich zu meiner Familie zurückkehren, in mein bisheriges Leben.

Schmerzliche Entscheidung

Draußen wurde es bereits dunkel, als Caleb den Wagen durch ein großes schmiedeeisernes Tor lenkte, das sich wie durch Zauberhand öffnete. Er fuhr auf eine riesengroße Villa zu, die inmitten eines parkähnlichen Geländes stand. Die Fenster waren vereinzelt beleuchtet, was mich darauf schließen ließ, dass noch mehr dieser Wesen hier lebten. Vor einem großen Tor mit einem grimmig dreinschauenden Gargoyle-Türklopfer blieb der Geländewagen stehen. Ein älterer Herr mit steinerner Miene und in einen Frack gekleidet öffnete mir die Tür und begrüßte mich mit „willkommen auf Black Moon Castle, Mylady." Ich muss völlig blöd geguckt haben, denn Magnus, Caleb und Tessa brachen in schallendes Gelächter aus, in das ich nach einem vorwurfsvollen Blick in die Runde ebenfalls mit einstimmte. Der Butler war immer noch wie versteinert und deutete auf das weit geöffnete Eingangstor. Ein unbeschreibliches Gefühl von „nach Hause kommen" machte sich in meiner pochenden Brust breit. Dieses Etwas versuchte sich tief aus meinem Unterbewusstsein zu befreien und drängte mit aller Macht an die Oberfläche. Magnus trat an meine Seite, trug dem Butler auf, unser spärliches Gepäck auf die Zimmer zu bringen und teilte ihm mit, dass wir das abendliche Dinner in einer Stunde einnehmen wollten. Mit kurzem Nicken verschwand der Dienstbote aus meinem Blickfeld, und seine eifrigen Schritte knirschten im Kies. Ich war trotz der Dunkelheit vollkommen überwältigt von der Schönheit und der Ausstrahlung dieses Ortes. Tessa kam händchenhaltend mit Caleb auf mich zu und lächelte glücklich. „Wir gehen auf unsere Zimmer und treffen uns dann in einer Stunde zum Dinner." An mich gewandt fügte sie hinzu: „Lea, wenn du mich brauchst, bin ich immer für dich da." Sie drückte mir einen Kuss auf die Wange und umarmte mich innig. „Danke, mir geht's soweit gut, bin nur erschöpft und möchte mich kurz ausruhen." Zum ersten Mal wurde mir bewusst, dass meine kleine Schwester mittlerweile zu einer wundervollen, fürsorglichen Frau herangereift war. Magnus nahm meine Hand und führte mich in die atemberaubende Eingangshalle der Villa. „Komm, ich zeige dir deine Räumlichkeiten." „Wow, das ist unglaublich schön hier." Der Eingangsbereich war pompös und sehr groß, die Decke reichte bis unter das Dach. Eine wuchtige, mit reichen Verzierungen geschnitzte Holztreppe führte in den ersten Stock. Darüber führte die Treppe noch ein Stockwerk höher. Die Wände waren von einem Wandbild bedeckt, das eine Geschichte zu erzählen schien. Die Decke bildete einen klaren Sommerhimmel mit Schäfchenwolken. Die Menschen, Tiere und Pflanzen waren so fabelhaft gezeichnet, dass der Eindruck entstand, sie würden sich jeden Augenblick bewegen und mit dem Betrachter in Kontakt treten. Wie gebannt verfolgte ich diese gezeichnete Geschichte. Der Park und die Villa waren abgebildet, darum herum Hügel und Wälder und in der Ferne waren Reiter zu sehen. Vor der Villa ging ein edel gekleideter Mann mit einer anmutigen jungen Frau spazieren. Sie trug ein grünes mit Spitzen besetztes Kleid. Ihr Haar war zu einem kunstvollen Gebilde hochgesteckt. Ihr Gesicht lag im Schatten und war somit nicht zu erkennen. Beide schienen auf die Reiter zu warten. Der erste Teil der Bilder wand sich unter der Treppe durch und endete vor einer großen Tür. „Geht die Geschichte, die dieses Bild erzählt, in diesem Raum weiter?" fragte ich Magnus. „Ja, willst du sie sehen?" „Gerne, ich habe so eine lebendige Malerei niemals zuvor gesehen." Langsam öffnete er die Tür, die Decke und Wände in diesem Raum waren über und über bemalt. Jeder Zentimeter des Zimmers war kunstvoll mit Farbe bedeckt. In der Mitte des Raumes stand eine Chaiselongue, daneben ein kleiner runder Tisch. Die Frau mit dem grünen Kleid blickte mich eben an, und ich erkannte die verblüffende Ähnlichkeit zwischen ihr und mir. Die Reiter waren nun angekommen, und kein anderer als Magnus saß auf einem Rappen, und daneben ritt sein Freund Caleb. „So haben wir uns kennengelernt", meinte Magnus. „Du hast damals meinem Onkel Black Moon Castle abgekauft. Ich musste ihm eine dringende Nachricht meines Vaters überbringen, und da habe ich dich zum ersten Mal gesehen. Mein Onkel musste sich kurzerhand entschul-

digen und zu meinem Vater eilen. Caleb und mir wurde die entzückende Aufgabe übertragen, dich über das weitläufige Anwesen und durch den letzten Teil der Villa zu führen. Ich hatte mich vom ersten Moment an in dich verliebt, obwohl ich nicht ahnte, dass du eine Baobhan-Sith bist. Du zeigtest auch überhaupt kein Interesse an mir, obwohl meine Gedanken dir meine Zuneigung längst verraten hatten. Am Ende hast du den Kaufvertrag unterzeichnet und bist die neue Besitzerin von Black Moon Castle geworden. Ich warb verzweifelt um dich und bat dich um ein Wiedersehen. Nach langen Wochen hoffnungslosen Wartens sagtest du zu. Einige Treffen später weihtest du mich ein in dein Geheimnis und erzähltest mir von dem Krieg zwischen den dämonischen Seelenzehrern und den Baobhan-Sith. Sie waren damals kurz davor, das Tor in unsere Welt zu öffnen. Das wäre verheerend für die gesamte Welt, wie wir sie kennen, gewesen. Sie hätten alles in ewige Dunkelheit gestürzt und die Menschen, Tiere und Pflanzen zu ihren Sklaven gemacht, um von ihren Ängsten, Schmerzen und ihren Seelenqualen zu leben.
Ich wollte vom ersten Augenblick an dein Seelengefährte werden, für immer und ewig an deiner Seite bleiben und für deine Sache kämpfen. Als du mich erwählt hattest und wir das heilige Ritual der Vereinigung und Verwandlung vollzogen hatten, machtest du mich nicht nur zu deinem Gefährten und Geliebten, sondern auch zu einem Krieger für das Gute und die Gerechtigkeit. Du und ich, wir zwei gehören zusammen, nur gemeinsam können wir die Dämonen besiegen. Du bist vor über dreihundert Jahren für uns in den Tod gegangen mit der Hoffnung auf Wiedergeburt, und jetzt stehst du hier vor mir und zweifelst an dir und an uns. Wir haben all die Jahrhunderte weiter gekämpft, eine starke Armee aufgebaut, die Zeichen gedeutet und auf die zweite Erfüllung der Prophezeiung gewartet. Die erste war dein schrecklicher Tod und keiner wusste, ob sich die Weissagung wirklich vollziehen würde. Ich hatte schreckliche Angst, dich für immer verloren zu haben, aber ich spürte tief in meinem Herzen, dass du bei mir bist und nicht tot." Eine einzige Träne rann über seine Wange

und ich fühlte mit ihm diese innige Liebe, den Stolz auf seine Krieger, den furchtbaren Schmerz des Verlustes und die schreckliche Einsamkeit. „Es tut mir Leid, dass ich dir das alles angetan und aufgebürdet habe, denn ich weiß davon nicht das Geringste, und ich will niemandem, der mich liebt und braucht, solch einen Schmerz zufügen. Trotzdem will ich von dem Ganzen nichts mehr hören und werde morgen früh abreisen, wenn du mich jetzt entschuldigen würdest. Ich würde gern auf mein Zimmer gehen." „Ich verstehe, dass du geschockt bist von diesem Wissen, aber du kannst deine Familie als Mensch nicht retten, du musst dich deiner Bestimmung stellen, dich zurückverwandeln und kämpfen, nicht für uns oder die Welt, sondern für dich selbst und für dein Seelenheil." Ich konnte über seine Erklärungen und Worte bloß den Kopf schütteln. Magnus war aufgebracht, hatte sich aber erstaunlich schnell wieder unter Kontrolle und wechselte abrupt das Thema, redete vom Abendessen und führte mich die große Treppe hoch zu meinen komfortablen Räumlichkeiten. Nachdem ich die Tür hinter mir geschlossen hatte und ihn ohne weitere Erklärung draußen stehen gelassen hatte, sank ich auf den nächsten Stuhl und fing ungehemmt an zu weinen. Zehn Minuten heulte ich wie ein Schlosshund und war völlig verzweifelt in Anbetracht der Dinge, die mir Magnus eben erzählt hatte. Außerdem konnte und wollte ich diese große Verantwortung für diese Wesen nicht übernehmen, ich war zutiefst verzweifelt, da ich wusste, dass ich morgen nach Hause fliegen würde. Dann müssen sie eben eine andere finden, die ihre Prophezeiung erfüllt. Trotzig wühlte ich in meiner Handtasche nach meinem Handy und wählte Andreas Nummer. Als ich seine Stimme hörte, war ich gleich viel entspannter. Ich musste aber aufpassen, dass er nicht merkte, wie es mir wirklich ging. „Hallo Schatz, sitze im Hotelzimmer und vermisse euch." „Endlich meldest du dich, ich dachte schon, euch wäre etwas zugestoßen. Bei uns ist alles in Ordnung, genieße die Tage, bis bald". Er wollte mich bereits abwimmeln. „Andreas, warte, ich möchte noch die Kinder und Mama sprechen." „Diesen Wunsch kann ich dir im Augenblick nicht erfüllen, meine Liebe, sie sind verhindert." Dann wurde die Verbindung unterbrochen und ich starrte auf mein Handy. Das war merkwürdig. *Sie sind verhindert*, das war auf keinen Fall Andreas, sagte mir meine Intuition, aber mein Verstand schob meinen vagen Verdacht auf meine überreizten Nerven. Heute neigte ich dazu, überzureagieren und da ich sowieso morgen wieder zuhause sein würde und mit ihm noch ein Hühnchen zu rupfen hatte, beließ ich es dabei. Ich fing an, mich im Raum umzusehen. Das Zimmer, in dem ich mich befand, war umwerfend und geschmackvoll eingerichtet. Als ich durch die erste Tür ging, stellte ich fest, dass es sich um drei Räume handelte, die mich seltsamerweise an vergangene Tage erinnerten. Ich erblickte ein geschmackvoll eingerichtetes Schlafzimmer mit Himmelbett und riesigem Kleiderschrank. Als ich die Türen des Schranks öffnete, kam ein erschrockener Aufschrei über meine Lippen. Die schönsten und edelsten Kleider, schicke Kostüme, jede Menge Hosen, Blusen und Pullover warteten nur darauf, von mir anprobiert zu werden. Daneben alle möglichen Schuhe von Highheels über Stiefel, bis zum Wanderschuh, für jede erdenkliche Aktivität war hier ein Paar zu finden. Selbstverständlich war alles, soweit ich das erblicken konnte, exakt meine Kleider- und Schuhgröße. Jedes Stück traf meinen Geschmack. Hier hatte sich Magnus selbst übertroffen, er kannte mich offensichtlich in- und auswendig. Oh je, durchfuhr es mich, wenn Tessa ebenfalls so einen Kleiderschrank vorfindet, dann bekomme ich die hier nicht mehr weg. Ich musste Tessa unbedingt überzeugen, dass sie morgen mit mir nach Hause kommt, wusste aber bereits, dass das ein schwieriges Unterfangen werden würde. Ich beschloss, die Zimmerbesichtigung fortzusetzen, um dann das Gespräch mit Tessa zu führen. Von meinem hübschen Dornröschenschlafgemach führte eine weitere Tür in ein luxuriöses Badezimmer, das aussah wie aus 1001 Nacht. Orientalische Fliesen waren an Boden und Wand verarbeitet, und goldene Wasserhähne und Armaturen schmückten die Waschschüssel. Ein kunstvoll gearbeiteter Spiegel zierte die gesamte Wand, wodurch der Raum noch größer wirkte. Die

Dusche war weitläufig und trennte mit einer Wand den Dusch- und Badebereich. Die Badewanne hatte Poolcharakter und war einfach gigantisch. Kopfschüttelnd ging ich zurück in das Eingangszimmer und bemerkte, dass jemand meine Koffer gebracht hatte. Auch dieser Raum war sehr großzügig ausstaffiert mit einer gemütlichen Sitzecke, die auf einen modernen Fernseher gerichtet war, einem bequemen Ohrensessel, der vor einer Wand stand, die mit einem literarisch gut bestückten Bücherregal bedeckt war. Ein schicker Arbeitsplatz mit Laptop und Telefon daneben machte das Ganze perfekt. Ich beschloss kurzum, Tessa zu suchen, um ihr meine Pläne für morgen mitzuteilen, und dann wollte ich nur noch schlafen und die ganze Geschichte verdauen. Tessa war gleich im Zimmer nebenan, das hörte ich, sobald ich auf den Flur trat, da ihr fröhliches Lachen durch die Tür klang. Sie war nicht allein, wahrscheinlich war dieser Caleb bei ihr, dessen Geschichte ich auch gern kennen würde, da er eine Gefährtin haben musste, sonst wäre er ein gewöhnlicher Mann, reimte ich mir eben zusammen. Entschlossen klopfte ich an die Tür. „Herein, Süße", zwitscherte sie. Ich nahm einen tiefen Atemzug und öffnete die Tür. Überrascht stellte ich fest, dass nicht Caleb bei ihr war, sondern eine wunderschöne, überaus machtvoll wirkende junge Frau. Tessa wirkte fahrig und aufgeregt. „Darf ich dir deine Gefährtin Brigit vorstellen?" Diese erhob sich anmutig, ging auf mich zu und verbeugte sich tief. „Meine Königin und treue Freundin, welch ein Wunder, dich endlich wiederzusehen, du bist es wahrhaftig. Entschuldige, du kannst dich noch nicht an mich erinnern, aber wenn Magnus und du das heilige Ritual der Vereinigung und Verwandlung erneut vollzogen habt, kommen deine gesamten Erinnerungen an die alte Zeit zurück." Ich muss eine Weile dumm gestarrt haben, da keiner ein Wort sagte. Tessa unterbrach die Stille mit einem entzückten Aufschrei, da sie den Kleiderschrank eben geöffnet hatte. Endlich fand auch ich die Sprache wieder und lächelte Brigit, da ich gar nicht anders konnte, höflich an. „Ja, darüber wollte ich eben mit meiner Schwester unter vier Augen sprechen." „Oh, ich verstehe, entschuldigt bitte, wir se-

hen uns gleich beim Dinner." Bevor sie draußen war, sagte sie noch einmal mit Tränen in den Augen: „Schön, dass du wieder bei uns bist, ich habe dich sehr vermisst." Die Tür fiel ins Schloss, und die Verzweiflung über meinen bereits gefällten Entschluss traf mich wie ein Schlag. Tessa zwängte sich eben in ein sexy Figur betonendes schwarzes Kleid, das ihre weiblichen Rundungen gefährlich in Szene setzte. „Willst du, dass Caleb dich zum Abendbrot vernascht?", fragte ich gereizt. „Oder gibt es andere Gründe, warum du dich hier so zurechtmachst?" „Hey, was ist in dich gefahren? Hier sind Kleider, die kann ich mir in meinem bescheidenen Leben niemals leisten, also gönn mir den Spaß." Sie drehte sich vor dem Spiegel hin und her und angelte sich hohe schwarze Pumps aus dem Schrank. „Sieht doch super sexy aus", meinte sie, als sie die Schuhe anzog. „Was ist mit dir, willst du dich nicht umziehen? Gleich gibt's lecker Essen. Ich hab schon so einen Hunger."
„Das ist ja der Grund, warum ich hier bin, wir verschwinden hier so schnell wie möglich wieder, am liebsten würde ich heute noch zurückfliegen, aber gegen ein paar Stunden Schlaf hab ich auch nichts einzuwenden. Die erzählen hier Geschichten, Tessa, die haben doch nicht alle Tassen im Schrank."
„Jetzt reicht's aber, Lea, du wolltest unbedingt herkommen und dich den Tatsachen stellen, die hier auf dich zukommen. Mich hast du ebenfalls in diese Sache mit hinein gezogen und bloß, weil dir jetzt die ganze Wahrheit nicht in den Kram passt, willst du kneifen und den Schwanz einziehen. Du hast hier eine tragende Rolle zu spielen, ob es dir passt oder nicht. Jetzt zieh dir ein hübsches Kleidchen an und dann gehen wir zum Dinner." „Wahrscheinlich hast du Recht, aber diese, was auch immer sie sind, machen mir Angst. Vor allem Magnus, ich möchte es nicht, aber ich fühle mich dermaßen von ihm angezogen, dass ich dabei meine Selbstbeherrschung verliere. Ich liebe Andreas, das weißt du, aber in Magnus Gegenwart ist es so, als hätte es Andreas nie gegeben. Verstehst du, das ist mir zu gefährlich, ich fliege morgen zurück, egal was kommt."
„Ich werde dich nicht aufhalten, aber ich bleibe hier. Du kannst von mir nicht erwarten, das hier alles wieder aufzuge-

ben", sie machte eine ausladende Geste, „dieser Caleb ist einfach fantastisch. Es ist ähnlich wie du es bei Magnus empfindest, als würde ich ihn schon ewig kennen, und die Anziehung ist einfach unwiderstehlich, aber ich verliere weder mich noch meine Beherrschung, wir ergänzen uns. Das muss Liebe auf den ersten Blick sein." Tessa strahlte über das ganze Gesicht, ihr ging sprichwörtlich das Herz auf, wenn sie von Caleb sprach. Vielleicht hatte sie Recht, wenn sie sagt, sie ergänzen sich, aber ich wollte mir darüber auf keinen Fall Gedanken machen. Mein Entschluss stand fest. Da sich mein Magen nun ebenfalls meldete, drückte ich Tessa ganz fest und bat sie mich in 15 Minuten abzuholen, damit wir zum Essen erscheinen konnten. Ich wollte ja keine feige Spielverderberin sein. Zurück in meinem Luxuszimmer begutachtete ich die wunderschönen Kleider erneut und entschied mich für ein nachtblaues Corsagenkleid, das mit silbernen Pailletten bestickt war und aussah wie ein funkelnder Sternenhimmel. Mein Haar steckte ich geschwind hoch, wobei mir eine widerspenstige Strähne dauernd in die Stirn fiel. Etwas Puder, ein dezentes Augen-Make-Up und etwas Farbe für die Lippen. Nun konnte es losgehen, ich schlüpfte eilig in passendes Edelschuhwerk. Ein kurzer, prüfender Blick in den Spiegel ließ mich kurz innehalten, Wow das bin ja ich. Jetzt musste ich zur Abwechslung wieder einmal lachen. Na dann, gut gelaunt, mit schlechtem Gewissen ab in die Höhle des Löwen. Als ich die Tür öffnete, kam Tessa bereits aus ihrem Zimmer auf mich zu. „Du siehst bezaubernd aus, Schwesterherz", neckte sie mich freudestrahlend. „Du hast dich ebenfalls ganz schön herausgeputzt, wo du doch sonst immer nur in Jeans und Schlabberpulli zu sehen bist", konterte ich. Wir schritten gemeinsam die gewaltige Treppe nach unten, da wuselte uns auch schon der griesgrämige Butler entgegen und sah uns strafend an. „Die Herrschaften warten bereits, folgen Sie mir bitte." Tessa kicherte hinter vorgehaltener Hand drauf los, und ich gab mir reichlich Mühe, mein aufsteigendes Lachen zu unterdrücken. Wir konnten bereits die Stimmen der anderen Hausbewohner hören, und das waren dem Lärmpegel nach mehrere Personen. Mein Herz pochte auf einmal wie wild in meiner Brust, und ich konzentrierte mich darauf, meine Gedanken zu kontrollieren, denn ich wollte trotz meiner getroffenen Entscheidung diesen Wesen, die so gastfreundlich zu uns waren, dies nicht sofort wissen lassen. Magnus und Tessa hatte ich mein Vorhaben schon mitgeteilt, und den anderen wollte ich es nach dem Dinner eröffnen. Als wir nun durch die Tür kamen, verstummten alle Anwesenden und schauten uns neugierig an. Caleb eilte sofort an Tessas Seite, und Magnus war blitzschnell zu meiner Rechten. Er flüsterte in mein Ohr: „Du siehst bezaubernd aus, meine Liebe" und wendete sich an die anderen. „Darf ich vorstellen, unsere nach langer Suche wiedergefundene Königin Lea, in Begleitung ihrer Schwester Tessa. Herzlich willkommen auf Black Moon Castle." Alle Anwesenden fingen anerkennend zu klatschen an, standen nacheinander auf und kamen auf Tessa und mich zu, um uns herzlich zu begrüßen. Ich spürte, wie mir die Röte in die Wangen schoss, klammerte mich, um stehenzubleiben, an Magnus Arm und versuchte ein Lächeln zu Stande zu bringen. „Die strahlende Rothaarige ist Brigit, du hast sie vorher in Tessas Zimmer bereits angetroffen. Die Wunderschöne mit den blonden Locken ist Deidre, daneben ist ihr Gefährte Malcom, ich hab dir bereits von den beiden erzählt. Die Kleine mit den schwarzen Haaren ist unsere Seherin, Kristall. Ihr Gefährte heißt Owen. Media ist unsere Heilerin, sie kennt jede Heilpflanze, außerdem führt sie dich in die Welt wunderschöner Heilmeditationen ein. Sie hat mir sehr geholfen, als du nicht da warst, wenn sie nicht gewesen wäre, hätte ich glatt den Verstand verloren. Aber nicht nur sie stand mir zur Seite, auch Belenus, ihr Gefährte, war immer für mich da. Er ist ein ebenso großer Heiler wie sie, zusammen können sie Tote auferwecken." Belenus und Media fingen gleichzeitig zu lachen an. Media rügte ihn: „Du übertreibst wieder maßlos Magnus." „War ein Scherz, beim Tod mischen wir uns wirklich nicht ein", meinte er daraufhin. Reihum umarmten mich und Tessa alle. „Jetzt kommen wir zur letzten im Bunde, dieses ruhige Wesen, das dich so schüchtern mustert, ist Sige. Sie ist die ruhigste von allen, du wirst ihre Anwesenheit kaum bemerken. Das ist ihre große Stärke. Sie kann das leiseste Geräusch wahrnehmen und durch ihr gelassenes Wesen beruhigend auf andere einwirken. Aber genug vorgestellt, du wirst mit der Zeit reichlich Gelegenheit haben, alle besser kennenzulernen. Jetzt nehmt Platz und lasst das gute Essen nicht kalt werden." Leise und nur für mein Ohr bestimmt, fügte er hinzu: „Falls du dich entschließen solltest, hier zu bleiben, um deinen Platz an meiner Seite einzunehmen." Alle sahen mich freundlich an, ihre Blicke waren sehr liebevoll und unendlich offen. Wir setzten uns dazu. Es herrschte eine so wunderbare friedliche Stimmung in diesem Raum, dass ich mich rundum geborgen fühlte. Das Essen war ein Fest der Sinne, es gab Suppe, allerlei Gemüse, Salate, Obst und zum Nachtisch ein Dessert mit verschiedenen Schokoladencremes und Fruchtmus. Alle unterhielten sich ruhig und erzählten sich gegenseitig von ihrem Tag, auch Tessa war in anregende Gespräche vertieft und hatte sich bereits in diese große Familie eingefügt. Es war einfach himmlisch hier zu sitzen, Leckeres zu essen und den Geschichten zu lauschen, aber ich wunderte mich, dass kein Fleisch aufgetischt wurde. „Magnus, darf ich dir eine Frage stellen?" „Natürlich, jederzeit, fehlt dir etwas oder schmeckt es dir nicht?" fragte er besorgt zurück. „Nein, es ist wunderbar, aber mir ist aufgefallen, dass es kein Fleisch gibt, oder ist das eine Ausnahme?" „Wir essen selten Fleisch, aber nur von Tieren, dir wir selbst gejagt haben. Das Fleisch aus eurer Massentierhaltung können wir nicht vertragen. Es ist das pure Leid, die Pein und der Schmerz der Tiere, die wir beim Verzehr dieses Fleisches mit aufnehmen, und das würde uns schwächen. Außerdem schmeckt es schlecht. Unsere Hauptnahrungsmittel sind Getreide, Gemüse und Obst, und wie ich dir bereits erzählt habe, das Blut von unserem Seelengefährten, aber wenn wir keinen Gefährten haben, greifen wir auf menschliches oder tierisches Blut zurück. Caleb, Brigit, Sige und ich müssen das so handhaben, da wir derzeit keinen Partner haben." „Was ist mit den Gefährten der anderen passiert?" „Calebs Gefährtin Elena haben wir vor 50 Jahren endgültig an die dunkle Seite verloren, sie hat sich mit dem König der Finsternis vereint. „Seitdem war Caleb nicht mehr er selbst, es freut mich aus tiefstem Herzen, wie deine Schwester ihn wieder ins Leben geholt hat, er ist fast wie früher." „Ja, die beiden sind einander so vertraut, als würden sie sich schon ewig kennen." Ich blickte zu den beiden hinüber, die sich verliebt in die Augen schauten. „Das sieht ein Blinder, die Luft knistert hörbar." Magnus lächelte bestätigend und fuhr fort: „Der Gefährte von Brigit ist vor zwei Monaten spurlos verschwunden. Wir haben keine Spur von ihm, Kristall und Owen sind ebenso verzweifelt, da sie kein Lebenszeichen erhalten und das Orakel keine Auskunft gibt. Das ist sehr merkwürdig. Brigit ist ungeheuer stark, aber die Abwesenheit ihres geliebten Bress hat sie bereits sehr geschwächt, vor allem, weil sie kein Blut trinken will." „Oh, das tut mir schrecklich Leid, es muss doch möglich sein, ihn zu finden." „Wir sind jeden Tag auf der Suche nach ihm, beachten die Zeichen, die uns gegeben werden, aber bis heute sind wir erfolglos, wir geben nicht auf, das haben wir bei dir bewiesen und das hat sehr viel länger gedauert." „Welche Zeichen? Du hast das schon einmal erwähnt." „Kristall hat hellseherische Fähigkeiten und bekommt, wenn sie sich auf einen Menschen oder Gegenstand konzentriert, verschiedene Botschaften. Es ist unterschiedlich was sie da empfängt. Anhand dieser Informationen entschlüsseln wir zum Beispiel wo sich jemand aufhält. Bei dir wussten wir, dass du in Deutschland lebst und das Konzert in München sah Kristall auch. Lass mich weitererzählen. Sige ist immer noch auf der Suche nach ihrem Seelengefährten. Du musst verstehen, sie braucht die Stille, sie ist oft allein in der Natur unterwegs. Sie lebt nicht hier mit uns, sondern in einer Höhle, wo sie sich ganz von der Außenwelt zurückziehen kann. In ihrer Ruhe liegt ihre große Kraft."

„Mit euren besonderen Fähigkeiten seid ihr wie Götter. Ihr wundervollen Frauen stammt von den Menschen und den Seelenzehren ab. Da jeder Mensch mit dem göttlichen Funken ausgestattet ist, bestehen du und deine Gefährtinnen aus dieser Mischung. Ihr habt gelernt, die dämonische Energie zu

lenken und zu beherrschen, das lässt euch Unglaubliches vollbringen. Durch die Verschmelzung mit diesen kosmischen Wesen wurdet ihr gleich mit euren besonderen Fähigkeiten geboren. Die Menschen müssten ihre besonderen Talente, wie Hellsehen, Hellhören und einiges mehr, wieder entdecken und lernen, mit ihnen umzugehen, dann könnten sie aus der universellen Quelle schöpfen. Sie könnten das Anhalten des Alterungsprozesses und die schnelle Heilfähigkeit zwar nicht für sich nutzen, aber ihre verschiedenen Gaben leben, das wäre für sie ebenso möglich." „Dann meinst du, es war gut, dass diese Wesen die Frauen vergewaltigt haben und ihnen ihre Frucht in den Leib gelegt haben? Sie haben ihnen furchtbares Leid angetan." „Nein, es war nicht gut, aber notwendig, um euch und damit uns zu erschaffen. Wir können den Menschen ihren Seelenfrieden zurückbringen und ihnen helfen, ihre besonderen Fähigkeiten zu aktivieren. Wir können ihnen zeigen, den Schatten in ihnen zu erlösen, nur so kann das Gleichgewicht auf der Erde wieder hergestellt werden, und die Seelenzehrer hören auf, die Menschen zu besetzen. Wir tragen beides in uns, Licht und Schatten, Liebe und Hass, Freude und Leid. Die Dämonen haben es zu weit getrieben und da, wo viel Schatten herrscht, da muss demzufolge viel Licht sein. Wir bringen den Menschen das Licht zurück, wenn sie es annehmen wollen. Seit einigen Jahrzehnten besuchen uns täglich freiwillig viele Menschen und wollen lernen, ihre Schöpferkraft zu leben. Wir geben ihnen das Wissen und lehren sie, wie sie ihr ganz eigenes Potenzial entfalten können. Wir erschaffen eine Armee aus Lichtkriegern." „Das hört sich alles ziemlich verrückt an, was du mir hier erzählst, das ist dir schon klar. Wenn du das dem Falschen erzählst, der sperrt dich für den Rest deiner Tage in eine geschlossene Anstalt." Ich musste grinsen. Magnus schien über diese Aussage ebenso belustigt zu sein, fuhr aber fort. „Glaub mir Lea, die Menschen sind endlich soweit, sich den Dämonen in ihrem Inneren zu stellen und somit auch den Äußeren, den Seelenzehrern."
Er wurde auf einmal sehr ernst und fragte mit trauriger Stimme: „Willst du mich immer noch verlassen?" Mir wurde es

plötzlich ganz schwer ums Herz, aber meine Entscheidung war schon lange von meinem Verstand getroffen worden. „Ja, morgen früh möchte ich das erste Flugzeug zurück nach Hause nehmen, bitte lass mir Zeit, das alles zu überdenken. Ich fühle mich sehr wohl hier bei euch, es ist eine andere Welt für mich, aber ich habe eine Familie, die ich sehr liebe, und die kann ich nicht einfach zurücklassen. Verstehst du mich?"
„Wenn wir das Ritual abhalten würden, gäbe es für dich nicht den geringsten Zweifel gegen mich und der Tatsachen die ich dir eben offenbart habe. Ich werde auf dich warten, meine Geliebte." Er nahm meine Hand und küsste ganz zärtlich und behutsam meinen Handrücken. Ein wohliger Schauer floss von meiner Hand durch jede Zelle meines Körpers, es war wie eine Dusche aus frischer Energie. Mein Unterleib reagierte prompt und zog sich entzückt zusammen. Es musste unglaublich sein, mit diesem Mann zu schlafen, aber so viel Verstand besaß ich noch, um mich auf keinen Fall von ihm verführen zu lassen, obwohl mein Körper sich ihm am liebsten an den Hals geworfen hätte. Etwas zu ruckartig entzog ich ihm meine Hand, er wusste sehr wohl, was für eine Wirkung er auf mich hatte. *Scheißkerl,* dachte ich empört. Schnell stand ich auf und wünschte allen eine gute Nacht und rauschte mit schnellen Schritten aus dem Raum. Mein Atem ging stoßweise und ich war erregt. Dieser Mistkerl wusste, dass mein Körper ihm nicht widerstehen konnte, wenn er seine ganze männliche Anziehungskraft ins Spiel brachte. Aber solange meine Wut und mein Verstand mitspielten, würde er mir hoffentlich nicht gefährlich werden. Bevor ich den ersten Fuß auf die Treppe setzen konnte, spürte ich einen Lufthauch, und dann stand Magnus vor mir. Wie konnte er so schnell hier sein? Meine Güte, er war so schön. Er war perfekt für mich, er war wie für mich geschaffen. Einmal könnte ich ihn doch küssen, es würde an meiner Entscheidung nichts ändern, und bevor ich diesen Gedanken zu Ende bringen konnte, schlangen sich meine Arme automatisch um seinen Hals, und meine Lippen fanden seine. Wir küssten uns wie Ertrinkende, mit solch einer Leidenschaft, von deren Existenz ich bis dahin keine

Ahnung gehabt hatte. Seine Hände streichelten sanft meinen Rücken. Als ich wieder zu mir kam, wurde mir erst bewusst, dass wir während des Kusses in das bemalte Zimmer gelangt waren. Völlig außer Atem schob ich ihn von mir weg. „Magnus, bitte, wir müssen damit aufhören." Ich strich hastig mein Kleid glatt und drehte mich von ihm weg, damit er meine mir unerklärliche Verzweiflung nicht sehen konnte. Er hielt mich ganz sanft am Handgelenk zurück. „Schau mich an", forderte er mich auf. Ich musste schlucken, drehte meinen Kopf wie in Zeitlupe und sah ihm direkt in die Augen. In seinem Gesicht war der Schmerz zu sehen, den ich in meiner Brust fühlte. Aber sein Blick war voller Liebe. Mit der anderen Hand zog er etwas aus der Innentasche seiner Anzugjacke. „Ich wollte es dir persönlich geben und dir eine schöne Reise wünschen. Pass bitte auf dich auf und wisse, dass du und deine Kinder hier jederzeit willkommen sind. Ich liebe dich, Lea."
Im Vorbeigehen hauchte er mir einen Kuss auf meine Lippen, drückte mir ein Flugticket in die Hand, und ehe ich etwas antworten konnte, war er bereits zur Tür hinaus. Erschöpft und völlig gerührt ließ ich mich an der Wand zu Boden sinken. Die Tränen rannen wie Bäche aus meinen Augen. Ich hatte, was ich wollte, aber war das wirklich die richtige Entscheidung?

Schreckliche Ereignisse

Als ich alleine im Flugzeug auf dem Weg nach Hause saß, ließ ich mir alles immer und immer wieder durch den Kopf gehen. Ich musste so schnell wie möglich wieder mein normales Leben aufnehmen, außerdem musste ich klären, wie es um mich und Andreas stand, sollte er mich wirklich betrogen haben, konnte ich auch nicht das geringste unternehmen, denn was sollte ich für Beweise auffahren. Bei Fragen über Tessa kann ich getrost die Wahrheit sagen, da sie die Liebe ihres Lebens nun endlich gefunden hat und nach ihrem Urlaub nach Hause kommt und hier ihre Zelte abbricht. Gegen 18.00 Uhr würde ich landen, dann wäre ich, wenn alles reibungslos lief, um neun zu Hause. Ich hatte nicht mehr angerufen, denn ich wollte meine Lieben überraschen. Ich hatte heute Morgen außer Tessa und dem Butler keinen der anderen zu Gesicht bekommen. Tessa flehte mich herzzerreißend an, dass ich bis zu ihrer Zeremonie mit Caleb, die in drei Tagen stattfinden würde, bei ihr bleiben sollte. Sozusagen als Trauzeugin. Diese Bitte musste ich ihr abschlagen, denn ich hätte meine Schwester am liebsten mitgenommen, aber sie war überglücklich gewesen, und ich wusste, wie sie fühlte, denn mit Magnus erging es mir genauso. Die Sehnsucht und das Verlangen, seine Frau zu sein, hätte ich keine drei Tage mehr unterdrücken können. Es wurde Zeit, dass ich nach Hause kam, um Ruhe und Abstand in meine Gefühlswelt zu bringen und um dann eine klare Entscheidung zu treffen. Die Durchsage des Piloten, dass wir uns im Landeanflug befanden, holte mich wieder in die Gegenwart zurück.

Die Fahrt nach Hause verging wie im Flug. Ich war guter Dinge und freute mich auf die Kinder. Als ich endlich in unsere Ortschaft einbog und nur noch wenige Kilometer von unserem Anwesen entfernt war, sah ich in der Ferne dunklen Rauch in den Abendhimmel aufsteigen. Da musste jemand aber ein großes Feuer gemacht haben, dass ich den Rauch hier sehen konnte. Auf einen Schlag wurde mir eiskalt und ich wusste, was da in Flammen stand. Es war unser Haus. Mein

Fuß drückte das Gaspedal durch, und ich fuhr die letzten Meter so schnell es die kurvige Straße zuließ. Meine Vorahnung hatte sich bestätigt, das ganze Gebäude brannte lichterloh, nirgends war jemand zu sehen, hastig stellte ich das Auto ab und eilte zum Haus. Eine enorme Hitzewelle schlug mir entgegen, und ich konnte nicht näher herankommen. Das Feuer brüllte wie ein hungriges Ungeheuer, meine Tränen verdampften, bevor sie meine Augen verlassen konnten. Ich schrie gegen das Feuer an, ich schrie um Hilfe, nach meinen Kindern, nach Andreas und meiner Mutter. Ich rannte wie von Furien gepackt um das Haus. Es musste irgendwie eine Möglichkeit geben hineinzukommen. Da kroch mir plötzlich ein schwarzes, verkohltes, winselndes Etwas entgegen. Ein unmenschlicher Schrei löste sich aus meiner Kehle, als ich in der verkohlten Gestalt zu meinen Füßen unseren Hund Sam erkannte. Vor mir brach er erschöpft zusammen. Sein Körper war so heiß, dass ich ihn nicht berühren konnte, und sein verbranntes Fell strömte einen ekligen Gestank aus. „Oh Sam, was ist passiert, du hast Schmerzen, warte, ich helfe dir." Beruhigend sprach ich auf ihn ein und überlegte fieberhaft wie ich ihm helfen konnte. Aus heiterem Himmel sträubten sich seine Nackenhaare und ein verteidigendes Knurren entfuhr seinem geschwächten Körper. Mit aller Kraft, die er noch in seinem Körper hatte, stemmte er sich in die Höhe und nahm vor mir Stellung auf. Ein schwarzer Schatten baute sich wie aus dem Nichts vor Sam und mir auf. Er nahm eine dunkle rauchige undurchschaubare Erscheinung an. Es wurde eisig kalt, und ich war wie gelähmt, aber Sam setzte mit letzter Kraft zum Sprung an, und in meinem Kopf vernahm ich Worte, wie aus Magnus Mund: *Lauf sofort in den Wald, looos.* So schnell ich konnte, drehte ich mich weg von dieser Szenerie und lief in Windeseile in den Wald davon. Es war bereits dunkel und die Nacht brach herein. Ich sah nicht viel, das erschwerte meine Flucht ungemein. Was war das gewesen? Das musste einer dieser Seelenzehrer gewesen sein. Umso schneller setzte ich einen Fuß vor den anderen. Ich rannte durch das Dickicht immer tiefer in den Wald hinein. Wieder liefen Tränen der

Verzweiflung und Trauer über meine Wangen und als ein fürchterlicher Schmerzenslaut durch den Wald hallte, wusste ich, dass der Seelenzehrer Sam getötet hatte. Dieser Laut fuhr mir mitten ins Herz und ließ mich abrupt anhalten. Mein Atem ging stoßweise. Ich schaute über die Schulter zurück und sah in fünfzig Schritten Entfernung das Schattenwesen auf mich zukommen. Es hatte jetzt eine materielle Form angenommen und bewegte sich in Gestalt eines Mannes auf mich zu. Um den Körper waberte eine dicke schwarze Schicht und aus dieser schlängelten sich eine Art Fangarme in meine Richtung. Der Mann sprach zu mir: „Bleib stehen, du dummes Ding, du kannst mir nicht entkommen." Diese scheußlichen Tentakel hatten mich fast erreicht, da bemerkte ich erst das ganze Blut von Sam an ihm. Ein entsetzter Schrei drang aus meinem Mund. Unser Liebling sollte sich nicht umsonst für mich geopfert haben, also preschte ich wieder los so schnell ich konnte. Das Wesen in meinem Rücken kam immer näher und gab hässlich röchelnde Laute von sich, und mehrmals wiederholte diese tiefe abscheuliche Stimme, ich sollte stehen bleiben, aber obwohl meine Lungen bereits wie Feuer brannten und mein Gesicht und meine Hände völlig zerkratzt waren, stolperte ich weiter. Ich wusste, in ein paar Metern würde ein tiefer Abhang kommen, und ich musste versuchen dort hinunter zu gelangen, um mich dort im dichten Unterholz zu verbergen. Das war meine einzige Chance, aus dieser Jagd lebend zu entkommen. Ich war körperlich dermaßen am Ende, dass ich den Abhang übersah und ungebremst über ihn hinaus in die Leere lief, meine Füße fanden keinerlei Halt mehr und ich stürzte mit voller Wucht auf den Erdboden, mein Gesicht schrammte über die feuchten Kiefernnadeln die da lagen. Der Aufprall war so heftig, dass mir meine restliche Luft aus den Lungen gepresst wurde. Ich rollte weiter den steilen Abhang hinunter und konnte gerade noch meine Hände schützend vor mein Gesicht nehmen, um mich nicht noch mehr zu verletzen. Benommen lag ich zusammengekrümmt am Boden und holte tief Luft, die Atmung wurde von einem heftigen Schmerz in der Brust begleitet. Jeder Atemzug tat höllisch weh. Das grausame, siegessichere Lachen in weniger Entfernung hinter mir nahm mir meinen letzten Überlebenswillen. Ich konnte nicht mehr aufstehen, gleich würde er mich erreicht haben, und bevor ich meine Gedanken zu Ende bringen konnte, packte mich eine kalte Hand grob an der Schulter und riss mich zu sich herum. Ich blickte in das Gesicht des heruntergekommenen Mannes, der kein Mensch mehr war. Eine leblose Hülle erfüllt von einer bösen Kreatur! Ich blickte ihm direkt in die Augen. Sie waren tiefschwarz und voller Hass. Der Mann war völlig verwahrlost, ein abgemagertes Skelett mit fahler Haut überzogen, an seinen nackten Armen waren viele entzündete Einstichstellen vom ständigen Drogenmissbrauch zu erkennen. Aus seinen Augen, aus seiner Brust und seinem Bauch kamen jetzt diese schwarzen Tentakeln auf mich zu. Sie wollten sich in meinen Körper bohren. Plötzlich veränderte sich meine Wahrnehmung, und ich sah und spürte, wie sich um meinen Körper ein zweiter Körper ausbildete, der aus den unterschiedlichsten Farben bestand und mich wie eine schützende Hülle umgab. Ich sah die Farben des Regenbogens mich umkreisen und fühlte mich plötzlich wieder kräftiger. Ich wollte mich auf keinen Fall so geschlagen geben und schlug die Hand des Mannes, die immer noch meine Schulter fest umklammert hielt, mit aller Kraft beiseite. Dann stemmte ich mich hoch und orientierte mich kurz, welche Fluchtmöglichkeiten ich hätte, doch das Wesen lachte aus vollem Hals: „Du dummes Menschlein kannst mir nicht entkommen, nur weil du jetzt deine Aura siehst, heißt das noch lange nicht, du hättest gewonnen, mein Meister wird sich freuen, dich endlich persönlich kennenzulernen. Am liebsten würde ich dich auf der Stelle verschlingen, aber das steht mir nicht zu. Du bist unserem König bestimmt, und er wird dich gerne verzehren oder verwandeln, das liegt ganz an dir, und ob du deine Kinder wieder sehen willst." Als er meine Kinder erwähnte, konnte ich mich nicht mehr beherrschen, und all der Schmerz und all die Wut, die jetzt aus mir herausbrachen, verfärbte meine Aura, wie diese Kreatur die farbige Schicht um meinen Körper nannte, zu rotschwarzem Rauch. Das Wesen lachte und konnte, ohne dass ich etwas tun konnte, seine Tentakel in meinen Körper bohren. Er packte mich an den Schultern und zog mich hoch. Ein nie gefühlter Schmerz durchzuckte mich, erst ein entsetzliches Brennen, das dann von eisiger Kälte abgelöst wurde. Ein Gefühl, mich selbst zu verlieren, spürte ich an den Stellen, wo das Wesen seine Saugarme in mir festgemacht hatte. Es sog etwas aus mir heraus, es war wie klares, reines, weißgoldenes Licht, das aus meinem Körper zu ihm hinüberfloß. Ich merkte, wie ich immer schwächer wurde, und mein ganzer Körper zu zittern anfing. Kalter Schweiß floss an meinem Rücken und an meinen Schenkeln hinab, und innerlich drohte ich zu erfrieren, mein Geist wollte nicht aufgeben, aber ich musste in dem Moment erkennen, dass mich der Seelenzehrer ausgetrickst hatte, und ich jetzt sterben würde. Ein lautes Gebrüll und der Aufprall meines Körpers auf dem Boden, machten mich schlagartig hellwach, langsam öffnete ich meine Augen und versuchte in der Dunkelheit, die mich umgab, etwas zu erkennen. Ich hörte verschiedene Stimmen und musste entsetzt feststellen, dass mittlerweile weitere dieser Schattenwesen bei uns waren. Mein Körper war so schwach, dass ich mich nicht bewegen konnte, also strengte ich meine Ohren an, um zu hören, worum es in diesem Streitgespräch ein paar Meter von mir entfernt ging. Mein Verfolger schien etwas kleinlaut geworden zu sein und musste sich im Moment in die Schranken weisen lassen. „Der Meister schickt mich, um nach dir zu sehen, er muss schon geahnt haben, dass du ein verdammter Verräter bist. Wenn er erfährt, dass du von ihrer Essenz getrunken hast, dann wird er dich qualvoll vernichten, du elende Kreatur. Du weißt, dass er sie braucht, bevor die Baobhan-Sith sie in die Finger kriegen, und ihre Essenz ist zu stark für dich. Sein Gegenüber erwiderte ein kehliges Lachen und sagte, „du wirst es nicht wagen, dem König zu erzählen, was hier und jetzt passiert ist, denn du wirst keine Gelegenheit haben ihm das zu berichten. Sie ist nicht stark, sie ist übermächtig, ihre Seelenessenz ist uralt. Dies wird mich zu eurem neuen König machen." Er packte die andere Wesenheit brutal mit zwei Händen so an dessen Armen, dass er sie ihm fest an den Körper presste, ließ all seine Tentakeln auf einmal in ihn hineinfahren und saugte ihn komplett in sich auf. Danach drehte er sich in angriffslustiger Haltung einmal um seine Achse und fixierte die anderen Seelenzehrer, die ebenfalls anwesend waren. Die leere Körperhülle des Mannes schmiss er zu Boden. Mit erhobener Stimme sagte er: „Seid ihr auf meiner Seite oder wollt ihr dasselbe köstliche Schicksal erleiden wie unser Freund hier?" Mit neuer Entschlossenheit und letzter Kraft, aber so leise wie möglich, drehte ich mich mit angehaltenem Atem auf den Bauch, stemmte meine Hände in den Boden und fing an, mich auf allen Vieren fortzubewegen. Ich musste hier schleunigst verschwinden, bevor ich das Hauptgericht dieses fiesen machtgierigen Etwas wurde. Magnus, ich wollte nur noch zu Magnus, er und die anderen waren die einzigen, die ich um Hilfe bitten konnte, um meine Familie zu retten. Aber erst musste ich mich in sichere Entfernung von diesen Seelenzehrern bringen. Unter größter Anstrengung brachte ich einige Meter Abstand zwischen uns, da sie immer noch in eine heftige Diskussion verstrickt waren und ihr „neuer Meister" sie irgendwie gefügig machte, bemerkten sie nicht, wie ich aufstand und um mein Leben zu rennen begann. Ich stolperte von Baum zu Baum, kramte in meinem Hirn nach einer Möglichkeit, wo und wie ich mich auf der Stelle verstecken konnte, ohne entdeckt zu werden. Da hörte ich einen wütenden Aufschrei, der die Bäume erzittern ließ. Er hatte wohl bemerkt, dass ich weg war, umso schneller musste mir eine rettende Idee einfallen, um meinen zerschundenen Körper zu verbergen. Lautes Kampfgeschrei drang an meine Ohren, und ich hörte weitere Stimmen, die sich jetzt unter die der schwarzen Wesenheiten mischten. Vielleicht wollten sich ihm die anderen nicht anschließen, und er wurde nun handgreiflich. Solange es mir möglich war von hier weg zu kommen, konnte es mir egal sein, was geschah. Schnell hastete ich weiter voran, als sich von hinten plötzlich eine Hand auf meinen Mund presste und eine zweite Hand mich kraftvoll an sich drückte. Voller Entsetzen und mit allem, was ich noch an Reserven hatte, schlug ich wild um mich und biss in die warmen Finger der Hand, die mich so festhielt. Ein leises Fluchen war zu hören , und ich konnte Blut in meinem Mund schmecken, köstliches Blut. Bevor ich wusste, wie mir geschah, stand Magnus vor mir. Seine blutende Hand presste er weiter sanft auf meinen Mund, und mit der anderen deutete er mir an, still zu sein. In der Ferne war das entsetzliche Getöse und Geschrei des Kampfes zu vernehmen. Mir versagten endgültig die Nerven, erschöpft sank ich in Magnus Arme, und Tränen der Erleichterung rannen über meine Wangen. Zärtlich hielt er mich fest und streichelte sanft über mein Haar und meinen Rücken: „Ich wäre fast gestorben vor Sorge um dich! Bist du verletzt, was hat er dir angetan?" So viele Fragen konnte ich ihm auf einmal nicht beantworten, ich drückte mich an ihn und das letzte, was über meine Lippen kam, bevor ich das Bewusstsein verlor, war: „Bitte bring mich hier weg!"

Das Leben geht weiter

Ein gellender Schrei riss mich aus einem schrecklichen Alptraum, in dem ich von einem fürchterlichen Monstrum verfolgt wurde. Es machte sich lustig über mich, verhöhnte meine Flucht und kam unaufhaltsam näher. Als ich langsam wacher wurde und meine Orientierung wiederfand, wurde mir klar, dass der Schrei, der mich eben aufgeweckt hatte, von mir selbst kam. In meiner Brust war ein heftiger Schmerz zu spüren, jeder Knochen tat mir höllisch weh, und ich wusste überhaupt nicht wo ich war. Da fielen mir die schrecklichen Erlebnisse wieder ein. Unser Haus war völlig zerstört, unser lieber Sam tot, meine Familie verbrannt von diesen abscheulichen Seelenzehrern. Abrupt und viel zu schnell versuchte ich aufzustehen, kaum hatten meine Beine aber den Boden unter sich gespürt, verloren sie schon wieder den Kontakt zu diesem, und ich fiel der Länge nach vor das Bett auf den Teppichboden. Es gab einen lauten Aufschlag, und erneut drang ein Schmerzensschrei über meine Lippen. Mit einem kräftigen Stoß wurde die Zimmertür geöffnet, und Magnus stürzte herein. „Lea, Himmelswillen, was machst du da? Du darfst allein noch nicht aufstehen." Magnus eilte an meine Seite, schob seine starken Arme unter meinen Körper und hob mich wieder ins weiche Bett hinein. Mit einem tiefen Seufzer streckte ich mich der Länge nach aus und blickte in seine saphirblauen Augen, die mich sorgenvoll anblickten. „Du hast viel Energie und Kraft verloren. Es wird einige Tage dauern, bis du wieder ohne Schwindel aufstehen kannst. Du brauchst jetzt dringend Ruhe und Schlaf. Deine Schwester möchte dich nachher besuchen, sie ist mit Caleb auf Spurensuche. Du hast die letzten drei Tage was verpasst. Sie ist eine hervorragende Gestaltwandlerin geworden. Die beiden sind ein schönes Paar." „Magnus, bitte, was ist passiert? Bitte, erzähl mir alles! Wo ist meine Familie? Sind sie tot? Und was ist mit unserem Zuhause passiert?" „Du warst jetzt drei Tage ohne Bewusstsein. Die Seelenzehrer waren schneller als wir, sie haben vier unserer Wächter getötet, der andere konnte uns gerade noch rechtzeitig alarmieren, und wir konnten dich retten. Deine Familie ist nicht tot, aber in der Gefangenschaft ihres Königs, er hält sie als Geiseln und will dich so in seine Gewalt bringen. Aber es gibt Auseinandersetzungen unter seinem Gefolge. Der Seelenzehrer, der von deiner Essenz getrunken hat, ist hinter dir und hinter der Macht seines Meisters her. Er wird dich bald gefunden haben, denn deine Essenz ist wie ein pulsendes Signal in ihm, wie ein GPS-Signal, das ihn direkt zu dir führt. Aber mit ihm wird dich ihr furchtbarer Anführer ebenfalls finden. Egal wie wir es drehen und wenden, Lea, du musst handeln, du musst deine Bestimmung aufnehmen und dich verwandeln, nur so kannst du dich und deine Familie retten. Ich liebe dich, und ich will dich nicht noch einmal verlieren." Seine Stimme war belegt und seine Hände hielten meine zärtlich, aber bestimmt umfangen. „Was heißt, ich muss mich verwandeln? Wir zwei sollen dieses absurde Ritual, wo du mein Blut trinkst und ich deins, machen, oder was? Damit erhalte ich meine komplette Erinnerung und meine superduper Kräfte zurück." „Das ist nicht witzig, Lea, davon hängt alles ab, auch unsere gemeinsame Zukunft." „Du bist witzig, Magnus, ich hab verdammt nochmal ein Leben, ein sehr schönes sogar, ich bin verheiratet, und ich liebe meinen Mann, und wir haben zwei wundervolle Kinder, und du willst mir das alles wegnehmen mit deinem blöden Ritual und deiner Version von: „Du bist meine Frau, Lea." „Wenn du das so siehst, kann ich dir im Moment nicht mehr sagen, außer dass du deine Familie und dein früheres Leben nicht mehr zurückbekommst, unabhängig davon, ob du mit mir das Ritual abhältst oder nicht. Schau den Tatsachen ins Auge. Falls dich die Seelenzehrer als Mensch in ihre fiesen Finger bekommen, egal welcher von ihnen, dann war alles, was wir bis heute geschafft haben, umsonst. Dann sind all die Bewohner von Black Moon Castle dem Tode geweiht. Die Menschen da draußen sind den Seelenzehrern hilflos ausgeliefert und du und die Deinen, entweder tot oder unter der Herrschaft der Seelenzehrer. Mit deiner Essenz werden sie nicht nur diesen Planeten, sondern bald noch viel mehr unter ihre Herrschaft reißen. Du hast die Wahl, werde

eine von uns oder eine von ihnen. Entscheide dich weise!"
Das war alles zu verwirrend für mich, ich konnte mich mit dieser Wahrheit einfach nicht abfinden, ich brauchte Klarheit, und die sollte ich bekommen, aber im Moment war ich viel zu müde für solche lebensverändernden Entscheidungen. „Ich möchte jetzt allein sein, kannst du mir bitte meine Schwester schicken, wenn sie zurück ist." Er nickte mir zu, und ich spürte seine innere Anspannung. „Danke", murmelte ich benommen, da fielen mir bereits die Augen zu, und ich fiel in einen tiefen und festen Schlaf.

Magnus stand in einer weißen bequemen Leinenhose und mit einem weißen engen Shirt bekleidet vor mir. Sein langes, schwarzes Haar war offen und zeichnete einen weichen Kontrast zu seinen kantigen Gesichtszügen, ein unwiderstehliches, sexy Lächeln umspielte seine Mundwinkel. Seine Hände umfingen fest meine Taille und schoben sich ganz sanft und langsam unter meinem Shirt hoch. Sein Gesicht berührte fast das meine, und wir schauten uns dabei in die Augen. Ich nickte ihm zustimmend zu, und wir küssten uns. Unsere Zungen tanzten einen wilden, tieferregenden Tanz, und seine Hände schienen auf einmal überall zu sein. Ich keuchte laut auf, als er meine Brüste zärtlich streichelte, und meine Arme gingen automatisch nach oben, damit er mein Oberteil abstreifen konnte. Ich streichelte seinen muskulösen Rücken und schob sein Shirt voller Erwartung nach oben. Er roch unwiderstehlich gut, irgendwie nach Erde und Holz, frisch wie der morgendliche Wald. Seine Arme umfingen mich, und wir küssten uns erneut mit einer Leidenschaft, die mir neu war. Ich wollte ihn und er wollte mich, meine Zweifel waren vollkommen verschwunden, mein Körper sendete eindeutige Signale aus, und mit meinem Verstand war es dahin. Er blickte mir wieder tief in die Augen und fragte mich mit belegter Stimme: „Willst du meine Frau werden, Lea? Ich verspreche dir, dass ich dich lieben, achten, ehren und beschützen werde wie es dir gebührt, und mit allen Kräften die mir zur Verfügung stehen, werde ich für dich kämpfen." „Ja, ich will deine Frau

werden", *war meine erregte Antwort.*
Ein Klopfen drang plötzlich an mein Ohr, aber ich wollte nicht gestört werden, nicht jetzt, wo ich doch gleich mit Magnus schlafen würde. Seine Lippen und seine feuchte Zunge umkreisten meine Brustwarzen, er streichelte mich weiter, und das Klopfen wurde immer eindringlicher, und jemand sagte deutlich meinen Namen. Als ich meine Augen aufschlug, war ich allein in meinem Zimmer, eine Hand war in meine Hose gewandert und die andere umschlang mein Kissen, das Bett war völlig durcheinander gewühlt. Wo war Magnus. Hatte ich das alles nur geträumt? Erneut klopfte es an der Tür, und meine Schwester steckte den Kopf durch einen Spalt herein, „Darf ich reinkommen, oder schläfst du noch?" Oh, wie peinlich, die Röte schoss mir sofort in die Wangen und ich strich schnell mein Shirt glatt und zog meine Decke bis zum Kinn. „Nein, komm rein, ich bin wach. Hast du Magnus rausgehen sehen?" „Nein, Magnus und die anderen haben sich unten versammelt, wir sind eben zurückgekommen, und wir schmieden Pläne, wie es weitergehen soll." Mein Körper hatte sich etwas beruhigt und meine Stimme hatte wieder einen festen Klang: „Und gibt es Neuigkeiten? Wo ist Andreas, wo sind Leo, Anna und unsere Mutter?" Tessa setzte sich auf die Bettkante und faltete die Hände in ihrem Schoß. Ihre Bewegungen waren sehr anmutig, und sie hatte eine überaus starke Ausstrahlung. Sie war anders, nicht äußerlich, sondern es strömte aus ihrem Inneren. „Wir haben keine Ahnung, wo die Seelenzehrer sie hingebracht haben, keine Spur, nichts. Aber wir wissen, dass sie kommen, um dich zu holen. Der Kerl, der von deiner Essenz getrunken hat, ist bereits auf deiner Fährte, es kann sich nur um ein paar Stunden handeln, bis er hier angekommen ist. Lea, ich weiß, dass das alles viel für dich ist, aber du wirst dich doch bald verwandeln, oder? Magnus sieht ziemlich verzweifelt aus, nicht so, als ob du gleich seine Frau werden würdest, wovon wir hier alle ausgehen." „Wie ist diese Verwandlung, tut es weh?" Ein breites, verklärtes Lächeln machte sich in ihrem bezaubernden Gesicht breit. „Nein, es tut nicht weh, es ist unglaublich und wunderschön. Das kann

ich dir mit Worten nicht beschreiben, das musst du selbst erleben. Caleb ist der Mann, den ich immer gesucht habe, und jetzt sind wir verbunden auf immer und ewig. Unsere Kräfte ergänzen sich und wir stärken uns gegenseitig, wir lieben uns. Dieses Ritual ist sehr persönlich und intim. Du vollziehst es nur mit deinem Partner und mit der Zeremonialleiterin. Solch einen berauschenden Sex hatte ich nie zuvor in meinem bescheidenen Leben, und ich hatte viel Sex, das weißt du." Oh ja, wenn es um sexuelle Erfahrung ging, da kannte sich meine Schwester aus, dagegen war ich die reinste Nonne. „Bitte, Tessa, geht das nicht genauer, wie läuft das Ritual ab?" „Schade, dass du bei unserer Vereinigung nicht hier warst, dann wüsstest du es." Beleidigt zog sie eine Schnute, lachte mich aber dann an. „Süße, willst du diesen geilen Typen, der dich seit Jahrhunderten liebt, nicht endlich erlösen und wieder zu deinem Gefährten nehmen?" „Verdammt nochmal Tessa, jetzt fängst du auch noch damit an, hast du vergessen, dass ich bereits verheiratet bin?" „Na dann, träum weiter und rubble dir selbst einen." Empört über ihre blöde Antwort, fuhr ich hoch. „Was soll das denn jetzt heißen?" „Ich weiß nur, dass dort unten einige eben für dich ihr Leben aufs Spiel setzen und du hier oben rumzickst und den Moralapostel spielst. Du bist mit Andreas noch verheiratet, aber das spielt keine Rolle mehr, das war nicht deine Bestimmung, deine Bestimmung liegt hier bei Magnus und deinen Gefährten. Du gehörst nicht zu den Menschen, du gehörst zu den Baobhan-Sith und du hast ganz besondere Gaben, die du einsetzen musst, damit wir den Seelenzehrern ein Ende bereiten können." Ein Zischen und Rauschen war auf einmal zu hören, und vor mir saß nicht mehr Tessa, sondern ein ausgewachsener Gepard und stierte mich an. *Keine Angst, Lea, ich bin es,* beruhigte mich Tessas Stimme in meinem Kopf. Jetzt fiel es mir wieder ein, Magnus erwähnte, sie wäre eine ausgezeichnete Gestaltwandlerin geworden. „Du kannst dich also jetzt in eine andere Gestalt verwandeln, aber du warst doch vorher ein Mensch, nicht wahr, wie geht das nun wieder?" Ein erneutes Zischen und Rauschen und da stand Tessa wieder vor mir. „Es ist das Blut der Baobhan-Sith, dein Erbe, und es ist das Band der Liebe, deshalb konnte mich Calebs Blut verwandeln. Er wurde von seiner früheren Gefährtin Elena verwandelt. Als wir das Ritual vollzogen, wusste keiner ob ich mich überhaupt verwandeln würde, aber einige tolle Fähigkeiten haben sich entwickelt. Bei dir und Magnus wird noch viel mehr passieren, da du ja eine von ihnen bist, und jetzt tu nicht so, als wüsstest du nicht was ich meine. Du hattest immer schon eine besondere Gabe zu wissen, was andere denken und was in Zukunft passieren wird. Aber irgendwann hast du beschlossen, „normal" zu werden, wie du immer zu sagen pflegst. Ja, du hast dich wohl geirrt, du bist nicht normal, du bist was ganz Besonderes. Also hab den Mut, den Tatsachen ins Auge zu schauen und fang an zu handeln, bevor alles zu spät ist. Leo und Anna brauchen ihre wahre Mutter. Aber so schwach, wie du im Augenblick bist, kannst du keinem helfen." Meine Kinder, für sie würde ich alles tun, wie eine Löwin würde ich um sie kämpfen, bis zu meinem Ende, wenn es sein muss. Verdammt, Tessa hatte recht, es war keine Zeit mehr zu verlieren, ich musste sie finden, koste es, was es wolle und wenn es mein Leben wäre, aber vorerst musste ich Magnus Blut in meinen Körper bekommen, das konnte ja nicht so schwierig sein. „Danke Tessa, für deine ehrlichen Worte und herzlichen Glückwunsch zu deiner Vereinigung und Verwandlung." Wir umarmten uns innig, wieder spürte ich ihre große Kraft. Sie sah verdammt gut aus. Stark und wunderschön. „Würdest du mich bitte zu Magnus bringen?" „Das ist wirklich eine gute Entscheidung. Komm, ich helfe dir hoch." Vorsichtig setzte ich mich an die Bettkante und stellte meine Füße so fest es ging auf die Erde. Tessa stützte mich und zog mich hoch. Etwas wackelig stand ich auf meinen Beinen, aber mit der Unterstützung meiner Schwester kam ich gut voran. Wir waren schon fast an der Tür angekommen, als diese plötzlich mit einem heftigen Schlag aufgerissen wurde, und Magnus und Caleb vor uns standen. „Sie sind da, wir müssen Lea sofort hier wegbringen, weißt du, wo der unterirdische Tunnel hinführt, Tessa?" „Nein, den kenn ich noch nicht." Unten wurden laut Befehle verteilt, und

Caleb sagte eindringlich zu Magnus: „Du musst ebenfalls mitgehen, ich will nicht, dass Tessa und Lea allein gehen, und ohne dich ist Lea sowieso verloren. Ihr müsst beide geschützt werden." Ein weiterer Mann kam hinzu, ich wusste, dass ich ihn beim Dinner schon kennengelernt hatte, und er entschied über unser aller Schicksal. „Magnus und Caleb, nehmt eure Frauen und verschwindet solange ihr noch könnt! Wir versuchen, die Seelenzehrer in Schach zu halten und so lange in die Irre zu führen, bis ihr genügend Vorsprung habt." Er stand derweil direkt vor mir, packte mich im Nacken, zog mich zu sich heran und küsste mich auf den Mund, und ehe ich mich versah, war dieser stechende Schmerz wieder in meinem Körper zu spüren, und ich fühlte, dass er etwas aus mir heraussaugte, genauso wie es der Seelenzehrer getan hatte. Magnus brüllte zornig auf und schrie: „Spinnst du, was fällt dir ein!" Mit einem heftigen Ruck wurden wir voneinander gerissen, und Magnus stellte sich schützend vor mich. Der andere grinste ihn entschuldigend an. „Du hättest niemals zugestimmt, dass wir es so machen, aber mit ihrer Essenz kann ich den Mistkerl da unten etwas irritieren, und du musst zugeben, die Idee ist genial." Jetzt entspannte sich auch Magnus wieder und umarmte seinen Gefährten, „Danke Malcolm, ich weiß das zu schätzen, und du hast recht, hätte ich daran gedacht, hätte ich es selbst gemacht." „Keine Zeit für lange Diskussionen, Männer, wir müssen auf der Stelle von hier verschwinden", mahnte Caleb die beiden. „Gebt auf euch acht und auf ein gesundes Wiedersehen!" Ich spürte wie mich meine neugewonnene Kraft wieder verließ und meine Knie zu zittern anfingen, da umschlangen mich augenblicklich diese starken und beschützenden Arme, die ich bereits allzu gut kannte und trugen mich fort von diesem Ort, hinein in ein neues Leben.

Ich spürte wie Magnus Muskeln sich anspannten und ich durch sein schnelles Laufen durchgerüttelt wurde, ich nahm die Stimmen meiner Retter zwar wahr, aber ich verstand nicht, was sie sagten. Viel wurde auf unserer Flucht sowieso nicht gesprochen, aber es beruhigte mich, sie immer wieder

zu hören. Tief in meinem Innersten hatte ich wahnsinnige Angst vor der Zukunft, ich hatte Angst, mich zu verändern, mein jetziges Sein aufzugeben und mich in, ja, in was denn, zu verwandeln.
Irgendwann hatte das Rütteln aufgehört und ich bemerkte, dass ich an einen warmen Körper gekuschelt dalag. Ich wusste, ohne die Augen aufzumachen, dass diese wohlriechende, feste Unterlage, die tief und gleichmäßig atmete, und an die ich mich drückte, Magnus war. Er fühlte sich so fantastisch an, es fühlte sich einfach richtig an, hier bei ihm zu liegen, geschützt und geborgen. „Magnus, wo sind wir?" Ohne mich zu bewegen, stellte ich ihm diese Frage, ich wollte mich noch nicht von ihm trennen. Seine Hand glitt sanft streichelnd über meinen Rücken. „Wir sind vorerst in Sicherheit. Wir sind in einem unserer Häuser in der Stadt. Hier ist es schwieriger für sie, dich zu orten, außerdem bin ich so eine Art Schutzschild für dich, also bleib schön bei mir liegen." Ganz langsam setzte ich mich etwas auf und sah ihn an. Unsere Gesichter waren nur wenige Zentimeter voneinander entfernt, ich konnte seinen ruhigen Atem spüren. „Danke." Einem Impuls folgend küsste ich ihn auf die Lippen. Er wirkte überrascht, hielt mich aber immer noch in seinen Armen und fing an, meinen Kuss zu erwidern. Behutsam und zärtlich, als wäre ich zerbrechlich, oder dieser Augenblick, küssten wir uns. Unsere Augen hielten tiefen Blickkontakt, und unsere Zungen und Lippen liebkosten sich. Ich schloss meine Augen und ließ mich treiben. Als seine Hand unter meinem Shirt meine Wirbelsäule hochglitt, kam ein kehliger Seufzer aus meinem Mund, ein Kribbeln blieb dort auf meiner Haut zurück, wo er mich mit seinen gefühlvollen Fingern berührt hatte. Wir küssten uns immer fordernder, und sein erregtes Glied presste sich durch seine Hose fest an meinen Schenkel. Ich spürte seine gewaltige Männlichkeit und Kraft und konnte es nicht länger verdrängen. Ich wollte ihn jetzt und hier. Unser Atem ging heftig, meine Hände waren auf seiner Haut. Sie war so weich und doch fest. Mit einer geschmeidigen Bewegung setzte er sich auf und war über mir. Er zog sein weißes, enges Shirt

aus, und mir blieb fast die Spucke weg. Was war das für ein Augenschmaus? Sein durchtrainierter, muskulöser, schön proportionierter Körper löste zwischen meinen Beinen ein vorfreudiges Kribbeln aus. Seine Hand fasste an meine rechte Wange, und er sah mir fest in die Augen. „Willst du das wirklich, mit allem, was bei uns dazugehört?", fragte er mich mit rauer Stimme. Das war die falsche Frage, plötzlich war mein Verstand samt Moralapostel wieder vollständig da. Ich lag unter ihm, sein Blick war eindringlich, seine Hand sanft an meiner Wange, sein Daumen strich unendlich zärtlich über meine Lippen. „Ich, ich weiß nicht, was hier los ist", stammelte ich, „mein Leben ist von heute auf morgen ein anderes, meine Familie irgendwo, ich habe Angst, Magnus. Ich weiß tief im Innern, dass es richtig ist, mit dir zusammen zu sein, aber ich…" Tränen sammelten sich in meinen Augen, ein Kloß steckte in meinem Hals, ich konnte oder wollte ihn nicht verletzen, aber wir mussten uns zusammenreißen. „Wir sollten es nicht tun, bitte, Magnus, ich…", bevor ich weiter sprechen konnte, küsste er mich wieder, mit solch einer Intensität, dass ich seine große Liebe zu mir tief in meinem Herzen spüren konnte. Seine Stimme war jetzt in mir und sagte lautlos zu mir. *„Meine Geliebte, mein Herz, ich werde nichts tun, was du nicht willst, aber ich weiß, dass du es willst, ich spüre es in jeder Faser deines Körpers, ich höre es im Flüstern deines Blutes. Fühle selbst in deinen Körper und in dein Herz hinein."* Ja, verdammt nochmal, er hatte ja so Recht. „Hör auf mich zu küssen", forderte ich und wischte mir die Tränen aus meinem Gesicht, „da kann ich nicht klar denken." Ein verschmitzter Zug war um seine Augen wahrzunehmen. „Du sollst nicht denken, sondern mit deinem Herzen fühlen, tief in dir, was du wirklich willst. Willst du meine Frau sein, Lea?" „Ich will dich, Magnus, ich will nicht nur mit dir schlafen und den geilsten Sex meines Leben haben, wie Tessa so schön zu sagen pflegte, ich will deine Frau werden, aus tiefstem Herzen, vom ersten Augenblick an. Seit ich dich zum ersten Mal gesehen habe, damals auf dem Konzert, seitdem und wahrscheinlich schon immer bist du in meinem Herzen und ich in dich verliebt.

Aber ich muss wissen, was mit Andreas passiert ist. Ich möchte ihm sagen, dass es aus ist zwischen uns, er hat ein Recht darauf. Es ist mir wirklich wichtig." „Ich weiß, Süße, aber Andreas ist nicht mehr der, den du kennst und den du all die Jahre geliebt hast. Er ist jetzt einer von ihnen, sie haben ihn besetzt." Schockiert musste ich schlucken, „Woher weißt du das? Er war heute bei dem Überfall auf uns dabei, ich bin froh, dass du ihm nicht begegnet bist, er hat sich verändert und er ist äußerst gefährlich." „Aber wir müssen ihn retten, er ist ein lieber Mann und ein guter Vater. Die Kinder, sie brauchen ihn doch." „Wir können momentan nichts für ihn tun, wir wissen nicht, wie lange er schon von einem Seelenzehrer besetzt ist, irgendwann ist der letzte Rest seiner Seelenessenz aufgebraucht, und der Körper fällt zusammen und ist tot."
„Was genau rauben diese Wesen den Menschen?"
„Ihre Seele, ihre Lebensenergie, das, was die Menschen unsterblich macht."
„Oh nein, das ist ja schrecklich."
„Aber wie meinst du das mit unsterblich, wir sterben, werden begraben und dann Feierabend."
„Nein, so ist das nicht richtig, im menschlichen Sterbeprozess stirbt euer Körper, alle Funktionen, die euch am Leben halten, erlöschen, aber eure Seele, eure unsterbliche energetische Essenz löst sich aus diesem materiellen, festen Zustand und geht in eine andere Dimension ein, dorthin zurück, wo sie einst hergekommen ist und wartet auf die nächste Inkarnation. Die Seelenzehrer sind Seelenjäger, das ist ihre Bestimmung, und sie brauchen diese Lebensessenz, die einen Teil der menschlichen Seele ausmacht, um irgendwann einen festen Körper zu erlangen und um aus ihrer weit entfernten Dimension hier auf der Erde bleiben zu können. Derzeit können sie noch nicht lange hier bleiben und müssen immer wieder die Erde verlassen, doch je mehr Essenz sie verschlingen, desto stärker werden sie."
„Was für eine Rolle spiele ich in diesem ganzen Szenario?"
„Das alles ist schon so lange her, aber du bist eine der letzten direkten Nachfahren dieser Wesen, und dein Blut, aber auch

deine Seele, da du ja halb Mensch bist, ist unglaublich stark, und wenn die Seelenzehrer, deine Essenz, deine Seele erhalten, dann gibt es für die Menschen keine Rettung mehr. Du bist damals in meinen Armen gestorben und so für die Seelenzehrer unerreichbar geworden. Sie können nicht in die Seelendimension, noch nicht. Sollte ihnen das jemals gelingen, gibt es keine Hoffnung mehr. Was wir all die Jahrhunderte auf diesem Planeten tun, ist nichts anderes als den Menschen die Liebe, das Licht, die Verbundenheit mit ihrem Planet Erde und allen Wesenheiten zu lehren, denn umso lichter, liebevoller, mitfühlender ihre energetische Präsenz ist, umso schwieriger wird es für die Seelenzehrer, sich ihre Essenz zu rauben und sie zu besetzen. Menschen mit einer starken Aura, mit einem hellen Energiefeld können nicht von den Seelenzehrern übernommen werden. Es gelingt ihnen vielleicht, einen solchen zu überrumpeln, wie es dem Wesen gelang, das mit dir im Wald war, um kurz von deiner Essenz zu trinken, dafür muss es dich aber emotional total aus dem Gleichgewicht bringen, um dann direkt seine Tentakel in das Herzzentrum zu stoßen. Unsere Auren wiederum sind so stark, da müssen sie uns schon lange extrem foltern, uns schlimmsten Schmerzen aussetzen, um an unsere Essenz zu kommen. Bis jetzt ist ihnen das aber nie gelungen." „Das ist alles unglaublich, wie in einem schlechten Sciene-Fiction-Film, also wenn ich alles richtig verstanden habe, dann hab ich dich also zu dem gemacht, was du jetzt bist, danach bin ich gestorben um den Seelenzehrern zu entkommen, und jetzt bin ich als Mensch wieder zurück, und dein Blut, was auch mein Blut ist, wird mich wieder in das blutrünstige, halb-dämonische Wesen verwandeln, das ich ursprünglich war, samt übersinnlichen Fähigkeiten und komplettem Erinnerungsvermögen." Er erwiderte ernst: „Wir sind keine blutrünstigen Monster, wir haben jetzt unsere Regeln und Rituale und wir helfen den Menschen. Schon vergessen? Wir sind die Guten, und das haben wir alles dir zu verdanken, denn wenn es nach deinen früheren Gefährtinnen gegangen wäre, hätten diese die Menschen genauso abscheulich behandelt wie eure Väter es getan haben. Aber deine Mutter

hat dich geliebt und dich zu einer guten und liebevollen Frau erzogen, und deshalb sei nicht so streng mit dir. Du bist, was du bist." „Dann bleib ich eben ein Mensch und sterbe wieder."
„Nein, das ist keine Möglichkeit mehr, weißt du, wie oft du die letzten Jahrzehnte dieses hin und her durchgemacht hast, und wie anstrengend und schmerzhaft es jedes Mal für mich ist, nicht in deiner Nähe sein zu dürfen und dich dann wieder sterben zu sehen. Nein, außerdem hast du diesmal zwei Kinder, und wir wissen nicht, wie kraftvoll ihre Essenz ist."
„Entschuldige, tut mir wirklich Leid, natürlich will ich am Leben bleiben und meine Kinder retten."
„Und wieder meine Frau werden. Ich hab dich so schrecklich vermisst", ergänzte er.
Ich lag ganz nah bei ihm, er hatte seinen Kopf mit der Hand abgestützt, und es war gut, das endlich alles besprochen zu haben. Als ich ihn so betrachtete, sah ich bunte Farben um ihn herum fließen und bemerkte, dass ich ebenfalls in diesem farbigen Kokon eingebettet war.
„Was sind das für Farben die uns umgeben?"
„Das ist meine Aura, ich hab dir doch vorher gesagt, schön bei mir bleiben, ich bin dein Schutzschild, so kann der Seelenzehrer deine Essenz nicht aufspüren." Es klopfte an der Tür.
„Herein", sagte Magnus. Caleb öffnete die Tür. „Es gibt Essen." Jetzt bemerkte ich erst, wie wenig ich die letzten Tage gegessen hatte, mein Magen knurrte wie ein ausgehungerter Wolf, und wir mussten lachen.
„Lass uns deinen Wolf füttern, bevor er noch irgendjemand etwas zu leide tut", scherzte Caleb, und wir verließen gemeinsam das gemütliche Zimmer und gingen in die Küche. Auf dem Weg dorthin wehte mir leckerer Duft von Tomatensoße und Kräutern um die Nase. „Was gibt's denn Gutes?" fragte ich beim Eintreten in die Küche meine Schwester. Sie rührte geschäftig in einem Topf und antwortete: „Es waren nicht viele Lebensmittel auf Vorrat, aber für leckere Spaghetti mit Tomatensoße haben sie gereicht. Setzt euch bitte drüben an den Tisch, ich komme gleich mit dem Essen." Die Männer stürzten sich bereits ins Esszimmer an den Tisch, und ich fragte noch:

„Kann ich dir behilflich sein?"
„Nein, setz dich hin, du siehst ziemlich blass und erschöpft aus. Es ist schon alles fertig." Als Tessa dann die Speisen aufgetragen hatte, und wir alle vier gemeinsam am Tisch saßen und uns einen guten Appetit wünschten, wurde mir plötzlich furchtbar übel, und ich bemerkte, wie mir die Tränen in die Augen schossen, schon wieder. Wo werden Leo und Anna sein ‚und wer ist bei ihnen? Schreckliche Bilder der Seelenzehrer und meiner gequälten Kindern erschienen in meinem Kopf, und ich fing zu weinen an. Ich fühlte mich so unbeschreiblich hilflos, wie niemals zuvor in meinem Leben. Alle drei hatten aufgehört zu essen und schauten mich an. Magnus saß neben mir und legte seinen Arm behutsam um meine Schulter.
„Lea, hör auf so schreckliche Dinge zu denken. Deine Kinder sind für die Seelenzehrer von äußerster Wichtigkeit, und sie werden ihnen vorerst nichts tun, das verspreche ich dir. Wir werden nach dem Essen besprechen, wie es weitergeht. Du weißt, die Zeit drängt, es liegt an dir, niemand kann dich zu irgendetwas zwingen, aber die Seelenzehrer werden unseren Trick ziemlich bald durchschaut haben, und dann solltest du in deiner Kraft sein und alles Wissen, das dir zusteht, abrufen können. Das ist unser Plan. Iss jetzt bitte, dass du wieder zu Kräften kommst. Darf ich dir von den Nudeln geben?" Durch seine sanfte Berührung und seine aufmunternden Worte beruhigte ich mich überraschenderweise wieder und nickte schniefend. Essen, ich musste was essen, die Worte wiederholte ich immer wieder in meinem Kopf, und als die erste Gabel in meinem Mund landete, war der Hunger stärker als alles andere, und ich aß zwei riesengroße Teller Spaghetti mit Soße. Danach platzte ich fast und lehnte mich mit einem tiefen Seufzer in den Stuhl zurück. „Mmh, danke, das war lecker."
„Weißt du, Schwesterherz, kannst du mir vielleicht verraten, wovor du am meisten Angst hast?" fragte mich Tessa. „Versteh mich nicht falsch, aber dir passiert hier gerade die unglaublichste Geschichte deines langweiligen Lebens, und du stellst dich so an", fügte sie noch hinzu. Ihre Worte machten mich erneut wütend, ich war dankbar dafür, dann musste ich diese

verzweifelnde Traurigkeit nicht spüren.

„Entschuldige mal, ich hab mir das nicht ausgesucht", protestierte ich. Jetzt grinsten mich alle drei frech an. „Ja, schon gut, in eurer Version hab ich mir dieses Spektakel alles selbst eingebrockt, und jetzt liegt das Schicksal der Welt auf meinen Schultern und bla bla bla." „Ich geb´s ja zu, ich hab Angst um meine Kinder und Mama und um Andreas und vor den Biestern und um mich. Ich hab Angst, weil ich nicht weiß, wer oder was ich bin. Warum bin ich in dieser absurden Situation? Diese Fragen begleiten mich seit einiger Zeit und wisst ihr was, ich habe keine Antworten darauf, nur eure Erklärung, und die muss ich glauben, vor allem seit mich dieser Schattentyp geküsst hat." Bevor ich mich weiter in Rage redete, lenkte ich ein und fragte nach.

„Also gut, wie läuft dieses Ritual der Vereinigung denn nun wirklich ab?" Caleb, Tessa und Magnus tauschten kurz einen Blick aus und wahrscheinlich auch ihre Gedanken, die mir ja noch völlig verborgen waren, und danach fing Tessa an zu erklären: „Du kannst es dir wie eine Art Hochzeit inklusive Hochzeitsnacht vorstellen. Die Zeremonie wird normalerweise von Media angeleitet. Das Paar, das die Vereinigung eingehen will, gibt sich ein ehrliches Versprechen, das tief aus dem Herzen kommt und sagt vor allen Anwesenden, warum sie heute hier versammelt sind, danach werden sie symbolisch am linken Arm aneinander gebunden, und die Zeremonialleiterin spricht die Worte der Vereinigung. Sie erklärt, dass das Blut der Lebenssaft, die Kraft, die Magie und somit das Kostbarste eines Wesens ist. In dem Moment, wo ihr es füreinander opfert und tauscht, seid ihr verbunden bis weit über den Tod hinaus. Sie fragt das Paar, ob sie diesen Tausch und diese Verbundenheit wirklich aus ganzem Herzen, voller Liebe wünschen. Beide bestätigen das, und dann verlassen alle Anwesenden bis auf das Paar und die Zeremonialleiterin den Raum. Sie händigt den beiden nun das Ritualmesser aus, und ein jeder macht sich am linken Unterarm einen Schnitt, so dass Blut fließt. Nun trinken beide voneinander. Das Blut des anderen versetzt dich so in Ekstase, dass du fast nicht mehr

aufhören kannst es zu trinken. Außerdem wirst du so scharf auf deinen Partner, dass du ihm am liebsten die Kleider vom Leib reißen möchtest, aber darum ist das Paar ja noch nicht allein. Media weiß, wann es genug ist, sie sieht die Veränderung und bittet euch dann, innezuhalten. Ein jeder verschließt die Wunde seines Partners mit seinem Blut, das fördert die Wundheilung. Danach wird das Tuch abgebunden und die Reste des Blutes damit aufgewischt. Das Tuch gehört dem Paar, für sie ist es jetzt ein Symbol ihrer Liebe und Verbundenheit und bekommt einen Ehrenplatz, auch das Datum der Vereinigung wird auf dem Tuch vermerkt. Die Liebenden befinden sich jetzt im Rausch des Blutes und stecken beide im Verwandlungsprozeß. Jetzt verlässt die Zermonialleiterin den Raum und die beiden bleiben allein. Was jetzt passiert, bleibt deiner Fantasie überlassen. Hab ich was vergessen?" Calebs Augen leuchteten erregt bei Tessas Erzählung, und Magnus stierte mich unentwegt an. Ich war innerlich erstaunlich ruhig, obwohl ich zum ersten Mal die Tragweite des Ganzen voll erblickt hatte. Nun sollte ich auch noch auf Kommando Sex mit Magnus haben, das haben sie sich aber fein ausgedacht. Ohne über die Konsequenzen nachzudenken, platzte es aus mir heraus: „Ok, ich mach´s, aber ohne Vereinigungsritual und Sex. Wir tauschen einfach unser Blut, und damit hat sich das Ganze. Dann kann ich mich verwandeln, und du kriegst die Nahrung, die du so dringend brauchst."
Upps, ich hatte mal wieder Magnus Gefühle vergessen. Der stand so schnell auf, dass sein Stuhl nach hinten kippte und schnaubte wütend. „Mir reicht es jetzt mit dir, du verletzt mich, wenn du über unser Heiligstes sprichst, als wäre es irgendetwas Schlechtes. Es ist das schönste Geschenk, das sich Frau und Mann machen können, und sie machen es, weil sie sich lieben, und nicht einfach so." Er verließ wütend das Esszimmer und stapfte davon. Das wollte ich nicht, und es tat mir sofort Leid, dass ich das so daher gesagt habe. Die beiden Zurückgebliebenen schauten mich betroffen an. Caleb meinte: „Du kannst dir überhaupt nicht vorstellen, wie glücklich Magnus ist, seit er weiß, dass du lebst. Er liebt dich schon

Hunderte von Jahren und wartet darauf, sein Leben mit dir an seiner Seite zu leben. Du bist für ihn alles. Er würde für dich sterben." Er stand auf, nahm seinen schmutzigen Teller und sein Glas und ging in die Küche. „Tessa, bitte warte, versteht mich denn keiner?" Sie war ebenfalls aufgestanden. „Nein, ich weiß nur, dass Magnus deine Zukunft ist und Andreas deine Vergangenheit. Räumst du bitte die Küche auf? Ich suche Caleb." Jetzt saß ich allein hier und fühlte mich schlecht. Sollte ich mich bei Magnus entschuldigen? Während ich den Tisch abräumte, das Geschirr spülte und die Küche säuberte, zog mein Leben an mir vorbei, und mir stellte sich die Frage: „Bin ich bereit, loszulassen und ins Unbekannte zu gehen? Liebte ich Magnus, waren deshalb meine Gefühle ihm gegenüber so durcheinander? Stand ich mir selbst im Weg? Diese Fragen zermarterten mein Gehirn, doch hier sollte ich keine Antwort finden. Ich musste tiefer gehen, in mein Herz, denn dort warteten bereits die Antworten auf all meine Fragen.

Ich verließ die saubere Küche und ging in Richtung des Zimmers, das ich vorher mit Magnus geteilt hatte. Vor der Tür blieb ich stehen. Vielleicht war er dort, und ihm wollte ich im Moment nicht über den Weg laufen, also entschied ich mich die Wohnung zu besichtigen. Rechts von mir stand eine Tür offen, und ich trat hinein. Ich betätigte den Lichtschalter und stand in einem großen Wohnzimmer. Eine gemütliche Ledersitzgruppe lud zum Verweilen ein, und ein riesiges Bücherregal, vom Boden bis zur Decke, zog sich an der hinteren Wand entlang. Es war alles sehr geschmackvoll und hochwertig eingerichtet. Auf der anderen Seite war eine große, verglaste Tür, die hinaus auf einen weitläufigen Balkon führte. Ich schnappte mir im Vorbeigehen eine warme Decke und schlug sie mir über den Rücken, dann öffnete ich die Balkontüre. Frische, kühle Nachtluft wehte mir um die Nase, und ich ging nach draußen. Der Balkon war riesig und musste sich um die komplette Seite der Wohnung ziehen. Balkon war auch das falsche Wort, das war schon eine Terrasse. Auch hier eine edle Sitzgruppe aus Schmiedeeisen, die mit gemütlichen Kissen bestückt, einen einladenden Eindruck machte. Hier konnte man es sich richtig gemütlich machen und mit Freunden essen und genießen. Ich trat bis zur Brüstung vor und sah die vielen Lichter der Stadt. Früher beruhigte es mich zu wissen, dass dort all die anderen Menschen ihrer Beschäftigung nachgingen und ihr Leben hatten, aber jetzt war alles anders, dort draußen gab es Seelenzehrer und Lichtkrieger, und die Menschen wussten es nicht einmal. Wie verrückt ist mein bisheriges Leben plötzlich geworden. Ich musste Andreas finden und unbedingt mit ihm sprechen, ja, das sollte ich sofort in Angriff nehmen. Der musste auf seinem Handy erreichbar sein, auch im Falle, dass er ein anderer ist, ohne sein Mobiltelefon ging der nirgendwo hin. Mit neuem Mut und einem Plan machte ich mich auf die Suche nach einem Telefon und einer Uhr. Ich fand weder das eine noch das andere. Ich beschloss, auf die Straße zu gehen und mir jemanden zu suchen, der mich kurz telefonieren ließ. Ich musste nur aufpassen, dass mir meine Beschützer nicht auf die Schliche kamen. Meine Gedanken würden mich sofort verraten, also dachte ich bewusst an ein schönes Entspannungsbad. Leise, ohne einen Mucks zu machen, zog ich mir die Schuhe an, nahm eine Jacke vom Haken und schlüpfte, so leise ich konnte, aus der stillen Wohnung. Im Treppenhaus beeilte ich mich, nach unten zu kommen und merkte mir beim Verlassen des Hauses die Straße und die Hausnummer. Ich wusste, dass jede Minute zählte, bevor die drei mein Verschwinden bemerken, mich suchen und aufgabeln würden. Ich ging schnellen Schrittes in irgendeine Richtung, da ich keine Ahnung hatte, wo ich überhaupt war. Ich hoffte, auf eine Kneipe oder Bar zu treffen, wo ich kurz telefonieren konnte. Hinter mir hörte ich plötzlich Schritte und versuchte ruhig weiterzugehen. Als ich ein mir unbekanntes Lachen vernahm, wusste ich, dass es nicht die anderen waren. Ich blieb stehen und drehte mich um. Es war ein verliebtes Pärchen, das mir engumschlungen entgegen kam, und ich sprach sie an: „Hallo, entschuldigt, aber könnte ich bitte euer Handy benutzen? Bei mir ist der Akku leer," und ich müsste dringend meinen Mann anrufen." Die beiden tauschten kurz einen Blick, und der Mann gab mir sein Telefon. Ich bedankte

mich kurz und wählte hastig Andreas Nummer, mein Herz klopfte mir bis zum Hals. Die Verbindung wurde aufgebaut, ich entfernte mich einige Schritte von dem Paar. Ein Knacken in der Leitung und eine tiefe Stimme sagte ein kurzes hartes „Ja".
„Hallo Andreas, bist du es?"
„Wer ist da?", sagte die tiefe Stimme wieder.
Ich zögerte kurz, war das Andreas?
„Andreas, hier spricht Lea, wo bist du?"
„Lea", säuselte die Stimme, „ich bin zuhause."
„Wo bist du, mein Schatz?"
„Andreas, was redest du? Du kannst nicht zuhause sein, unser zuhause ist abgebrannt."
„Wo bist du, Lea?" Dieser jetzt strenge Tonfall gehörte nicht meinem Mann, mir stellten sich alle Haare auf, und Tränen der Verzweiflung sammelten sich in meinen Augen.
„Sag mir, wo du bist, und ich hole dich ab, ich such dich seit Tagen!"
„Ich weiß nicht, wo ich bin, und es war falsch, dass ich dich angerufen habe", schluchzte ich.
„Du dreckige, kleine Schlampe, sag mir sofort, wo ich dich finde!", fauchte Andreas am anderen Ende der Verbindung böse. Ich drückte schnell die Auflegtaste des Mobiltelefons und gab es mit tränenüberströmtem Gesicht dem verdutzt dreinschauenden Mann mit einem schwachen Danke zurück. Mein ganzer Körper zitterte, und die Frau fragte mich, ob alles in Ordnung wäre. Aber ich ging schnell zur Wohnung zurück, mir war schlagartig klar, dass ich alles noch schlimmer gemacht hatte, und wenn er die Nummer des Pärchens zurückverfolgen kann, wird er bald wissen, wo wir uns aufhalten. Verdammter Mist, was hab ich nun schon wieder angestellt. Das war nicht mein Andreas, soviel stand fest, also haben die anderen mir die Wahrheit erzählt. Ich sollte endlich lernen, auf meine Intuition zu hören und mich den Dingen, die da auf mich zukommen, zu stellen. Fast war ich am Hauseingang angekommen, da packte mich jemand grob am Oberarm und zog mich in eine finstere Nische. Ein heller, leiser Aufschrei

entfloh meiner Kehle, und bevor ich losbrüllen konnte, wurden mir schon kalte, behandschuhte Finger auf meinen Mund gepresst. „Sei still und verhalte dich ruhig!" Es war Tessa, die mich so grob behandelt hatte, sie war definitiv wütend. „Was hast du dir nur dabei gedacht? Du bringst uns alle in große Gefahr. Weißt du, was mit dem netten Paar gleich passieren wird, das so dumm und freundlich war, dir ihr Handy zu borgen? Die zwei werden, wenn Magnus und Caleb nicht schnell genug sind, gleich das Zeitliche segnen." Betroffen sah ich zu Boden. Mir war mein unüberlegter Alleingang momentan furchtbar peinlich. Wie konnte ich nur so blöd sein. „Ich wollte mich nur vergewissern, ob ihr mir die Wahrheit sagt. Das ist alles einfach zu viel für meinen beschränkten Verstand. Ich war so naiv und dachte, wenn ich Andreas hören würde, wäre alles wieder so wie vorher. Aber wo immer er jetzt auch sein mag, der Kerl am Telefon war hundertprozentig nicht mein Ehemann. Es tut mir leid, Tessa, bitte verzeih mir, " flüsterte ich. „Sei jetzt still. Wir warten bis die anderen beiden kommen, wir müssen von hier verschwinden. Das Appartement ist kein sicherer Ort mehr." Ich versuchte, nach außen ruhig zu bleiben, aber mein Herz zersprang fast in meiner Brust. Meine Gedanken fuhren Karussell. Seit ich in den verdammten Flieger nach Schottland gestiegen war, war ich auf der Flucht. Auf der Flucht vor Magnus, auf der Flucht vor den Seelenzehrern und auf der Flucht vor meinem wahren Selbst. Als nach gefühlten Stunden - in Wirklichkeit vergingen drei Minuten - ein schwarzer Audi neben uns hielt, und Tessa mich aus der Nische schleifte und „einsteigen" brummte, war ich wieder in der Realität, und dies bedeutete für mich, endlich zu handeln.

Unwiderrufliche Verwandlung

Die Stimmung im Wagen war bescheiden, keiner sagte ein Wort, und jeder stierte aus dem Fenster. Ich vermutete, dass uns Caleb aus der Stadt hinaus fuhr, wollte aber nicht fragen, da alle so angespannt waren. Mir war ebenso nicht nach Reden zumute, deshalb schloss ich die Augen und hörte auf das gleichmäßige Schnurren des Motors und das Rauschen vorbeifahrender Autos. Nach einiger Zeit hielt ich das bedrückende Schweigen nicht mehr aus. Mit fester Stimme sagte ich zu meinen Begleitern: „Es tut mir wirklich sehr Leid, ich wollte niemanden in Schwierigkeiten bringen. Wie geht es dem hilfsbereiten Pärchen?" Keiner antwortete auf meine Frage. Tessa hatte die Augen geschlossen, und es sah aus, als ob sie schlafen würde, Magnus machte einen ebensolchen Eindruck. „Redet jetzt keiner mehr mit mir?" „Psst, " erwiderte Caleb, „lass die beiden ausruhen, die waren völlig fertig, als sie gemerkt haben, dass du verschwunden bist. Um auf deine Frage zu antworten, dem Mann und der Frau geht's soweit gut, denen haben wir das Telefon geklaut und es vernichtet. Somit konnten wir verhindern, dass die Seelenzehrer ihnen zu nahe kommen. Ich hoffe, dein Telefonat hat deine bestehenden Zweifel endlich ausgeräumt." Ich war insgeheim sehr froh, das zu hören, und es freute mich, dass Caleb sich mit mir unterhielt. „Nimmst du meine Entschuldigung an, bitte, ich weiß, dass es ziemlich bescheuert war, euch zu hintergehen."
„Wenn ich ehrlich sein darf, und du nicht für die zwei wichtigsten Gefährten in meinem Leben so eine Bedeutung hättest, würde ich dich nicht mehr an der Backe haben wollen", grinste er.
„Na toll, danke für deine Ehrlichkeit!"
„Wohin fahren wir überhaupt?"
Caleb strich sich nachdenklich mit der rechten Hand übers Kinn und antwortete mir: „Wir fahren nach England, dort haben wir ein kleines Häuschen am Meer. Dort müssen wir mit den anderen Kontakt aufnehmen und alles Weitere planen."
„Habt ihr schon was von meinen Kindern oder meiner Mutter

gehört?"

"Es gibt keine Neuigkeiten, aber wir verfolgen eine heiße Spur. Versuch jetzt, etwas zu schlafen, in einer Stunde werden wir eine Pause machen, und dann weck ich dich auf. Tessa hat einen Rucksack mit Proviant gepackt, falls du etwas zu trinken oder zu essen willst. Nimm dir, was du brauchst."

"Danke, für alles."

"Ist schon in Ordnung, und mach dir wegen Magnus keine Sorgen, er ist überhaupt nicht nachtragend."

"Hoffentlich, du kennst ihn am besten. Ich versuch jetzt, zu schlafen."

Ich fand eine Decke, die ich zusammenrollte und zwischen Autofenster und meinen Kopf klemmte, und es dauerte keine fünf Minuten und ich war eingeschlafen.

Meine Mutter ging mit ausgestreckter Hand und flehendem Blick auf mich zu und wiederholte vorwurfsvoll: „Komm nach Hause, komm zu mir. Sie war ganz grau und eingefallen im Gesicht, sie sah schrecklich erschöpft aus. Hinter ihr in einiger Entfernung sah ich Leo und Anna mit ausgestreckten Armen auf mich zu laufen, aber sie kamen keinen Schritt näher heran. Sie riefen im Chor: „Mama, komm nach Hause, komm zu uns, wir brauchen dich! Ich wollte auf sie zu rennen, aber meine Füße steckten fest, wie angeklebt, ich konnte keinen Schritt vorwärts und keinen Schritt zurück, und die drei kreischten immer lauter: „Komm nach Hause, wir brauchen dich. Tränen überströmten ihre Gesichter, schwarze Tränen. Sie weinten schwarze Tränen. Ich brüllte wie ein wildes Tier, und augenblicklich erkannte ich, warum ich mich nicht von der Stelle bewegen konnte. Magnus hielt meine Knöchel fest umschlungen. Mein ohrenbetäubendes Gebrüll übertönte sogar das Geschrei meiner Kinder und meiner Mutter. Als ich spürte, wie sich Magnus eiserner Griff lockerte, stürzte ich nach vorne, und anstelle meiner geliebten Mutter stand Andreas vor mir. Sein sonst so fröhliches Gesicht glich einer dämonischen Fratze, und er lachte triumphierend, als ich ihm direkt in die Arme lief. Eisige Kälte umfing mein Herz, die Kinder waren ebenfalls verschwunden. Anstatt ihrer waren zwei Seelenzehrer zur Stelle, und ehe ich mich versah, lag ich vor meinen Feinden auf dem Boden. Als ich mich zu Magnus umdrehen wollte, sah ich wie einige Dämonen ihn umzingelten, und sein schmerzerfüllter Aufschrei ließ mich bis ins Innerste erzittern.

Mit einem heftigen Ruck war ich auf der Stelle hellwach. Der Motor hatte zu schnurren aufgehört, und es war kühl im Wagen. Ich war allein, von draußen konnte ich die Stimmen der anderen hören. Froh und unendlich erleichtert nur geträumt zu haben, sank ich wieder in den bequemen Sitz zurück und strich mir mit beiden Händen durchs Haar. Ein tiefer Seufzer der Erleichterung bahnte sich seinen Weg in die Freiheit und mir war sogleich wohler. Was sollte dieser scheußliche Traum? Ich musste schnellstens meine Familie finden, und deshalb wollte ich mit Magnus sprechen. Er sollte meine Sicht der Dinge anhören. Entschlossen öffnete ich die Tür des Wagens, löste mit der anderen Hand den Gurt und stieg aus. Am Horizont färbte sich bereits der Himmel orange, um den nahenden Morgen anzukündigen, und wieder begann ein neuer Tag im Nirgendwo. Tessa, Caleb und Magnus standen auf der anderen Seite des schwarzen Fahrzeuges und schauten mich aus frischen Gesichtern an. „Guten Morgen, gut geschlafen? Wir sind bereits am Ziel angekommen. Ich wollte dich nicht wecken, der Schlaf hat dir sichtlich gut getan", begrüßte mich Caleb. Ich nickte verdutzt.

„Komm rüber, Schwesterherz, wir sind hier in unserem kleinen Domizil angekommen, und gleich mache ich uns ein leckeres Frühstück." Hinter den dreien ragte ein steinernes Gebäude in den morgendlichen Himmel und verströmte eine angenehme Geborgenheit. Klein war etwas untertrieben für dieses große Haus, aber ich glaube, die denken sowieso in anderen Größenverhältnissen als wir normal Sterblichen. Der Kies knirschte unter meinen Schuhen, als ich Schritt für Schritt auf die anderen zuging. Die Luft roch frisch und salzig nach dem großen weiten Ozean. Ich hielt kurz inne und drehte mich nochmal um. Der Anblick des weiten Meeres, das ich

vorher einfach übersehen hatte, war wunderschön und friedlich. Im Moment herrschte Ebbe, aber bald würde die Flut kommen, und das Brausen, Tosen und Murmeln des Ozeans würde mich beruhigen. Ich liebte das weite Meer und die salzige Luft.
„Entschuldigt mich, ich würde gern ein paar Schritte spazieren gehen." An Magnus gerichtet, der noch kein Wort mit mir gewechselt hatte, sagte ich: „Magnus, es wäre schön, wenn du mich begleiten würdest." Er blickte mich neugierig an, zögerte keinen Moment und war sofort an meiner Seite. Ich hakte mich freundschaftlich bei ihm unter, und gemeinsam folgten wir dem schmalen Pfad, der vom parkenden Auto leicht abschüssig zum Strand führte. Dieser geheimnisvolle Mann an meiner Seite war mehr als faszinierend, und ich roch wieder seinen unbeschreiblichen Geruch nach frischer Erde und Wald, der sich in diesem Augenblick mit dem salzigen Geruch der Meeres vermischte, und dies war eine unwiderstehliche, anziehende Duftkomposition. „Weißt du eigentlich, dass du hervorragend riechst, und ich glaube, das liegt nicht an deinem After Shave?" Verschmitzt blickte er mich an, er war wirklich keine Spur nachtragend und immer fröhlich und gut drauf.
„Wie riech ich denn?"
„Na ja, weiß nicht so genau, wie ich dir deinen Geruch beschreiben soll, aber die Basis ist erdig, und du riechst wie der morgendliche feuchte Wald."
„Und das nennst du gut?"
„Ich mag deinen Duft, und wenn sich der mit der frischen Meeresluft vermischt, einfach göttlich." Er blieb plötzlich stehen und sah mich an.
„Du verwirrst mich, vor sechs Stunden verschwindest du aus der Wohnung, beleidigst mich vorher noch und jetzt liebst du meinen Geruch. Kannst du mir deinen veränderten Sinneswandel erklären?"
„Da gibt's nichts zu erklären, die ganze Sache ist mir über den Kopf gewachsen, und der Typ an Andreas Telefon war mit Sicherheit nicht mein Ehemann. Ich glaube euch, und ich habe

eine Entscheidung getroffen."
Ein kurzes Zögern meinerseits veranlasste Magnus nochmal nachzufragen.
„Und die wäre?"
Ich atmete tief ein und aus und hielt seinem fixierendem Blick stand.
„Ich vertraue dir, und meine Gefühle zu dir sind sehr stark, obwohl ich damit noch nicht so richtig umgehen kann, aber ich möchte, dass wir es machen."
„Was machen?" hakte er erneut nach.
„Also ich meine, falls du mich überhaupt noch willst, bin ich bereit, also du weißt schon, mit dir das Ritual der Vereinigung zu vollziehen. Mit allem, was dazu gehört."
Jetzt stotterte ich auch noch blöd rum, und er grinste frech. Seine Augen strahlten mich an, und es schien, als sei ihm eine riesige Last von den Schultern gefallen. Er hielt mich an den Oberarmen, aber auf Abstand und sah mich feierlich an. „Meine geliebte Lea, ich werde dich immer wollen und lieben. Das hab ich vom ersten Augenblick, an dem ich dich zum ersten Mal gesehen habe, getan. Es ist eine Ehre für mich, dich wieder zu meiner Gefährtin zu machen. Wir können hier die Zeremonie nicht so durchführen, wie das sonst üblich ist. Aber wenn du willst, werden wir beide das allein machen. Ich denke, das wird dann auch einfacher für dich werden." Seine kräftigen Arme umfingen mich, und wir küssten uns sehr lange und zärtlich. Ich schmolz in seinen starken Armen dahin und konnte mich zum ersten Mal mit Haut und Haar und all meiner Leidenschaft hingeben. Mein Verlangen nach ihm wurde von Sekunde zu Sekunde größer. Seine Lippen waren so unendlich zärtlich und doch fordernd, dass mein Geschlecht vor Erregung bereits kribbelte und heiß und feucht wurde. Sein Glied presste sich fordernd durch seine Hose gegen meinen Unterleib, und seine Hände waren überall.
Seufzend ließ er etwas von mir ab. „Lass uns schnell ins Haus gehen, bevor ich dich an Ort und Stelle nehme. Ich kann nicht mehr länger warten." Ich strich meine verrutschten Kleider glatt, und er reichte mir seine wohlgeformte Hand, die ich gern

ergriff, und so führte er mich feierlich zum Haus. Seine sonst so ruhige Hand zitterte leicht in meiner, und er war wunderschön anzuschauen. Voller Vorfreude ließ ich mich von ihm ins unbekannte Haus bugsieren und die Treppe hinauf führen. Ich hörte Tessa und Caleb mit Geschirr klappern, und es roch nach frisch gebrühtem Kaffee. Als die Haustür laut hinter uns zufiel, rief Tessa: „Frühstück ist fertig, wir sind am Verhungern." Wir waren bereits die Treppe hoch gegangen und im oberen Stockwerk angelangt. Magnus antwortete nicht. Auch ich hatte jetzt nichts zu sagen, mein wild trommelndes Herz klopfte wie verrückt gegen meine Brust. Schließlich hatte ich mich entschieden, und ich wusste im Grunde meines Herzens, dass ich diesen Mann, mit dem ich gleich etwas total Verrücktes und völlig Abnormes vollziehen würde, der ist, den ich in Wirklichkeit und aus ganzem Herzen liebte. Tessa rief uns noch hinterher: „Was ist denn mit euch los?" oder so ähnlich. Ich verstand es nicht genau, denn Magnus schob mich bereits in ein Zimmer und verschloss hinter uns die Tür. Ein großes Doppelbett stand in der Mitte des Raumes, sonst gab es außer einem Wandschrank, einer großen Kommode und einem gemütlichen Ohrensessel nichts in diesem Raum. Eine zweite Tür, die offen stand, führte in ein schickes Badezimmer mit herrlich geräumiger Dusche und Badewanne. Ich drehte mich zu Magnus um, der an der Tür stand und mich musterte. „Hast du was dagegen, wenn ich mich kurz frisch mache?" Sein erregter Blick durchbohrte mich.

„Was ist mit dir?", fragte ich erschrocken.

„Bist du dir diesmal sicher, Lea, ich spüre deine Zweifel und deine Angst. Ich weiß nicht, ob ich mich diesmal zurückhalten kann, falls du wieder abbrechen willst. Es kostet mich all meine Kraft, hier so beherrscht dazustehen. Ich liebe dich und will dich mit jeder Faser deines Körpers und jedem Tropfen deines Blutes. Was willst du?"

Ich musste schlucken und ging auf ihn zu. Als ich ganz nah vor ihm stand, sah ich ihm fest in die Augen.

„Magnus, ich liebe dich, und ich will dich mit jeder Faser deines Körpers und jedem Tropfen deines Blutes." Er brüll-

te aus tiefster Seele einen gewaltigen Schrei, dass die Fenster zitterten. Er bebte am ganzen Körper, als der Schrei vorüber war, sammelten sich Tränen in seinen saphirblauen Augen. Ich stand trotz seines befreienden Gefühlsausbruchs immer noch ganz nah vor ihm, legte ihm jetzt liebevoll meine Hände aufs Gesicht und wischte ihm sanft seine Tränen weg. Meine Lippen legten sich auf seine, und wieder küssten wir uns mit einer mir nie gekannten Leidenschaft und Hingabe. Wir zogen uns gegenseitig, ohne die Lippen und unsere Zungen voneinander zu lösen, die störenden Kleidungsstücke aus, bis wir in Unterwäsche voreinander standen. Er sah mich mit stolzem und begehrendem Blick an und sagte mit belegter Stimme: „Du bist wunderschön, meine Liebe." Seine Finger spielten bereits am Verschluss meines BHs, und zielsicher streifte er mir diesen ab. Meine Brustwarzen standen vor Erregung keck nach vorn und freuten sich auf seine heißen Hände und seine nasse Zunge. Sein Mund fing auch sogleich damit an, meine Warzen zu umfassen, daran zu saugen und zu lecken. Seine starken Arme hoben mich hoch und trugen mich zum Bett. Sanft legte er mich in die weichen Kissen, streifte zärtlich meinen Slip ab und ließ danach von mir ab. Er sah einfach umwerfend aus, als er mit seinem durchtrainierten, erregten Körper vor mir stand. Sein mächtiger Penis passte nicht mehr in seine enganliegenden Shorts und presste sich fordernd nach draußen. Jetzt wollte auch ich nicht länger warten, nahm seine Hand und zog ihn zu mir heran. Er lächelte mich an. „Lea, wir werden jetzt das Ritual der Vereinigung und Verwandlung vollziehen, bevor ich da mit dir weitermache, wo ich eben aufgehört habe, aber es ist wichtig, dass wir zuerst unser Blut tauschen."
Upps, die Stelle hatte ich völlig verdrängt. Ich richtete mich auf, und er löste seine Hand aus meiner und ging zu seinen Stiefeln zurück. Dieser Mann war ein Anblick für Götter und dazu bestimmt, mein Gefährte zu werden. Wenn das Folgende so fantastisch wird wie die Küsserei, dann aber Hallo. Er zog eben einen Dolch aus seinem Stiefel und ging wieder auf mich zu. „Es wird viel besser, meine Süße", raunte er verhei-

ßungsvoll. Beim Anblick des Dolches wurde mir doch etwas mulmig in der Magengegend, und mein Herz klopfte nicht nur aus sexueller Erregung wie verrückt. Er setzte sich neben mir aufs Bett, legte das Messer zwischen uns ab, öffnete den Nachttisch, suchte kurz dessen Inhalt ab und holte ein weißes, schalartiges Tuch heraus. Er schlug es um sein linkes Handgelenk und wies mich an, mein linkes Handgelenk ebenfalls daraufzulegen, damit er uns aneinander binden konnte. Er führte seine flache rechte Hand auf sein Herz und sprach feierlich: „Meine wunderschöne Lea, ich liebe dich, ich bin unendlich dankbar, dass du heute und hier wieder ein überaus wertvoller Teil meines Lebens wirst. Ich verspreche dir, dich zu achten und zu ehren und dich mit meinem Leben zu beschützen. Seite an Seite werden wir gemeinsam deine Kinder befreien und die Seelenzehrer in ihre Dimension zurück befördern. Ich freue mich, dein Seelengefährte zu werden." Er bekräftigte seine Worte mit einem Nicken. „Sprich bitte, was du in diesem Moment in deinem Herzen spürst." Ich legte meine freie Hand ebenso an mein Herz und schloss kurz die Augen, denn in meinem Kopf überschlugen sich die Gedanken, und mein Herz hüpfte fast aus meiner Brust. Ich atmete tief ein und aus, öffnete meine Augen und tat meinen Schwur. „Mein lieber Magnus, ich will offen und ehrlich mit dir sein. Meine Gefühle sind sehr tief und werden jeden Tag inniger, ich weiß, dass ich ohne dich nicht mehr sein möchte. Ich will mein weiteres Leben an deiner Seite verbringen. Ich wünsche mir, dass wir meine Kinder bald finden, und du sie ebenso lieben kannst, wie du mich liebst. Ich weiß nicht genau, auf was ich mich hier mit dir einlasse, aber ich vertraue dir. Ich liebe dich." Ohne es kontrollieren zu können, kullerten mir Tränen über die Wangen.
„Wir werden jetzt zuerst bei mir den Schnitt setzen, und während du von meinem Blut trinkst, werde ich den Schnitt bei dir machen. Du wirst kaum etwas spüren. Im Verlauf dieses Austauschs wirst du verschiedene Stadien der Ekstase erreichen, gib dich ihnen einfach hin, denn wenn du dich dagegen wehrst, kann es zu heftigen körperlichen Schmerzen kom-

men. Du wirst dich innerlich verändern, und vor allem wirst du dich körperlich wandeln und auch wieder an deine komplette Vergangenheit erinnern können. Es kann Stunden oder Tage dauern, ich weiß es nicht genau, aber ich werde immer an deiner Seite sein, du brauchst keine Angst haben. Alles klar oder hast du noch Fragen?"
„Nein, lass uns jetzt anfangen."
„Bitte nimm den Dolch in deine rechte Hand."
Entschlossen nahm ich den kühlen Griff und spürte das Gewicht seines Messers schwer in meiner Hand. Er lockerte das weiße Tuch und hielt mir sein linkes Handgelenk hin, ich zögerte kurz und führte die Klinge an seine glatte Haut. Er kam mir mit seiner freien Hand zu Hilfe, drückte die messerscharfe Klinge etwas gegen sein Handgelenk und zog dann seinen Arm unter dem Messer weg. Frisches rotes Blut quoll aus seiner Wunde, und er hielt mir sein blutiges Handgelenk direkt vor meine Lippen. Ich ließ den Dolch aus meiner Hand gleiten, umfasste damit sein blutendes Handgelenk und führte zitternd meinen Mund daran. Es fühlte sich warm an und roch nach Erde und Wald. Ich fing zögerlich an, es aufzusaugen. Es schmeckte metallisch und irgendwie süß. Als ich die ersten Tropfen hinunterschluckte, entstand ein furchtbares Brennen in meiner Speiseröhre, bis hinunter in meinen Magen. Auch nahm ich wahr, wie Magnus den kühlen Stahl an mein Handgelenk presste und den Schnitt vollzog. „Gib dich ganz allem hin, dem Schmerz, der Lust, der Erinnerung", sprach Magnus zu mir, bevor ich spürte, wie er mein Blut aus meinen Adern saugte. Das Brennen wurde zu einem inneren Feuer. Ich werde innerlich verbrennen, schoss es mir durch den Kopf. Ich trank weiter von seinem Blut, und mein ganzer Körper war plötzlich in Schweiß gebadet, ich zitterte von Kopf bis Fuß, wie in einem Fieberrausch. Ich spürte wie sich mein Gehörsinn verschärfte, ich konnte die leisesten Geräusche hören. Ich hörte Caleb und Tessa reden, als stünden sie neben mir. Magnus Atemgeräusche und Herzschläge waren so übermäßig laut, als würde jemand eine Trommel neben uns schlagen. Durch diesen Rhythmus geriet ich tiefer in Eksta-

se. Mein Körper verlangte nach Bewegung, er wollte dieser unbändigen Energie Ausdruck verleihen. Ohne meine Lippen von ihm zu lösen, konnte ich mich aber nicht bewegen. Als ich eben zu trinken aufhören wollte, hörte ich Magnus Stimme in meinem Kopf, *„Jetzt noch nicht, trink weiter"*. Da diese enorme Kraft, die durch meinen Körper strömte, irgendeinen Ausdruck finden wollte, explodierte plötzlich meine sexuelle Lust, mein Geschlecht war heiß, feucht und bereit. Ein wilder Laut baute sich in meinem Innersten auf und drängte nach draußen. Mit einem ohrenbetäubenden wilden Schrei ließ ich sein Handgelenk los, mein Gehirn samt Verstand zerbarst in tausend Einzelteile, auch mein Körper, meine Hülle fühlte sich an, als würde sie sich komplett auflösen aber bereits im nächsten Moment wieder zusammensetzen. Mein Blick war anders, gestochen scharf, ich sah jedes kleinste Härchen, ja, jedes Staubkörnchen konnte ich wahrnehmen. Eine immense überirdische Kraft strömte durch meinen Körper, durch mein Blut. Die Kraft meines Erbes, meines Vaters pulsierte jetzt durch meine Adern und veränderte meine ganze menschliche Körperlichkeit. Mein Bewusstsein war wie in einem Rausch geweitet. Ich spürte, fühlte, hörte, roch und sah alles auf einmal ohne irgendeinen Filter, das konnte mein beschränkter irdischer Verstand nicht mehr fassen. Mein ganzes Gehirn musste sich verändern, ja, jede Zelle meines Körpers durfte sich mit Hilfe von Magnus Lebenselixier wandeln. Ich suchte Magnus Blick. Er saß ganz ruhig vor mir und hatte die Augen geschlossen. Als ich ihn ansah und jedes noch so kleine Detail seines Äußeren wie zum ersten Mal erblickte, kam mit einem Schlag die Erinnerung zurück. Wie ein innerer Film zog alles, was ich je mit Magnus erlebt hatte, an mir vorbei.

Wir waren lange Zeit sehr glücklich gewesen, obwohl es immer wieder Kämpfe und Auseinandersetzungen mit den Seelenzehrern gegeben hatte. Wir waren glücklich und sehr liebevoll zueinander. Viele erotische Bilder unserer sexuellen Erlebnisse zeigten sich mir, und wieder spürte ich meine körperliche Lust so intensiv wie noch nie zuvor in meinem Leben. Solch ein übermächtiges Verlangen nach diesem Mann war schier übermenschlich. Da öffnete Magnus die Augen, sie waren von einem intensiven, stechenden, leuchtenden Blau, das mich bis ins Innere, in die tiefsten Tiefen seiner machtvollen Seele schauen ließ. Vor Verzückung und Vorfreude erschauderte ich. Ganz langsam und anmutig richtete er sich vor mir auf und nahm meine Hand, führte sie an sein Herz. Sein Herzschlag trommelte immer noch in einer unbeschreiblichen Lautstärke. „Ich liebe dich, Lea. Ich kann es dir nie genug sagen.", sagte er mit fester Stimme, beugte sich zu mir und küsste mich. Als seine wohlgeformten Lippen die meinen berührten, brach meine ganze Leidenschaft aus mir heraus. Ich küsste ihn heftig und gab mich ganz meinen aufsteigenden Gefühlen hin. Seine Hände und Lippen schienen überall gleichzeitig zu sein, und auch meine Hände vollführten einen wilden Tanz auf seinem Körper. Als ich seinen stattlichen Penis fest in meine Hand nahm, stöhnte er erregt auf und presste sich gegen meinen Körper. Seine Hand fand zwischen meinen Schenkeln die feuchte, heiße Stelle, die sich so sehr nach seiner Berührung sehnte. Als seine Finger in meine dunkle Höhle glitten, stöhnte ich meinerseits laut auf. Langsam trennten sich unsere Lippen voneinander, und ich ließ mich voller Bereitschaft in die weichen Kissen gleiten. Magnus war direkt über mir, und ich spürte seine Leidenschaft, seine Kraft, seine sexuelle Erregung, als wäre es die meine. Wir waren jetzt mit einem magischen Band verbunden, durch unser Blut konnte der eine die Gefühle des anderen spüren. Dies intensivierte unser Liebesspiel in nie gekannte Dimensionen. Meine Beine spreizten sich voll freudiger Hingabe auf die bevorstehende Vereinigung. Er glitt athletisch zwischen meine Schenkel, und als seine Penisspitze meine Vagina berührte, entglitt uns beiden ein wohliger Seufzer. Meine Hände pressten sich fest an seine Schultern, und er stieß seinen Liebesstab mit solch einer Kraft in mich hinein, dass dies bereits einen Orgasmus in mir auslöste. Aber unbeeindruckt und mit einem verschmitzten Lächeln ließ er seinen Penis weiter rein und raus gleiten. Wir schauten uns dabei tief in die Augen und küssten uns immer wieder. Sein Körper spannte sich an und nahm mich mit zum nächsten Höhepunkt, den wir gemeinsam erreichten. Wir wechselten die Stellungen, mal war ich oben und er unten und dann wieder umgekehrt, wir konnten nicht mehr aufhören, etwas Wildes, Animalisches hatte unsere Körper in Besitz genommen. Ein ekstatisches Liebesspiel voller Kraft, Gier und Unbeherrschtheit ließ uns nicht mehr los. Ich fühlte und spürte körperlich und innerlich so viel wie noch nie zuvor. Es überwältigte mich nahezu, und diese körperliche Kraft war so intensiv, dass ich sie überhaupt nicht steuern konnte. Der Arme wird nachher lauter blaue Flecken haben, schoss es mir durch den Kopf, da fing Magnus heftig an zu lachen. „Du tust mir nicht weh, Süße, es darf auch heftig und wild sein." Er küsste mich fordernd und drückte mich sanft auf die Matratze. Seine Lippen wanderten zu meinen Brüsten und küssten und liebkosten diese zärtlich, dann glitt seine Zunge meinen Bauch hinab, bis sie schließlich mein empfindlichstes Zentrum erreicht hatte. Mein Körper bäumte sich auf und wollte immer noch mehr. Mein Verstand wurde durch diese extrem starken körperlichen Empfindungen komplett zurückgedrängt. Ich war Gefühl, ich war reinste Lust, reinstes Empfinden. Es war einfach unbeschreiblich. Magnus vollführte mit seiner Zunge und seinen Händen ein sexuelles Feuerwerk in meiner Vagina. Dann nahm er fest meine Hüften und drang tief in mich ein, er war, wie ich, schweißgebadet, heiß und sexuell wieder voll erregt. Wir vollführten nochmal einen intensiven wilden Tanz, bis wir gemeinsam den Höhepunkt erreichten. Langsam ebbte die Erregung ab, und er rollte sich neben mich und zog mich in seine Arme, ganz sanft breitete er das zerknüllte Laken, das neben ihm lag, über uns aus. Die Kühle des Stoffes fühlte sich angenehm erfrischend an. Ich kuschelte mich fest an ihn und schloss die Augen. Mein Atem ging sehr schnell, mein Herz pumpte kräftig in meiner Brust, ich war voller frischer Energie. Ich hatte das Gefühl, ich könnte Bäume ausreißen, so kraftvoll fühlte ich mich. Mein Körper war vorher wohlgeformt und trotz der Schwangerschaften wieder fest, aber jetzt war er richtig muskulös und prall. Ein Ziehen und Kribbeln war in meiner Muskulatur zu spüren, auch ein leichtes Brennen war noch in mir. Ich öffnete die Augen, richtete mich auf und sah Magnus an. Er hatte die Augen geschlossen, aber ein Grinsen umspielte seinen wundervoll geformten Mund. Mit geschlossenen Augen richtete er ein, „Wie fühlst du dich?", an mich. „Wie neu geboren." „So soll es sein", war seine Antwort. Ich stand auf und ging anmutig ins Badezimmer, um mich in einem Spiegel zu sehen. Als ich nackt davorstand, entwich mir ein heller Aufschrei. Das war doch nicht ich. Etwas entsetzt starrte ich auf mein Spiegelbild. Alles hatte sich verändert. Ich war verjüngt, kein Fältchen, kein Makel, nichts. Mein Haar war erotisch zerwühlt aber voller Sprungkraft und irgendwie länger. Jeder Muskel meines Körpers war durchtrainiert, aber schön. Und als ich länger in meine Augen sah, kam die Erinnerung wieder. Die Erinnerungen an alles, was ich erlebt hatte, brachen über mich herein. Ich konnte es nicht aufhalten. Alle meine Leben, meine Vorfahren standen im Spiegel hinter mir, Frauen und Männer. Meine Mutter stand direkt hinter mir und grinste schreckenerregend. Was soll das jetzt bedeuten? Als ich den Kopf schüttelte, war ich wieder im Bad. In meinem Nacken spürte ich ein angenehmes Kribbeln. Als ich mich umdrehte, stand Magnus nackt in der Tür. Er sah aus wie ein Gott. Absolut nicht von dieser Welt. „Magnus, was passiert mit mir? Ich drehe durch, da sind so viele Erinnerungen! Meine Mutter war eben da, und sie machte mir Angst." „Bleib ruhig, atme durch und lass alles kommen. Am Anfang wird es dich verwirren, aber mit der Zeit wirst du wieder Ordnung hineinbringen. Es sind schon ein paar Jahrhunderte, die du da jetzt sortieren darfst, vieles, was jetzt kommt, wirst du auch nicht mehr brauchen, aber einiges ist sehr wichtig." Er stand hinter mir und legte seine Arme um meinen Bauch. Gemeinsam standen wir ruhig da, ich lehnte mich leicht an ihn. Er war meine Bestimmung, er war mein Gefährte, mein Mann, mein Partner, mein Lebenselixier. Viele weitere gemeinsame Erlebnisse fielen in mein Bewusstsein ein. Wir waren wiedervereinigt, und nichts sollte uns jemals mehr trennen. „Wie spät ist es?" „Es ist drei Uhr früh." „Drei Uhr, so lange hatte ich noch nie Sex." „Ab heute schon wieder." Ich schlang meine Arme um seinen Nacken, und er hob mich mit einer Leichtigkeit hoch und trug mich zum Bett. Sachte ließ er mich auf die weiche Unterlage gleiten und deckte mich liebevoll zu. „Nimm dir jetzt Zeit für deine Vergangenheit, und ich hol uns etwas zu essen. Lass dir alles zeigen, was jetzt zurückkommen möchte, betrachte es wie einen Film, bewerte nicht und lass geschehen. Wir sprechen danach darüber. Falls du einschlafen solltest, wunderbar, im Traum bist du genau dort, wo du deine Erinnerungen holen kannst. Vielleicht komme ich in deine Träume und helfe dir. Es kann sein, dass du länger schläfst als sonst, aber das ist in Ordnung und greif nicht ein. Ich bin gleich zurück." Bevor ich ihm eine Frage stellen konnte, küsste er mich, schlüpfte in seine Hose und verließ den Raum. Ich lag allein im Bett, mein Herz raste wie wild, und mein Atem ging schnell. Ich schloss die Augen, ein mulmiges Gefühl breitete sich in mir aus. Plötzlich überkam mich eine seltsame Müdigkeit, erst wollte ich mich noch dagegen wehren, bis Magnus wieder hier war, aber ich glitt schnell in einen tiefen Schlaf. Das Erstaunliche dabei war, dass es mir bewusst war. Ich schlief, aber war wach, vielleicht war dies ein Traum. Aber als ich meine Augen öffnete, sah ich meinen schlafenden Körper unter mir im Bett liegen, und ich schwebte darüber. Ich nahm alles wahr, das Zimmer, die Luft um mich herum, meine Empfindungen waren etwas gedämpft, nicht so intensiv wie vorher, aber immer noch da. Mein Körper war schwerelos. Hatte ich überhaupt einen Körper oder lag der unter mir? Ich glitt weiter weg. Ich hörte Magnus die Treppe heraufkommen und entfernte mich noch weiter bis unter die Zimmerdecke. Mal sehen, ob er mich bemerkte. Als er die Tür öffnete, fiel ihm fast das Tablett aus den Händen. *„Lea, wie hast du das jetzt schon geschafft? Komm sofort in deinen Körper zurück, das ist zu gefährlich."* Ich konnte jedes seiner Worte hören. *„Aber ich hab gar nichts gemacht, ich bin nur eingeschlafen. Magnus, kannst du mich hören?"* Magnus redete mit mir, aber er bewegte seine Lippen überhaupt nicht, das ging jetzt telepathisch. Voll genial. *„Lea, bitte komm zurück, ich erklär es dir."*

„*Wenn du mir verrätst, wie ich das machen soll.*"
„*Schau deinen Körper an und konzentriere dich auf deinen Solarplexus. Siehst du das Band, das dich und deinen Körper verbindet? Dorthin gehst du und schlüpfst hinein. Du schaffst das.*" Ich tat, wie mir geheißen, und auf einmal gab es einen heftigen Ruck und ich fiel mit voller Wucht in meinen Körper hinein. Es war wie ein Sprung vom zehn Meter-Brett ins kühle Wasser. Gigantisch. Dann war ich wieder hellwach und Magnus stand neben mir und sah mich besorgt an. „Lea, geht's dir gut, alles in Ordnung mit dir?" „Ja, ich spüre mich wieder. Was war das denn?" „Du kannst deinen Körper jetzt bewusst verlassen und überall hinreisen, wohin du willst, schnell und zeitlos, aber ohne Körper. Wenn dein Körper in diesem meditativen Zustand verweilt, kannst du aus ihm heraustreten und an jeden Ort auf diesem Planeten reisen. Das muss aber geübt werden und noch wichtiger, dein Körper muss in absolut sicherer Umgebung sein, sonst kannst du nicht mehr zurück." „Wie kann ich an einen anderen Ort reisen, schwebe ich dann die Straße entlang?" „Nein, du denkst an den Ort oder die Person, und zeitgleich bist du dann dort." „Aber das ist super, ich will sofort meine Kinder suchen." Magnus schüttelte wild den Kopf. „Ach, komm schon, ich kann das." „Nein, das ist unmöglich, das haben wir bereits versucht. Wir haben schon Bress deswegen verloren, und du hast überhaupt keine Übung mit außerkörperlichen Reisen." Ich saß bereits im Bett und war völlig von der Rolle. „Aber wir könnten es doch gemeinsam versuchen, bitte, Magnus. Ich finde sie, es sind meine Kinder. Bitte." „Kein Aber, Lea, ich hab dich eben erst verwandelt, und du bist überhaupt noch nicht in der Lage, irgendeine von deinen neuen Fähigkeiten zu kontrollieren, und dann willst du schon körperlos durch die Gegend reisen. Bitte lass dir und mir noch ein wenig Zeit, wir finden sie." „Aber…", ich fing an zu heulen, fast wie früher, „ich muss sie finden und wenn es mein Leben kostet. Bitte, Magnus."
„Sei nicht so dramatisch, Lea, es kostet niemandem das Leben, sie brauchen deine Kinder, um dich zu kriegen, niemand wird ihnen ein Haar krümmen, das kann ich dir versprechen. Aber

falls wir sie in diesem Zustand finden würden, können wir sie nur mit zurück nehmen, wenn wir vollständig anwesend sind. Verstehst du das?" „Nein, das versteh ich nicht, wenn wir sie aufspüren, können wir uns danach sofort auf den Weg machen und sie befreien." Bitte lass deine Verwandlung sich erst vollenden. In ein paar Stunden können wir rausgehen, und du erprobst deinen Körper, danach experimentierst du mit deinen geistigen Kräften, und dann reden wir weiter. Ich prüfe dich, wenn du alles schaffst, bereiten wir die Suche vor. Einverstanden?" „Wie du meinst." Etwas zerknirscht sah ich ihn an. „Lass uns was essen, hab uns leckeres Frühstück gemacht." Ich zog das Laken enger um mich und versuchte, mich auf die Köstlichkeiten zu konzentrieren, die da auf einmal vor uns standen. „Wo hast du all die feinen Dinge her?" Tessa und Caleb haben für uns eingekauft, die wissen, wie groß der Hunger nach stundenlangem Verwandlungssex ist." „Mhh, voll lecker!" Magnus hatte Obst und kleine Brötchen mit köstlicher Marmelade gebracht, dazu frischen Kaffee und Orangensaft. Mein Geschmacksinn explodierte förmlich, mir hatten Obst oder Brot noch nie so gut geschmeckt. Es waren so intensive Gaumenfreuden, dass mir ein wohliger Schauer über den Rücken lief und ich plötzlich wieder voll sexueller Lust war. Magnus bemerkte es sofort, und seine Augen flammten entzückt und wild auf. „Dein Geruch hat sich eben verändert, und dein hübscher Körper hat einen ganz anderen Hunger bekommen." Mit einer gekonnten Handbewegung schob er das Tablett zur Seite. Er nahm meine Hand und führte sie an sein mächtiges geschwollenes Glied. Seine Hose war fast am Platzen. Mein Körper reagierte sofort. Meine Brustwarzen waren zu harten, festen Knospen geworden, und zwischen meinen Schenkeln breitete sich ein erneutes Kribbeln und eine Hitze aus, die fast nicht auszuhalten war. Ja, mein Körper hungerte nach seinem, aber auch mein Innerstes hungerte nach den Berührungen dieses Mannes. Mein ganzer Körper erbebte voller Vorfreude auf die bevorstehende Vereinigung. Heiße und kalte Schauer liefen mir über den Rücken. Meine Hände öffneten zielsicher seine Hose, und sein Glied sprang heraus. In voller Größe bäumte es sich auf, als meine feuchten Lippen den Schaft umschlossen. Meine Zunge spielte mit seiner Spitze, und meine Hände glitten sanft, aber bestimmt auf und ab. Magnus knurrte und spannte seinen Körper an. Als ich immer heftiger und erregter an ihm saugte, und er mich mit schnellerer Bewegung aufforderte, das, was ich angefangen hatte, zu Ende zu bringen, explodierte sein Penis, und sein heißer Saft ergoss sich in meinen Mund. Jetzt war ich nicht mehr zu bremsen, und auch er war noch wilder als zuvor. Er stand auf, zog mich hoch, hob mich auf die Kommode und drang zielsicher in mich ein. Wieder küsste er mich mit solch einer Leidenschaft und Entschlossenheit, dass ich beim nächsten Stoß einen galaktischen Höhepunkt erreichte, fest meine Schenkel um ihn presste, um ihn noch tiefer in mir zu spüren. „Ich liebe dich", raunte Magnus in mein Ohr. „Und ich", setzte ich an, „bin verrückt nach dir, aber nur nach dir, kommt das von deinem Blut?" „Für immer und ewig." Da fiel mir Andreas ein, den ich hier aufs Äußerste betrog, mit ihm hatte ich nicht annähernd solchen Sex gehabt. Er löste auch nicht solch ein stürmisches und ekstatisches Gefühlsinferno in mir aus. Das hinterließ einen etwas faden Beigeschmack in mir. „Dein Ehemann ist Geschichte, Lea, er war dir ein guter Mann und ein guter Vater für deine Kinder, aber die Seelenzehrer haben ihn sich schon vor längerer Zeit geholt, er war zu schwach. Du bist meine Frau, schon immer gewesen, dass wir hier und jetzt wieder zusammenfinden, ist kein Zufall. Du hattest in den vorherigen Leben keine Kinder, es sind deine ersten. Die Seelenzehrer brauchten eine Schwachstelle, und Andreas hat es ihnen einfach gemacht, du hattest mich diesmal fast vergessen." „Was willst du damit sagen, Andreas Gefühle für mich waren nicht echt oder was? Ich habe Andreas damals im Hotel zum ersten Mal getroffen, er war ein Gast, und wir hatten viel Zeit miteinander verbracht, uns kennen- und lieben gelernt, dann geheiratet und Kinder bekommen. Wir lebten ein sehr gutes und glückliches Leben, wir hatten alles, was wir uns wünschten. Bis du kamst. Du hast alles auf den Kopf gestellt, und dann kamen die Seelenzehrer, sie haben alles, was mir etwas bedeutet hat, zerstört." „Die Seelenzehrer sind schon länger an dir dran als wir, sie haben dich zuerst gefunden, und Andreas war für sie ein leichtes Spiel. Er war zu unbewusst, leicht beeinflussbar, der hat davon überhaupt nichts mitbekommen. Jetzt ist er völlig auf ihre Seite gewechselt, da er weiß, dass wir uns wieder gefunden haben. Lea, er ist nicht mehr der Mann, in den du dich damals verliebt hast. Wir haben ihn aus den Augen verloren, und wer weiß, was er im Schilde führt." „Warum erzählst du mir das erst jetzt, hat er die Kinder?" „Nein, wir wissen, dass die Kinder nicht mehr hier auf dieser Ebene sind, und er ist völlig von der Bildfläche verschwunden."

„Was meinst du mit dieser Ebene?"

„Lea, das ist alles so kompliziert du wirst es bald selbst erleben."

„Nein, du erklärst mir das jetzt." Wütend und aufgebracht stieß ich ihn von mir weg und rutschte von der Kommode. Entschlossen suchte ich meine Klamotten zusammen und verschwand beleidigt im Badezimmer. Ich stellte die Dusche an, und das frische Wasser beruhigte meinen erregten Körper und meine aufgewühlten Emotionen. Ich beschloss während des Duschens, dass ich Magnus bitten würde, zu mir völlig ehrlich zu sein. Er darf auch mir vertrauen. Ein leises Geräusch ließ mich aufschauen und Magnus stand im Bad.

„Lea, darf ich reinkommen?" Ich nickte. „Du bist ja schon im Bad", antwortete ich beleidigt. „Es tut mir leid. Ich möchte dich immer beschützen und dich nicht unnötig ängstigen, aber das ist der falsche Weg, das weiß ich. Ich werde dir alles erzählen. Ich vertraue dir mein Leben an." Diese Worte waren sehr aufrichtig und kamen direkt aus seinem Herzen.

„Danke."

Das Wasser plätscherte weiter auf mich nieder und wusch die alte Lea vollständig von mir. War ich bereit für das Neue und konnte ich die Vergangenheit wirklich loslassen?

Mein neues Leben

Als ich erfrischt und klar das Zimmer betrat, waren auch Caleb und Tessa gekommen. Meine Schwester fiel mir freudestrahlend um den Hals. „Willkommen in deinem neuen Leben." Auch Caleb war ganz feierlich, noch etwas zögerlich, aber bestimmt umarmte er mich. „Es freut mich, dass du wieder da bist. Herzlich willkommen in unserer Welt." Magnus hatte eine Schriftrolle in der Hand, die er vorsichtig aufrollte und mir unter die Nase hielt. „Lies das, das hast du mir damals gegeben, mit der Bitte, es dir gleich nach deiner Verwandlung zu zeigen." In alten verwischten Buchstaben stand da:

Prophezeiung des Lichts und der Liebe

Der König der Schatten wird eine Tochter zeugen, sie ist stark, voller Kraft und mächtig wie er. Ihre Mutter wird eine Menschenfrau sein. Von ihr wird sie Liebe, Respekt und Achtung erhalten.

Wenn sie beides lebt, wird sie die Dunkelheit überwinden können. Sie wird die neue Königin sein.

Die Königin muss, um ihr Licht zu finden, in die schwarzen Schatten gehen.

Sie wird lange wandeln und viele sterbliche Leben erfahren, bis sie, die Rache und den Hass der sie treibt, überwunden hat, und die wahre Liebe ihr Herz, ihre Seele und ihren Geist ausfüllt.
Eine Ewigkeit wird vergehen, bis ihr Gefährte sie wiederfindet und ihrer wahren Bestimmung zuführt.

Durch die innige Liebe und die treuen Mitstreiter an ihrer Seite kann ihnen gemeinsam der Sieg gelingen.

Sie werden dennoch erneut durch Dunkelheit und Schmerz wandern. Sie werden die Zeichen, die am Himmel stehen, zu deuten lernen. Denn dann wissen sie, wann der Tag der Prophezeiung sich erfüllen wird.

Sie werden zweifeln und leiden, müssen gemeinsam die Prüfungen bestehen, um am Ende ihrer Welt die Liebe und das Licht zu bringen.

Das Portal öffnet sich, wenn die Sternenkriegerin und der Sternenkrieger Hand in Hand mit der Kraft der Sonne sich im Zeichen des Königs der Tiere vereinen.

Möget ihr siegreich sein, sonst ist alles verloren. Das Gleichgewicht muss wiederhergestellt werden.

„Jetzt wird mir übel. Was soll das sein?"
„Wir wissen es nicht genau, du hast es mir damals gegeben, bevor du gestorben bist, mit den Worten, die ich dir vorher gesagt habe." „Darf ich es mal selbst halten?" Als ich das Papier berührte, durchzuckten mich Erinnerungen an die Zeit, bevor es an die Erfüllung dieser Prophezeiung ging.
Ich war ein kleines Mädchen und lebte mit meiner Mutter im Wald, ganz allein und abgeschieden von den anderen Menschen. Sie musste schwer und äußerst hart arbeiten, um uns beide durch die entbehrungsreichen Zeiten zu bringen, aber sie hatte uns hier versteckt. Aber vor wem?
Eine zweite Situation stieg aus meinem Gedächtnis nach oben.
Eines Tages stürzte meine Mutter in die Hütte, packte mich am Arm, öffnete ein Brett in der Wand und schob mich hinein. Sie drückte mir diese Rolle in die Hand und zischte leise. „Sei still, egal was passiert!" Es waren Männer, genaugenommen drei. Sie waren edel gekleidet und waren bereits betrunken. Sie lallten und grölten schon von weitem. Sie rissen die Tür zur Hütte auf. „Hier versteckt sich unsere Schöne also, die nur selten in der Stadt zu sehen ist,

ich hab euch doch gesagt, dass wir sie finden." Sie lachten böse und packten meine Mutter brutal am Arm. Sie gab keinen Laut von sich und schaute noch einmal in meine Richtung. Dann verwandelte sich der Grobian in einen Seelenzehrer und fuhr mit seiner schwarzen Tentakel in ihr Herz. Die anderen beiden packten sie ebenfalls brutal und vergingen sich nacheinander an ihr, sie rissen ihr die Kleider vom Leib und vergewaltigten sie grob. Ich stand hinter diesem Brett und hatte den Atem angehalten und die Augen weit geöffnet. Ich wollte schreien, aber dann wäre die Qual meiner Mutter umsonst gewesen, also verharrte ich stocksteif und völlig geschockt. Ich roch ihr Blut und prägte mir ein, wie diese Männer aussahen, dafür würde ich sie töten, jeden einzelnen von ihnen, langsam und brutal. Das wilde, unzähmbare Erbe meines Vaters bäumte sich in mir auf. Ich wollte Rache, ich wollte Tod und Vergeltung. Der Seelenzehrer fragte immer wieder: „Wo ist sie, wo ist unsere Schriftrolle? Du hast sie mir gestohlen, du dreckige Schlampe." Er schüttelte sie und schlug ihr mehrmals hart ins Gesicht. Überall war das Blut meiner Mutter, sie wurde bewusstlos. Der Seelenzehrer zog seine Tentakel zurück und war wieder der „Edelmann", der er vorher gewesen war. „Was mein Herr nicht geschafft hat, werden wir für ihn erledigen, du elendige Menschenfrau." Sie gab keinen Laut mehr von sich, und die drei lachten böse und gemein. Als sie mit ihr fertig waren, ließen sie sie einfach fallen, und sie schlug am Boden auf, voller Blut, vollkommen leer, sie hatten nicht nur ihren Körper geschändet und getötet, sondern auch ihre Seele zerstört. Ich machte keinen Mucks mehr und fühlte mich fast so tot wie sie, meine Wut und all meine Gefühle waren weg, ich war leer, innerlich tot, wie meine Mutter. Ich stand unter Schock, aber dieser sollte mir mein Leben retten. Die drei Seelenzehrer durchsuchten unsere Hütte von oben bis unten. Sie durchwühlten alles, öffneten jede Tür und jedes Schränkchen, mich fanden sie nicht, obwohl ich direkt vor ihnen stand. Ihr Anführer war rasend vor Wut, da er das, wonach er suchte, nicht fand.

Mir war klar, dass er die Rolle suchte, die ich in Händen hielt. Aber was war an diesem Stück Papier so wertvoll, dass meine Mutter dafür sterben musste? Stumme Tränen rannen über meine Wangen, als ich hörte, dass die Wesen aus der Hütte polterten, und ihr Anführer, dessen Stimme ich nie vergessen werde, seinen Männern befahl: „Anzünden, verbrennen soll diese diebische Schlampe samt ihrer Hütte! Und falls die Schriftrolle noch irgendwo da drin ist, wird sie niemandem mehr nützen." „Jawohl, Herr, wird erledigt." Meine Gedanken überschlugen sich, ich musste hier raus! Feuer! Was sollte ich nur machen? Meine Mutter, ich wollte doch nur zu meiner Mutter.

So schnell die Erinnerung gekommen war, so schnell war sie auch wieder weg. Ich musste mich setzen, und Magnus, Tessa und Caleb schauten mich bestürzt an. Erzählen brauchte ich ihnen nichts, da sie es selbst alle gesehen hatten. Diese Fähigkeiten waren schon überirdisch praktisch. Ich rollte die alte Schrift vorsichtig zusammen und legte sie zur Seite. Tessa fand als erstes wieder ihre Sprache. „Das mit deiner Mutter tut mir schrecklich leid, ich hab das nicht gewusst. Das nimmt hier Dimensionen an, die sich keiner zu träumen gewagt hat." Sie legte mir tröstend den Arm um meine Schulter. „Was ist das für eine Prophezeiung?", fragte Tessa. Tessa blickte die Männer durchdringend an, für sie war ja auch alles neu. Caleb räusperte sich, und Magnus und er wechselten kurz einen Blick. Diesmal konnte ich trotz meiner neuen Fähigkeiten ihren Gedanken wieder nicht folgen, das musste ich wohl noch sehr gut trainieren und üben. „Diese Schriftrolle hast du mir vor langer, langer Zeit gegeben, du wusstest, dass du sterben musst, um die Prophezeiung voranzutreiben, wir, besser gesagt ich, erst hinterher. Wir studieren seit längerem den Text und sind zu einem Ergebnis gekommen. Eigentlich hat Kristall das Ganze übernommen, sie ist unsere Expertin für Astronomie und Sternenkunde. Sie hat ihre wundervollen, medialen Anlagen voll entwickelt und befragt von Zeit zu Zeit ihr Orakel. Ohne sie hätten wir dich nicht gefunden. Aber zurück zur Rolle, du bist damals im Kampf ums Leben gekommen.

Wir haben dauernd gegen die Seelenzehrer gekämpft, bist du eines Tages gesagt hast, du bist zu müde zum Kämpfen und du wüsstest einen Ausweg, da der ewige Krieg uns nicht den erhofften Sieg bringen würde. Also gabst du mir die versiegelte Rolle, mit der Bitte sie solange aufzubewahren, bis wir uns wiedersehen. Dann hast du dich ins Kampfgeschehen gestürzt. Kurze Zeit später bist du in meinen Armen verblutet. Wir hätten dich nicht retten können. Zuerst verstand ich überhaupt nichts, aber als ich die geheime Schrift las, wurde mir klar was du begonnen hast. Von deinem Todestag an begannen wir dich zu suchen, da wir wussten, du würdest als Mensch wiedergeboren werden. Wir mussten verhindern, dass dich die Schatten als schwaches Menschlein in ihre Finger kriegen. Erst vor kurzem wäre ihnen das beinahe gelungen, und ich bitte dich diesmal im Namen von uns allen, uns in deine Pläne einzuweihen. Was da so in deinem klugen Köpfchen herumspukt, ist oft genial, aber deinen Tod von damals möchte ich nicht noch einmal durchmachen müssen. Aber, damit ich auf den Punkt komme: Sie haben deine Kinder, das ist für uns alle sehr furchtbar, erstens, weil wir mit dir fühlen und zweitens, weil sie somit dein Blut haben, sie haben deine und unsere Zukunft. Du hattest, weiß Gott, wie viele Leben, aber nur in diesem zwei Kinder, sie sind ein Schlüssel für alle weiteren Menschen, denn sie haben besondere Fähigkeiten. Wenn sie lernen, diese zu nutzen und einzusetzen, wird sich hier auf der Erde einiges bewegen. Sie werden sie weitervererben. Sie werden neue, bewusstere Menschen werden, die den Krieg nicht mehr wollen, die den Frieden mit sich, den Mitmenschen, den Tieren, den Pflanzen und dem ganzen Planeten suchen und leben. Wir haben noch etwas Zeit, bis sich das Portal öffnen wird. Kristall sagt, die Sternenkriegerin steht für den Planeten Venus, der Sternenkrieger für den Planeten Mars, und die Kraft der Sonne ist klar, und wenn diese drei zusammen im Tierkreiszeichen Löwe stehen, wird sich das Portal öffnen. Hierfür haben wir maximal zwei Wochen Zeit, dann schließt es sich wieder, und es dauert Jahrzehnte, bis sich das Ereignis wiederholt. Wir müssen also am Tag der

Portalöffnung hindurchgehen und sind dann in einer anderen Welt, in der Dimension der Seelenzehrer. Dort müssen wir ihren König finden und töten, hierher zurückkommen und das Portal zerstören. Wir wissen nicht, was er wirklich plant, aber wir vermuten, er weiß ebenso von der Öffnung des Portals, und er wird versuchen, noch mehr und stärkere Dämonen in unsere Dimension zu schleusen. Das dürfen wir auf keinen Fall zulassen, das hätte furchtbare Konsequenzen für uns alle. Aber jetzt suchen wir zuerst deine Kinder, und dann bringen wir euch alle in Sicherheit. Es wird Zeit, dass du dich und uns besser kennenlernst. Du brauchst deine gesamte Kraft, deine Liebe und dein volles Bewusstsein, wenn wir in die andere Dimension reisen." Er schwieg kurz, dann musterte er Caleb und fragte: „Hab ich etwas Wichtiges vergessen, Caleb?" „Nein, denke nicht."
„Ich hätte ein paar Fragen. Du hast vorher erwähnt, meine Kinder sind nicht mehr auf dieser Ebene, was hast du damit gemeint?" „Wir wissen nicht genau, was sie mit ihnen gemacht haben, aber wir können sie nicht finden, keiner von uns kann sie aufspüren, also vermuten wir, sie haben etwas mit ihnen gemacht." „Bitte Magnus, hör endlich auf, in Rätseln mit mir zu sprechen, sei ehrlich, was meinst du, haben sie ihnen angetan? Was befürchtest du?" „Da wir sie nicht aufspüren können, vermuten wir, die Seelenzehrer haben die Seelen von Anna und Leo bereits in die andere Dimension gebracht. Sie können ihre Körper zwar nicht mitnehmen, dafür muss das Portal offen sein, aber ihre Seelen können sie transportieren. Die Seelen sind zwar momentan für sie völlig wertlos ohne ihren Körper, denn sie brauchen beides, den Körper und die Seele als Einheit, sonst nutzt ihnen dein Erbe, dein Blut, das zum Teil auch in deinen Kindern fließt, nichts. Aber so können wir sie nicht schnell finden, da sich ihre Körper in einem schlafenden Zustand befinden. Ihre Körper können ohne ihre Seelen hier auf der Erde nicht leben, höchstens in einem komatösen Zustand. Wir müssen sehr überlegt vorgehen und ihre Körper ohne Schaden befreien." „Das ist ja schrecklich, wie sollen wir ihre Seelen retten, habt ihr das schon einmal gemacht?"

Ich war so aufgeregt, dass ich mich nicht mehr stillhalten konnte, also lief ich im Zimmer auf und ab. „Wenn ich ehrlich bin, nein", erwiderte Caleb.
„Wir könnten eine körperlose Reise zu ihnen machen und sie so ausfindig machen", überlegte ich laut.
„Lea, dass du das vorher geschafft hast, war Zufall, das müssten wir erst öfter üben, damit du Sicherheit hast und wieder in deinen Körper zurückfindest. Außerdem rechnen die Seelenzehrer mit dieser Taktik, und dann wäre es ein Leichtes uns zu fangen. Wem hilft es, wenn sie deine Seele erwischen?" „Ok, ich verstehe, aber irgendeine Möglichkeit muss es geben." „Die gibt es auch, aber dafür musst du erst deine Verwandlung vollständig bis zum Ende durchlaufen, und darum darfst du jetzt ein paar Stunden ruhen, damit sich deine Zellen weiter neu ausrichten können und deine Fähigkeiten sich entwickeln dürfen. Danach bist du in deiner Kraft und voller frischer Energie, dann können wir alles üben. In der Zwischenzeit suchen Kristall und Owen bereits nach deinen Kindern."
„Kristall und Owen finden sie, hab Vertrauen, wir haben dich schließlich auch gefunden", mischte sich Caleb beruhigend ein. „Dafür habt ihr eine Ewigkeit gebraucht", frotzelte ich.
Tessa meinte: „Lea, die beiden haben recht, ich hab nach dem Ritual 48 Stunden geschlafen und danach war ich hellwach, voller Kraft und ich kann mich bereits verwandeln. Nimm dir Zeit, die brauchst du, sonst bist du nutzlos und nur eine Last für uns."
„Das ist aber nett von dir."
„Bitte, lass uns nicht streiten, Tessa weiß, wovon sie redet. Schon vergessen?"
„Aber an Schlafen kann ich im Moment überhaupt nicht denken und hinlegen und stillhalten geht gar nicht. Tut mir leid, Leute, aber ich möchte gleich mit dem Üben anfangen."
Magnus meinte lächelnd: „Ich wüsste eine nette Beschäftigung, bei der du dich nicht stillhalten musst."
Mit einem vorwurfsvollen Blick rügte ich ihn, aber mein Körper spürte sofort sein Verlangen und war gleich bereit, mit

ihm da weiterzumachen wo wir vorher aufgehört hatten. „Bitte, reiß dich zusammen, das ist jetzt echt unpassend", sagte ich zu Magnus. „Redest du mit mir oder mit dir?" „Ich gebe auf." Und musste trotz der schwierigen Situation lachen. „Wann ist dieses Portal geöffnet, kannst du mir ein Datum nennen?" Er schaute auf seine Uhr. „In exakt vier Wochen, drei Tagen und zwei Stunden wird sich das Portal öffnen, bis dahin brauchen wir die Körper der Kinder, ich denke, auch Bress haben sie so aus dem Verkehr gezogen." „Was ist mit meiner Mutter?" „Die haben sie ebenso besetzt wie Andreas." Ich konnte nur den Kopf schütteln, das war alles schrecklich. Plötzlich stellten sich wie aus heiterem Himmel wieder Erinnerungen ein. *Es waren Kampfszenen mit den Seelenzehrern, und was mir dabei besonders auffiel, waren die Auren der Lichtkrieger, die in den Farben des Regenbogens leuchteten. Die Seelenfresser konnten so, wie es sich mir darstellte, ihre Tentakeln nicht in deren Körper fahren, und die Seelen unserer Krieger waren geschützt. Sie besiegten die Dämonen mit einer Art Lichtblitz, der sie einfach verpuffen ließ. Es waren so viele Seelenzehrer und nur wenige Krieger aus unseren Reihen, aber sie kämpften mit einer unglaublichen Ruhe und Gelassenheit, als wäre allein das ihre Bestimmung.* Als ich wieder im Zimmer war, blickte ich zu Magnus hinüber, und der erklärte mir sofort, ohne dass ich eine Frage stellen musste, was ich wissen wollte. „Die Seelenzehrer können mit ihren Tentakeln nur durch unsere Aura hindurchfahren, wenn sie uns mit irgendetwas schwächen, und so andere negative Emotionen unsere Auraschichten durchziehen. Erinnere dich an den Seelenzehrer, den du getroffen hast, erst als er deine Kinder erwähnt hatte, und du Wut und Hass spürtest, warst du verwundbar. Darum haben sie es mit den Menschen so leicht, die haben ständig Emotionen und Gefühle von Angst, Wut, Neid, Zorn, und ahh ich könnte noch vieles aufzählen. Für uns wird es übrigens auch seit einiger Zeit schwieriger, gegen sie im Kampf zu bestehen. Sobald sie nämlich einen Menschen unter ihrer Kontrolle haben, und sie haben mittler-

weile sehr viele besetzt, können wir sie mit diesen Lichtblitzen nicht mehr in ihre Dimension schicken. Das Grausamste daran ist, wir müssen erst den besetzten Menschen töten, um an ihren schwarzen Kern zu kommen. Und das wiederum schwächt uns, denn wir wollen nicht die töten, die wir eigentlich beschützen sollten. Ich nickte verständnisvoll. „Darum habt ihr so ein Zentrum aufgebaut, wo ihr die Menschen lehrt, ein neues Bewusstsein für ihre Gefühle und Gedanken zu bekommen", warf Tessa ein. „Viele Menschen kommen derzeit zu uns, weil sie sich weiter entwickeln wollen, nicht nur intellektuell, sondern vor allem emotional und spirituell. Aber das sind immer noch die Wenigsten, und die Seelenzehrer suchen sich Menschen aus, denen es richtig schlecht geht, die Drogenprobleme, Probleme in der Gesellschaft und so weiter haben. Momentan stellen wir fest, dass sie sich immer öfter an Jugendliche ranmachen, die in ihrer rebellischen Entwicklungsphase ein leichtes Opfer darstellen, da sie vieles ausprobieren und leicht zu beeinflussen sind. Dazu haben die Seelenzehrer den Vorteil, dass sie so einen gesunden, jungen und starken Körper haben, den sie kinderleicht besetzen können."
„Ok Leute, ich gebe mich geschlagen und möchte nichts mehr hören von diesen abscheulichen Gestalten. Ich werde euren Rat befolgen, mich jetzt hinlegen und ausruhen, vielleicht kann ich etwas schlafen." „Willst du noch was essen?" fragte mich Magnus wie immer zuvorkommend. „Nein danke, ich sag's dir schon rechtzeitig, bevor ich vom Fleisch falle." Ich musste ihn herausfordernd angrinsen, da mir seine überaus hilfsbereite und umsorgende Art manchmal etwas zu viel war. Tessa und Caleb verließen engumschlungen den Raum, beim Hinausgehen meinte Tessa noch: „Schöne Verwandlung, Schwester." Ich ließ mich einerseits erschöpft und andererseits völlig aufgekratzt aufs Bett fallen und schloss die Augen. Langsam atmete ich tief ein und aus. Es war unglaublich, aber ich konnte mich so intensiv spüren, bei jedem tiefen Atemzug, den ich machte, lief mir ein Schauer über den Rücken, und von meinem ganzen Körper ging eine pulsierende, angenehme Wärme aus. Ich fühlte mich sehr kräftig und vital. Ich

merkte, wie Magnus sich neben mich aufs Bett gleiten ließ, öffnete aber nicht die Augen, es war einfach zu schön, so nah bei mir selbst zu sein. Ich könnte doch versuchen, in seine Gedanken einzudringen. Also konzentrierte mich auf ihn und sagte in Gedanken zu mir selbst: „Was denkt Magnus?" Sofort hatte ich ein Bild von einer hübsche Blondine mit rotem Bikini und tollen, weiblichen Körperrundungen vor mir, die verliebt lächelnd, am Strand auf ihn zu lief. „Was soll das jetzt?" dachte ich mir, und schlug die Augen auf. Er grinste mich frech an und fing an zu lachen. „Hast du das absichtlich gemacht, oder wie?" fragte ich ihn eingeschnappt. „Jetzt sei bloß keine Spielverderberin, war nur Spaß." „Ich find das überhaupt nicht lustig, obwohl ich mich freuen sollte, dass ich schon mal in deinen Gedanken gelesen habe." „Mach dir da keinen Druck, meine Liebe, du wirst noch viel mehr können, wenn du jetzt mal stillhalten würdest, damit sich dein Körper, dein Geist und deine Seele neu ausrichten können und all deine Erinnerungen hochladen können." „Bin schon still. Bleibst du bei mir?"

„Ja klar, dich darf man keine Sekunde aus den Augen lassen, da fällt dir nur wieder etwas völlig Verrücktes ein." Er beugte sich über mich und küsste mich zärtlich. Ich schlang meine Arme um seinen Nacken und erwiderte seinen Kuss. So lagen wir eine Weile engumschlungen und küssend beieinander. Da bemerkte ich, als ich die Augen aufmachte, wieder das regenbogenfarbene Energiefeld, das uns beide umgab, es war atemberaubend schön. Ich löste mich von seinen Lippen, ließ aber die Arme fest um ihn geschlungen.

„Das ist wunderschön", flüsterte ich ergriffen. „Was ist das?" „Unser Energiekörper, der aus einzelnen Schichten besteht. Siehst du in Höhe unserer Herzen diese helle Verbindungsschnur?" Ich hob meinen Kopf und sah zwischen unseren Brustraum. „Ja", antwortete ich im Flüsterton. „Diese Sicht wird sich bei dir dauerhaft einstellen, lass dich überraschen." „Können die anderen das Energiefeld nicht sehen?" „Nein, ich kann es, da ich die Gabe durch dein Blut erhalten habe." Es gibt einige wenige Menschen, die diese Gabe der Hellsichtigkeit ebenfalls besitzen, ich denke deine Mutter war hellsichtig, und deshalb hast du diese Fähigkeit." „Wow, einfach fantastisch." Ich kuschelte mich in seine starken Arme, schaute eine Weile in unsere Energiefelder, die von farbigen Wirbeln, glitzernden Lichtpunkten und bunten Farben durchzogen waren. Dies war nun mein neues Leben, mit Seelenzehrern, unglaublichen körperlichen Sinnen, Kräften und vielen neuen Fähigkeiten. Irgendwann döste ich geborgen ein und träumte.

Wer bin ich?

Es war stockdunkel, meine Sinne waren aufs Äußerte geschärft, ich sah Magnus vor mir, nicht seinen Körper, sondern seine strahlende Aura. Ich wusste, dass er es war, denn wenn er sich in meiner Nähe aufhielt, strahlte mein Herzbereich besonders intensiv, in einem satten Grün. Vorsichtig und ohne einen Laut zu verursachen, glitten wir an felsigen, kalten und schroffen Wänden entlang. Es roch nach feuchter, modriger Erde. In einiger Entfernung zeichnete sich ein schwaches Licht in einer Öffnung ab, und Magnus schickte mir einen telepathischen Befehl: „Lea, egal was du jetzt gleich sehen wirst, halt dich zurück und an den Plan." Wir wussten, da vorne waren meine Kinder, wir würden sie retten und wenn es das Letzte wäre, was ich in meinem Leben tat, aber sie mussten in Sicherheit gebracht werden. Das Licht kam näher, Magnus blieb stehen und schob mich an die rechte Wand, er stand mir gegenüber. „Sei jetzt ganz still, konzentrier dich, es befinden sich Seelenzehrer in der Höhle, wir müssen sofort angreifen und sie ausschalten, erst dann kannst du dich um die Kinder kümmern. Verstanden?" Ich nickte, obwohl er mich nicht sehen konnte. Aber ich hatte sehr wohl verstanden, jetzt würde sich zeigen, ob ich meine Fähigkeiten beherrschte und die Dämonen besiegen konnte. Magnus stürzte in die Höhle, ich hinter ihm her, bereit, mit meinen Händen, die heiß pulsierten, zu zerstören. Die Seelenzehrer waren überrascht. Magnus versetzte dem ersten einen hellen Lichtstrahl, und dieser schrie auf und verschwand. Das andere Wesen stand im hinteren Teil der Höhle und hatte meine Tochter auf dem Arm. Es war in einem menschlichen Körper, also halfen unsere Blitze nichts, und es grinste uns überlegen an. Anna sah aus wie tot, und auf dem kalten, steinigen Boden lag mein Leo und rührte sich nicht. Bevor mich meine Emotionen übermannen wollten, atmete ich tief durch und sah dem Seelenzehrer fest in die Augen. Dort war seine ganze Präsenz sichtbar, tiefschwarz und keine Spur von Mitgefühl. Ich bewegte mich langsam auf ihn zu. „Bleib stehen oder sie wird sterben", krächzte der Mann. Und erst jetzt bemerkte ich das Messer in seiner rechten Hand, das viel zu nah an Annas schlanken Hals gepresst war. Ich sah die Aura des Mannes, und ich sah vereinzelte schwache Farben unter dem vielen Schwarz aufleuchten, nicht sehr viele, aber doch einige, also konnte ich den Menschen, der er einmal gewesen war, vielleicht noch irgendwie erreichen. „Ich kenne Sie nicht, aber bitte lassen Sie das Mädchen los, es ist unschuldig und noch so klein. Bitte, ich flehe Sie an." Sein Energiefeld veränderte sich, und der Seelenzehrer fluchte laut. Ich dachte an die große Liebe, die ich für meine Tochter und für meinen Sohn empfand, die Liebe einer Mutter, und mein Herzbereich leuchtete smaragdgrün auf, und ein Energiewirbel flog direkt auf den Mann zu und glitt in sein Energiefeld hinein, direkt in sein Herzzentrum. Das Schattenwesen heulte abscheulich auf, fuhr aus dem Körper des Mannes, dieser ließ Annas Körper zu Boden fallen, und sein eigener schwacher Körper sank in sich zusammen. Das Messer fiel mit einem klirrenden Geräusch zu Boden, und Magnus löschte den schwarzen Schatten mit einem Lichtblitz in nichts auf.

Meine nächste Wahrnehmung war der warme Körper an meiner Seite. Es war immer noch stockdunkel. Erst jetzt wurde mir bewusst, dass ich die Augen geschlossen hatte. Als ich sie öffnete, lag ich im warmen, weichen Bett, und Magnus lag neben mir und las in einem Buch. Es war alles nur ein fürchterlicher Traum gewesen. Meine Kinder waren irgendwo, aber nicht bei uns. „Guten Morgen, meine Schöne." „Guten Morgen, wie lange hab ich denn geschlafen?" Ein kurzer Blick auf seine Uhr: „Fast 36 Stunden." „Was, so lange!", rief ich verwundert und das Geträumte sprudelte aus meinem Mund. „Ich hatte einen Traum, wir zwei haben die Kinder gerettet, sie waren in einer Höhle. Den einen Seelenzehrer hast du sofort mit einem Lichtblitz ausgeschaltet, der andere war in einem Menschen, aber mich überkam auf einmal die tiefe Liebe zu meinen Kindern, und ich sah die Aura des Mannes, die ganz schwach mit wenigen Farben durchzogen war und auf einmal verstärkte sich das Grün meines Herzbereichs und wirbelte etwas in das Herz des Mannes, so dass der Seelenzehrer herauskam, und du ihn auflösen konntest." Magnus hatte sich bereits aufgerichtet und sein Buch zugeschlagen. Er musterte mich nachdenklich und murmelte: „Das ist ja interessant." Mit einem geschmeidigen Satz richtete er sich auf, warf mir eine Kusshand zu und meinte: „Bin gleich wieder da, muss was überprüfen." „Wo gehst du hin? Warte auf mich!" Er war bereits aus der Tür und diese wieder geschlossen. Ich ließ mich nochmal in die Kissen gleiten. Der Traum ließ mich nicht los und wirkte in mir nach. Sie sahen so zerbrechlich aus und wie tot. Ich spürte die Tränen in mir aufsteigen, aber gab ihnen dieses Mal nicht nach, setzte mich auf und fühlte erneut in mich hinein. Ich stand kraftvoll auf und ging ins Bad. Als erstes musste ich mal auf die Toilette, das war ja schon mal beruhigend normal. Danach wusch ich mir die Hände und das Gesicht. Als ich in den Spiegel blickte, schoss mir eine Frage in den Kopf und ich sprach zu mir selbst: „Wer bist du?" An mein neues, frisches Aussehen musste ich mich ebenso erst gewöhnen wie an meine erweiterte Sicht und mein Supergehör. Ich hörte Tessa, Caleb und Magnus reden, und ich wusste, wenn ich wollte, würde ich jedes Wort verstehen. Ich sah mich an und sah so viel mehr. Ich sah meine vielschichtige Aura, dieses wunderschöne Farbenspiel um meinen Körper. Diese unendliche Kraft und vorwärtsdrängende Energie in mir fühlte sich unwahrscheinlich gut an. Erneut flüsterte ich, während ich meinem Spiegelbild fest in die Augen blickte: „Wer bin ich?" Wie ein Blitz durchzuckte es mich und ich wusste, fühlte, was und wer ich bin. Ich sah hinter mir im Spiegel meinen unsterblichen Dämonenvater und meine menschliche Mutter. Sie hätten unterschiedlicher nicht sein können, und doch haben sie sich in mir vereinigt. Ich wusste um meine Aufgabe, um mein Erbe, und der Traum von vorhin ergab schließlich einen tiefen Sinn. Wir können die besetzten Menschen befreien und die Seelenzehrer dorthin zurückschicken, wo sie hingehören, aber nicht mit Krieg, Tod und auf die brutale Art, die mir mein Vater vererbt hatte,

sondern durch die tiefe Verbindung und bedingungslose Liebe, die mir meine Mutter geschenkt hat. Dies ist die Kraft, die alles wieder ins Gleichgewicht bringen wird. So stand es auch in der Prophezeiung. Ich musste dringend mit Magnus und den anderen sprechen und mit meinem Vater. Aber zuvor wollte ich der Dusche noch einen Besuch abstatten. Als ich in ein großes Handtuch gewickelt in das Schlafzimmer zurückging, lagen bereits schön gefaltet eine passende schwarze Hose, ein blaues Shirt, hübsche Unterwäsche, Socken, und eine Allwetter-Jacke auf dem Bett bereit. Schnell schlüpfte ich hinein, schnappte mir die Jacke, zog meine Schuhe über und suchte die anderen, um ihnen meine neuesten Erkenntnisse mitzuteilen. Als ich in der Küche ankam, beugten sich alle drei über einen Laptop und redeten wild durcheinander. Als sie mich bemerkten, hielten sie kurz inne, und Magnus kam freudestrahlend auf mich zu, legte seine Arme liebevoll um mich und gab mir einen Kuss. „Wie fühlst du dich?" „Wie neugeboren, danke." „Es gibt wichtige Neuigkeiten, dein Traum weist uns in eine neue Richtung, und Kristall checkt derzeit alle möglichen, unerforschten Höhlengebiete ab. Wir sind nah dran, deine Kinder zu finden. Außerdem gibt es Neuigkeiten von den anderen, Black Moon Castle gibt es nicht mehr, wir mussten es nach dem Kampf mit den Seelenzehrer aufgeben." Ich musste bestürzt geblickt haben, denn er setzte gleich ein: „Das tut mir sehr Leid, es war dein Zuhause und ich hoffte immer, es würde unser Zuhause werden. Die anderen sind momentan in einigen unserer Stadthäuser untergebracht, und wir vier machen uns jetzt auf den Weg nach Rumänien. Kristall sagt, dass deine Kinder dort in irgendeiner Höhle versteckt sind. Sobald sie genau weiß, wo wir suchen müssen, meldet sie sich am Handy."
„Das geht jetzt aber schnell. Seid ihr euch sicher, dass sie in Rumänien sind?", ungläubig starrte ich ihn an. Tessa und Caleb diskutierten immer noch am Laptop mit einer mir unbekannten Person, und ich bemerkte das leckere Frühstück, das da vor mir auf dem Tisch stand und griff sogleich herzhaft zu. Ich hatte einen riesengroßen Hunger. „Kristall wusste, dass

du in München auf dem Konzert sein würdest." Ich blickte ihn ungläubig an und verschluckte mich fast an meinem Brötchen. „Ohhkay, verstehe. Aber die Höhle?" „Du hattest schon immer prophetische Träume gehabt, mein Herz. Weißt du das nicht mehr? Somit grenzt sich die Suche jetzt hervorragend ein, und wir müssen nicht jeden Stein in einem fremden Land umdrehen." Ich frühstückte munter weiter und fragte: „Wann soll es denn losgehen? Ich wollte noch gern ans Meer und meine Kräfte ein bisschen ausprobieren. Außerdem muss ich euch was Wichtiges sagen, aber wir werden nachher genug Zeit haben, das weitere Vorgehen zu besprechen." „Tessa und Caleb beraten sich mit Owen, denn wir werden Sige, Media und Belenus treffen, denn die drei werden mit uns reisen. In ungefähr einer Stunde brechen wir auf, also wenn du raus an den Strand gehen willst, würde ich dich gern begleiten und...", bevor er den Satz beenden konnte, meinte ich: „Auf mich aufpassen, schon in Ordnung." Er konterte sofort: „Ich denke du kannst sehr gut auf dich aufpassen Lea, aber ich würde dir gern einige Fähigkeiten genauer zeigen." „Na, dann los, auf was wartest du?", neckte ich ihn. „Tessa, entschuldige kurz, aber lass die Köstlichkeiten so stehen, ich esse gleich weiter und danke." Sie lächelte und nickte mir zu. „Viel Spaß!" Als ich die Haustüre öffnete, überwältigte mich schier die Schönheit der Landschaft da draußen. Der Himmel strahlte so blau wie Magnus Augen, die Luft roch salzig und frisch zugleich nach dem unendlich weiten Ozean. Die Möwen kreischten in der Ferne, der Wind strich zart über mein Gesicht. Ich nahm das alles auf einmal und doch so intensiv und einzeln getrennt wahr. Es war unbeschreiblich. Wie ein Kind mit einem neuen Spielzeug lief ich los, über den gekiesten Platz vor dem Haus hinunter zum Strand. Mein Körper war voller nie versiegender Kraft, und in mir spürte ich eine angenehme, wärmende Hitze. Ich rannte schnell und hörte Magnus Schritte hinter mir. Ohne mich umzudrehen wusste ich, dass er über beide Ohren grinste. Ich spurtete, so schnell ich konnte, den Strand entlang, dass Sand und kleine Steine nur so spritzten. Das Erstaunliche dabei war, dass ich keineswegs ermüdete. Dann hörte ich Magnus in meinen Gedanken: *„Schau da vorne rechts oben auf dem Felsen den Baum an, und sieh genau hin, fühle ihn mit deinen Augen."* Ich verlangsamte mein Tempo, und vor lauter Staunen blieb ich stehen. Der Baum war umgeben von einem Feld aus Energie, Farben und Licht, der Baum hatte eine Aura. Ich ließ meinen Blick über die Landschaft schweifen, und alles war von diesem leuchtenden, teils farbigen Energiefeld umgeben, jeder Grashalm, jede Blume, jeder Stein. Tief in mir wusste ich sofort, dass wir alle in diesem gesamten Energiefeld miteinander verbunden waren. Es war fantastisch, einfach unglaublich. Ich lief erneut los, schneller als zuvor, ich wollte zu diesem Baum und ihn berühren. An der felsigen Wand angekommen, blickte ich kurz zu Magnus zurück und fragte ihn: „Kommen wir da hoch?" Er grinste immer noch verschmitzt und meinte nur: „Ich schon", überholte mich und kletterte wie ein Affe die Felswand hoch. Es sah spielend einfach aus und ich kletterte sofort hinter ihm her. Für meinen neuen Körper war das wirklich ein Kinderspiel, meine sonst so empfindliche Haut an den Händen bekam nicht mal eine Schramme. Alles an mir war um ein Vielfaches widerstandsfähiger und kräftiger als zuvor. Oben angekommen, schwang ich mich mit einer Leichtigkeit über den Felsvorsprung, und als ich zurück in die Tiefe blickte, bemerkte ich erst, dass wir mindestens zehn Meter hoch geklettert waren. Mein Atem ging etwas schneller, aber ansonsten würde ich das als Aufwärmtraining einstufen. So fit fühlte ich mich. „Wer ist als erster am Baum?", rief ich und rannte los. Magnus war mir trotz meiner enormen körperlichen Fähigkeiten weit überlegen, packte mich kurz vorm Ziel um die Hüften und lief einmal um den Baum herum. Wir tollten, scherzten, lachten und küssten uns, bis wir irgendwann im Gras landeten und die Küsse intensiver wurden. Seine Hand öffnete den Reißverschluss meiner Jacke und fand sogleich den Weg zu meinen empfindlichen Brustwarzen, die sich ihm bereits voller Vorfreude entgegenstreckten. Sein steifes Glied presste sich an meinen Schenkel, und er flüsterte mit rauer Stimme in mein Ohr: „Der Baum kann noch etwas warten, was meinst du?" Ein Nicken meinerseits und ein tiefer Blick in seine saphirblauen Augen genügten, und wir verschmolzen erneut in einem nie endenden Kuss. Meine Hände öffneten bereits seine Hose, wo sein mächtiges Glied bereits darauf wartete, mir unbeschreibliche Lust zu verschaffen. Er streifte meine Jacke ab, zog mir mein Shirt aus und tat es mir gleich. Ich war nackt, vollkommen erregt und bereit, mich ihm hinzugeben. Ich vergaß die Welt um mich herum und war pure Lust, pure Ekstase. Als er in mich eindrang, stöhnte ich laut auf. Er bereitete mir eine solch tiefe Befriedigung, die über den sexuellen Akt hinausging. Magnus bewegte sich rhythmisch stoßend in mich hinein und aus mir heraus, genauso wie ich es brauchte. Wir tanzten gemeinsam unserem Höhepunkt entgegen. Er befriedigte hier nicht nur meine körperliche Lust, sondern ebenso meine Lust und Freude am Leben, am Sein. Als sich mein Höhepunkt ankündigte, explodierte ich innerlich, als würde ein innerer Knoten platzen. Eine Welle aus Energie zog durch meinen Körper und löste ein angenehmes Wohlgefühl aus. Magnus kam mit mir, heftig pumpte er sein lebensspendendes Elixier in mich hinein. Ich strich sanft über seinen Rücken und legte meine Hand an seine Wange, wir sahen uns an und küssten uns zärtlich.

„Wisse immer, egal was passiert, dass ich dich liebe. Gemeinsam schaffen wir das", hauchte Magnus an meinem Ohr. Zufrieden kuschelte ich mich in seine Arme und schloss kurz die Augen. Es war herrlich hier zu liegen, bei ihm, an seinen warmen Körper geschmiegt. Der Wind, der vom Meer heraufwehte, streichelte uns sanft, die Brandung rauschte unter den Klippen, ich hörte unsere Herzen schlagen. So ein wundervoller magischer Augenblick, jetzt und hier, sollte niemals enden.

Trotzdem öffnete ich meine Augen, betrachtete den kleinen Baum, der hier völlig allein wuchs, Wind und Wetter standhielt, das hier über ihn hinwegfegte. Seine Größe spielte aber keine Rolle, sein Energiefeld strahlte eine beständige Kraft aus. Ich setzte mich auf, lächelte Magnus an und suchte meine Kleider zusammen. Angezogen stand ich auf und ging direkt auf den Baum zu. Kurz zögerte ich, aber dann streckte ich die Hand aus und berührte seine raue Rinde. Erst jetzt fiel mir auf, dass wir schon die ganze Zeit in seinem Energiefeld waren. Ich hatte den Impuls, ihn zu umarmen und mein Ohr an seinen Stamm zu legen. Ganz vorsichtig nahm ich mit ihm Körperkontakt auf. Ich hörte ein gleichmäßiges Rauschen und Fließen. Plötzlich wurde mir ganz warm und unsere Auren vernetzten sich, der Baum begrüßte mich. Es war, als freute er sich, dass ich ihn erkannt hatte als das, was er war, ein lebendiges Wesen. Er ist nicht nur da, um uns zu nutzen, als Schattenspender, Holz- oder Fruchtlieferant, nein, er ist ein eigenständiges Wesen und mit uns verbunden, wie alles um uns herum. Er ist langsam, sehr langsam, er steht hier zu jeder Jahreszeit tagein, tagaus. Ich fühlte mal die Wärme der Sonne, dann den kalten Wind und den peitschenden Regen. Aber ich spürte ebenso, dass der Baum das völlig wertfrei über sich ergehen ließ; denn es gibt nichts zu bewerten, es ist wie es ist. Bestürzt und erfreut zugleich über diese Information von meinem neuen Freund, ließ ich ihn los und schaute zu Magnus. „Wir sind so achtlos und bewertend gegenüber all dem Leben, das uns umgibt. Das sagt mir heute ein Baum, was würden mir all die anderen Lebewesen wohl mit auf den Weg geben? Ich war oft unachtsam, das tat mir jetzt furchtbar Leid." An den Baum gewandt, sprach ich: „Danke für deine Botschaft. Bitte vergib mir meine Unachtsamkeit. Es tut mir Leid." Ich war so ergriffen, dass mir Tränen über die Wangen kullerten. Magnus war zu mir gekommen und streichelte sanft über meinen Rücken. „Du wusstest es nicht besser, es ist gut so." Wir verweilten noch eine geraume Zeit in Stille und verbunden mit dem „kleinen" Baum. „Lass uns jetzt zurückgehen, die anderen warten bereits." Ich verabschiedete mich von dem Baum, und wir schlenderten Arm in Arm den Weg zurück zum Haus.

Tessa und Caleb standen bereits am Wagen und waren etwas angespannt. „Wo bleibt ihr denn?", meinte Tessa vorwurfsvoll. „Entschuldigt, aber Lea musste ihre neue Wahrnehmung im Sehen und Kommunizieren ausprobieren." „Steigt bitte ein, wir haben alles gepackt, was nützlich und hilfreich sein könnte. In zwei Stunden treffen wir die anderen am Flughafen. Die Tickets sind bereits gekauft", klärte uns Caleb auf. Tessa lächelte wieder und reichte mir eine große Papiertüte und eine Thermoskanne. „Dein Reiseproviant. Du solltest dich noch etwas stärken." „Danke, das ist lieb von dir." Magnus und ich stiegen hinten ein, während Caleb und Tessa vorne Platz nahmen. Ich setzte mich ans Fenster, da ich mir vorgenommen hatte, während der Fahrt weiterhin mein neues Sehen zu genießen. Es war einfach fantastisch, die Welt jetzt anders wahrzunehmen, als Einheit, als großes Ganzes und jedes Lebewesen ist ein Teil dieses Ganzen. Wir alle sind mit allem verbunden. So miteinander zu sein, bedeutete ja, dass wir alle irgendwie Brüder und Schwestern sind. „Magnus, diese Verbindung zu allem zu sehen und zu fühlen, überwältigt mich. Das ist so unglaublich und vorher als Mensch war mir das überhaupt nicht bewusst. Vielleicht konnte ich zu meiner Familie, meinen Freunden und zu einem geliebten Haustier eine Verbundenheit spüren, aber wahrhaft mit allem irgendwie eins zu sein ist ganz anders." Ich schüttelte leicht den Kopf und sah ihn verwirrt an. „Das ist eine deiner besonderen Fähigkeiten. Weißt du, nicht alle sehen und fühlen das so wie du und ich. Frag mal Tessa oder Caleb. Die sehen es nicht, die fühlen es bloß." „Als Gestaltwandler ist es erforderlich, das Tier oder die Pflanze zu fühlen, um mit ihm eine Verbindung aufzubauen, sonst findet keine Verwandlung in das jeweilige Geschöpf statt. Deine Schwester ist da ein wahres Naturtalent. Sie kann sich sehr schnell in das erwählte Geschöpf hineinfühlen und sich wandeln. Dabei behält man seine eigene Wahrnehmung bei und erhält zusätzlich die Wahrnehmung und die Eigenschaften des jeweiligen Tieres", erklärte mir Caleb. „Aber ihr könnt diese Verbindung zu dem Geschöpf nicht sehen." „Nein, nur spüren." „Also, ihr seht nicht die Aura oder die Energiefelder, die da draußen alles umgeben?" „Nein, leider nicht." Tessa wandte sich abrupt zu mir um: „Weißt du noch, wie wir mit Anna im Wildpark waren, und sie auf einmal anfing, die Tiere hätten alle einen Regenbogen dabei und sie

ganz traurig wurde, weil da ein Reh im Gehege keinen hatte?"
„Ja, ich erinnere mich, sie war noch ziemlich klein, und wir taten es als ihre kindliche Fantasie ab."
„Leo und Anna haben bestimmt einige deiner Gaben vererbt bekommen, und wir werden sie lehren, damit verantwortungsvoll umzugehen", meinte Magnus.
„Vorausgesetzt, wir finden sie bald", fügte ich niedergeschlagen hinzu. Immer wenn ich an meine Kinder dachte, wurde mein Herz schwer, ich wurde das Gefühl nicht los, sie im Stich gelassen zu haben. „Wir sind so nah an ihnen dran, außerdem haben wir Media und Belenus dabei. Die zwei sind die besten Heiler, und sie werden alles daransetzen, deine Kinder schnell wieder gesund zu machen."
„Aber ihr sagtet doch, dass ihre Seelen in der anderen Dimension bei den Seelenzehrern sind." „Wenn wir sie finden, bevor sich das Portal öffnet, können die Seelenzehrer ihre Körper nicht hinüberschaffen, und wir müssen hindurch, um ihre Seelen zurückzuholen und deinen Vater und so viele wie möglich auf dieser Mission zerstören." Ich räusperte mich. „Genau darüber wollte ich mit euch sprechen. Ich werde meinen Vater nicht töten und auch keiner von euch, denn ich bin es müde zu kämpfen. Dieser ewige, Jahrhunderte überdauernde Krieg hat keiner Seite etwas gebracht. All dieser Schmerz und das Leid bei den Menschen und in unseren Reihen nährt die Seelenfresser doch bloß. Ich werde meinem Vater gegenübertreten, sobald die Seelen der Kinder in Sicherheit sind. Vertraut jetzt mir, ich habe gesehen, was zu tun ist." Magnus wurde richtiggehend wütend, eine Wolke des Zorns erfüllte das Auto und er erwiderte mit zusammengebissenen Zähnen. „Nein, Lea, ich muss dir widersprechen, wir alle haben jetzt ewig auf die Öffnung des Himmelsportals gewartet und dass die Prophezeiung jetzt ihren letzten Lauf nimmt, dies ist unsere einzige Chance, dem Ganzen ein für alle Mal ein Ende zu bereiten." Caleb stimmte ihm nickend zu: „Du kannst mit diesen Wesen nicht verhandeln. Sie sind wie Schmarotzer, sie wollen diesen Planeten beherrschen, sie wollen Materie werden, darum sind sie seit Jahrhunderten hier. Ihnen ist nur

ein kleiner Fehler unterlaufen, und der wird unsere Rettung sein. Der Fehler bist du und deine Baobhan-Sith. Gemeinsam mit uns, euren treuen Gefährten, werden wir ihrem König ein Ende bereiten. Wenn es uns nicht geben würde, wäre die Erde schon menschenleer. Ich weiß, wovon ich spreche, Lea. Meine frühere Geliebte, deine enge Vertraute, Elena, ist auf ihre Seite gewechselt, sie ist nicht mehr die liebevolle Frau, die sie mal war, und da hilft auch kein Reden. Tut mir leid, wir greifen an."
„Elena, ich kann mich erinnern, sie war eine meiner engsten Vertrauten. Was ist passiert?"
Tessa saß schon kerzengerade auf ihrem Stuhl und hatte die Ohren gespitzt. Caleb sah sie mitfühlend an. „Das ist aus und vorbei, Tessa, ich bin ganz und gar darüber hinweg, seit du ein Teil meines Lebens bist, liebe und lache ich wieder. Das weißt du, mein Herz und meine Liebe gehört dir." Tessa nickte, sagte aber nichts. Wir hatten uns beide verändert, aber wir waren trotzdem tief in uns auch noch der Mensch, der wir einmal waren, mit all seinen Problemen, Schwächen und Leiden. „Wir können gern ein andermal darüber sprechen. Das muss nicht jetzt sein. Ich bin schon sehr gespannt, Media, Belenus und Sige kennenzulernen." Ich versuchte, das Gespräch in eine andere Richtung zu lenken, da Elena ein wunder Punkt von Caleb war. Magnus lächelte und fing gleich an zu erzählen: „Sie werden dir gefallen, und du wirst dich gewiss an sie erinnern. Media ist eine großartige Heilerin, dazu braucht sie lediglich ihre Gedankenkraft und die Kraft ihrer Hände. Wenn sie dich berührt, bleibt die Welt für dich stehen, und du bist ganz in deinem Körper. Du kannst geistig mithelfen, ihn zu heilen. Sie gibt dir Anweisungen oder fängt an zu singen. Es ist magisch, wie sie das macht. Eine großartige Begabung. Belenus ist ein mystisches Wesen, ich würde ihn als halb Baum und halb Mann beschreiben. Er heilt mit der Kraft der Pflanzen, aber dazu gebraucht er sie oft nur geistig. Er übermittelt die Heilinformation der Pflanze oder des Baumes, nur mittels Handauflegen. Er ist meistens in der Natur zu finden und kennt sehr viele Pflanzen und alle Bäume, glaub

ich. Er erzählt immer, die sprächen mit ihm und geben ihm die Information, die er brauchte." „Wow, das klingt ja überaus faszinierend. Da freu ich mich auf die beiden. Und Sige, welch seltener Name?" „Sige ist eine Frau für sich, sie hat bis jetzt keinen Gefährten, denn sie zieht die Einsamkeit und die Stille vor. Ihr Name bedeutet „Große Stille", sie wirkt sehr beruhigend und harmonisierend auf andere. Außerdem ist sie die beste Jägerin der Seelenzehrer, darum kommt sie auf diese Reise mit, denn sie kann die Spur der dämonischen Wesen aufspüren und das leiseste Geräusch wahrnehmen. Sie wird uns ebenso mit frischer Nahrung versorgen, denn wir wissen nicht genau, wie lange die Wanderung zur Höhle sein wird."
„Aber wenn sie keinen Gefährten hat, dann muss sie ihren Blutdurst doch irgendwie anders stillen?" „Sige ist draußen in den Wäldern zuhause, sie verschmilzt mit der Umgebung. Soweit ich weiß, hatte sie all die Jahre keine größere Verletzung, sie ist völlig eigenständig und für sich. Ich hab sie nie gefragt, wie sie das macht. Kannst du ja bei Gelegenheit machen." Magnus zuckte die Achseln und sah mich fragend an.
Das war alles sehr aufregend, jetzt alle meine alten und doch neuen Freunde wiederzusehen und neu kennenzulernen. Durch sie erhoffte ich mir, mir selbst näher zu kommen. Sie werden meine Erinnerungen bestimmt erwecken. Entspannt lehnte ich mich in meinem Sitz zurück und packte meinen Proviant aus. Ich fragte die anderen, ob sie etwas abhaben wollten, aber sie verneinten. Ich ließ mir die lecker zubereiteten Sandwiches von Tessa schmecken, der Kaffee war ebenfalls sehr köstlich. Caleb steuerte das Fahrzeug schnell in Richtung Flughafen, wo wir die anderen treffen würden. Wir waren alle in Gedanken versunken, und aus dem Radio erklang ein mir bekannter Song von Kings of Leon, *Use somebody*.
Am Flughafen Glasgow angekommen, parkten wir das Auto und machten uns auf den Weg zu den anderen. Ich war positiv nervös und gespannt auf die anderen. Wir hatten alle einen Rucksack umgeschnallt, aber mir fehlten meine persönlichen Dinge, die ich alle in Deutschland zurückgelassen hatte. Ich sprach Magnus darauf an: „Habt ihr damals bei mir zuhause,

als ich meine erste Begegnung mit einem Seelenzehrer hatte, meine Koffer und meine Sachen zurückgelassen?" „Nein, wir haben alles nach Black Moon Castle gebracht, aber wo die Sachen jetzt sind, weiß ich nicht. Ich werde nachfragen. Brauchst du was Bestimmtes?" „Nein, nur so, weil ich gar nichts Persönliches aus meinem vorherigen Leben mehr habe. Das ist schon seltsam. Ich bin mir dadurch selber etwas fremd." „Bald kannst du deine Kinder wieder in die Arme schließen, und ich bin ja auch noch da", protestierte Tessa. „Ach, so mein ich das doch nicht. Aber wenn von heute auf morgen alles anders ist, auch ich anders bin, die Welt anders wahrnehmbar ist und du anders bist, Tessa, ist dies sehr befremdlich." „Denk nicht weiter darüber nach, lass die Vergangenheit los und konzentriere dich auf das, was jetzt wichtig ist", meinte Caleb. Plötzlich sahen wir die anderen drei auf uns zukommen. Ihre Gesichter strahlten vor Freude, außer dem der kleinen Frau. Caleb war als erster bei ihnen und umarmte sie herzlich, Tessa tat es ihm gleich. Magnus drückte zuerst alle an sich und stellte mich ihnen vor. Ich hatte alle damals beim Dinner schon gesehen, aber jetzt lernte ich sie erst näher kennen. „Lea, das sind Media, Belenus und Sige." Media hatte eine überaus vertrauensvolle, herzliche Ausstrahlung. Ihr entspanntes, rundes Gesicht mit ihren hellbraunen Augen strahlte Liebe und Wärme aus. Sie nahm mich lächelnd, ja auf mütterliche Art, in ihre Arme und begrüßte mich. Ihr Gefährte Belenus war eine beeindruckende Erscheinung, er überragte mich um einiges und sah umwerfend aus. Wilde, freche Locken umrahmten sein nachdenkliches, aber doch freundliches Gesicht. Zwei leuchtende, grüne Augen blickten mir direkt in die Seele. Aber ohne Scheu drückte er mich fest an sich, und mit einem kehligen „schön, dich gesund wiederzusehen", ließ er mich wieder los. „Ja, freut mich sehr", erwiderte ich ehrlich. Die kleine Frau namens Sige war eine mysteriöse Erscheinung. Sie war etwa einen ganzen Kopf kleiner als ich. Ihr fast hüftlanges, glattes, tiefschwarzes Haar fiel ihr offen und seidig über den Rücken. Große, schwarze Augen blickten mich wachsam und neugierig an. Von ihr ging eine solche Ruhe und Gelassenheit aus, dass ich feststellen musste, dass - trotz der vorherigen Aufregung -, sich jetzt völlige Entspannung in mir breitmachte. Wir umarmten uns und blickten uns lange ohne ein Wort in die Augen. Viele Erinnerungen fielen mir ein, und mir wurde bewusst, dass uns beide ein tiefes Band vereinte. Ich konnte unsere enge Verbindung deutlich sehen. Unsere Energiefelder waren ineinander verwoben. „Wer bist du, Sige, warum bist du mir so vertraut?", fragte ich vorsichtig. „Du hast vor langer Zeit mein Leben gerettet und mir ein Zuhause und eine Familie gegeben. Du bist für mich wie eine Schwester. Es freut mich so sehr, dass du da bist, und dass ich jetzt dir einen Gefallen erweisen darf." Es fiel ihr sichtlich schwer, ihre gefühlte Freude zum Ausdruck zu bringen, aber ihre Worte waren aufrichtig. Media verteilte in der Zwischenzeit die Flugtickets und drängte uns voran, damit wir schnellstmöglich eincheckten und unsere Reise voranbrachten. Schließlich hatten wir einen überlebenswichtigen Auftrag zu erfüllen. Jede Verzögerung konnte katastrophale Folgen nach sich ziehen.

Unser Zielflughafen war Bukarest, von dort sollte es in die Karpaten gehen, um die Kinder zu suchen. Siges ruhige Art tat mir unwahrscheinlich gut, und meine Nervosität war in eine leichte Aufregung übergegangen. Wir sieben machten auf die Menschen um uns herum schon einen gewissen Eindruck, denn sie starrten uns alle unverhohlen an, als wären wir von einem anderen Stern. Für mich waren diese vielen Eindrücke ganz schön heftig. Nach einer halben Stunde brummte mir der Schädel, und ich war froh, dass wir endlich in den Flieger steigen durften. Magnus hatte dauernd versucht, mich ein bisschen abzulenken, aber die vielen Menschen und der große Tumult waren zu viel für mich. Im Flugzeug fiel ich in meinen Sitz, legte sofort meinen Gurt an und schloss die Augen. „Entspann dich, Süße, daran gewöhnst du dich noch. Deine Filter sind nicht alle aktiv, das nennt man Reizüberflutung, und deswegen kriegst du alles ab. Jedes Gefühl, jeder Geruch, das ganze Sehen, Gedanken, Worte, einfach alles stürzt auf dich ein, aber ruh dich jetzt aus." Er nahm meine Hand und küsste

sie zärtlich. Seine angenehme Wärme strömte sofort auf mich über, und ich kuschelte mich sanft an seine Schulter. „Danke", murmelte ich ihm zu. „Gut, dass Sige hier ist, sonst hättest du es wahrscheinlich nicht ausgehalten." Ich öffnete die Augen, bereute es aber gleich wieder und starrte ihn an. „Wieso?" „Sie hatte und hat noch immer ein Auge auf dich. Sie beruhigt dich und hält einige Eindrücke von dir fern." Ich drehte mich um und suchte die anderen auf ihren Plätzen. Sige saß auf der anderen Seite des Gangs hinter uns. Sie lächelte mich fast schüchtern an. Ich nickte ihr zu und bedankte mich laut bei ihr. Tessa und Caleb saßen hinter ihr und Media und Belenus genau hinter uns. Irgendwie ging von ihnen allen ein Strahlen, ein Leuchten aus. Sie unterschieden sich von den anderen Fluggästen erheblich. Dies merkten auch die anderen Passagiere, bestimmt nicht bewusst, aber sie spürten, dass etwas an uns anders war. „Warum reisen wir eigentlich nicht in der ersten Klasse?" fragte ich Magnus. „Da wären bestimmt weniger Leute um uns herum, und wir würden nicht so auffallen." „Das würde für dich keinen Unterschied machen, ob du da vorne sitzt oder hier, und wir fallen ihnen nicht bewusst auf. Wir sind ihnen eher unheimlich. Außerdem hat Media einen Spartick." „Ja, wenn das so ist, dann…" Sein sexy Grinsen und sein plötzlicher, erdiger Duft verschlug mir sogleich die Sprache und brachte mein Herz zum Hüpfen und mein Blut in Wallung. „Magnus, lass das bitte." „Was denn bitte", neckte er mich. Zwischen zusammengebissenen Zähnen knirschte ich: „Du weißt genau, was ich meine, du machst mich an." „Mein Lachen genügt, um dich anzumachen? Das gefällt mir." „Magnus, bitte", flehte ich jetzt. Mein Körper versagte mir völlig die Kontrolle und war sofort bereit für ihn. Magnus beugte sich über mich und küsste mich heftig. Als wir uns voneinander lösten, schaute er mir tief in die Augen und sagte ohne Worte: „Bei der nächsten Gelegenheit gehört dein entzückender Köper mir, und ich werde dich so richtig verwöhnen." „Na, das will ich doch hoffen", antwortete ich.
Diese erregende Ablenkung hatte einen erstaunlichen Nebeneffekt, ich hatte mal wieder alles um mich herum vergessen,

und mir ging es deutlich besser. Mir schoss beim Gedanken daran, dass die anderen unsere Unterhaltung mitbekommen hatten, die Röte ins Gesicht. „Das braucht dir nicht peinlich sein, mein Engel, bei den anderen ist das nicht anders." „Kein Kommentar", dachte ich. Da fing zu meiner Erleichterung das Flugzeug an, sich in Bewegung zu setzen, die Anschnallzeichen leuchteten und wir fuhren Richtung Startbahn. Die Stewardessen kontrollierten im Vorbeigehen unsere Gurte und setzten sich dann auf ihre Plätze. Irgendwo weinte ein Baby, und ich griff nach Magnus Hand. Ich dachte an meine Babys und hoffte, dass wir rechtzeitig kommen würden. Der Gedanke, dass ich sie vielleicht nie wieder in die Arme schließen könnte, brach mir fast das Herz. Alles hatte sich verändert. Wie würden Leo und Anna diese neue Welt annehmen? Wie sollte ich ihnen erklären, dass ihr Vater nicht mehr da ist und ich ihn sofort ersetzt hatte? Viele Fragen und keine Antworten. Ich musste mich jetzt auf meine neuen Gefährten verlassen und ihnen vertrauen. Der Lärm des Starts holte mich aus meinen trübsinnigen Gedanken zurück. Ich blickte zu Magnus, der seine Augen geschlossen hatte, und aussah, als ob er schlafen würde. Ich wollte meine Augen nicht schließen, denn momentan waren meine schlimmen Gedanken mein größter Feind. „Magnus." „Hmm" „Können wir reden?" Er schlug die Augen auf, und sein durchdringender Blick war mir plötzlich unangenehm. „Was beschäftigt dich?" „Ich mach mir solche Sorgen wegen der Kinder. Was ist, wenn wir zu spät sind?" Ich spürte, wie bei diesen Worten die Tränen in mir hochstiegen. Trotz all meiner neu gewonnenen, übermenschlichen Fähigkeiten war ich ein zutiefst ängstliches Wesen. „Lea, du machst dir zu viel Gedanken. Wir wissen nicht, was passieren wird, aber mal dir doch nicht das Schlimmste aus. Entspann dich und stell dir stattdessen vor, wie du sie fröhlich wieder bei dir hast. Du machst dich selber fertig, und unsere Widersacher wollen dich genau in dieser Energie haben, damit sie ein leichtes Spiel mit dir haben. Ich kann dir nur raten, lerne, deiner Angst zu widerstehen, indem du dich auf das Hier und Jetzt konzentrierst. Das kannst du machen indem du bewusst atmest, Kontakt mit deinem Herzen aufnimmst und positive Gedanken erzeugst. Denk an die Menschen, die du von ganzem Herzen liebst, oder erinnere dich an Situationen, in denen du dich überglücklich gefühlt hast. Dann bist du in deiner magischen Herzenskraft, und die Seelenzehrer haben keine Möglichkeit, dich zu überwältigen. Im Gegenteil, so kannst du gegen sie ankommen. Wir werden auf der Wanderung noch einiges trainieren, damit du deine Gaben noch gezielter einsetzen kannst. Ich möchte dir zeigen, wie du körperlich und geistig gegen sie kämpfen kannst. Wenn du willst, können wir sofort damit anfangen." „Ja, klar will ich." Bloß der Gedanke daran, ich könnte gegen die fürchterlichen Kreaturen wehrlos sein, versetzte mich in unangenehme Vorstellungen. Jetzt wollte ich kämpfen und die Seelenzehrer vernichten. Diese urplötzliche Wut und dieser immense Hass gegen unsere Feinde über kam mich völlig unvorbereitet. Meine Aura leuchtete feuerrot auf, und eine unbeschreibliche Hitze durchströmte meinen Körper. Magnus packte mich fest am Arm und zog mich in seine Arme. „Atme ganz ruhig tief ein und aus." Ich fing an mich heftig gegen seine starken Arme zu wehren. Seine Worte waren wie Hohn in meinen Ohren. „Du kriegst mich nicht", fauchte ich ihn an, und Schweißperlen standen auf meiner Stirn, mir war so heiß und ich fühlte, gleich würde ich innerlich vor Wut zerspringen. Magnus ließ mich sofort los, sprang auf und stellte sich auf den Gang. Durch meine eigene Kraft fiel ich nach vorne auf seinen Sitz, schoss aber sofort wieder in die Höhe. Da schlüpfte Sige an Magnus Stelle neben mich und sah mir fest in die Augen. Aus dem Augenwinkel nahm ich wahr, dass die Passagiere um uns herum unruhig wurden und eine Stewardess auf uns zusteuerte. Ich konnte Siges tiefen Blick fast nicht ertragen und spürte, wie sie meine linke Hand nahm. „Lea, ganz ruhig, wir sitzen im Flieger. Du bist in Sicherheit." Ich spürte, wie etwas Kühles angenehm durch meine Hand in meinen aufgebrachten Körper strömte. Konzentrier dich auf deinen Atem! Einatmen, ausatmen. So ist es gut." Langsam wurde ich wieder ich. Mein Herzschlag beruhigte sich, ebenso mein Atem.

Meine Güte, was war mit mir geschehen? Magnus diskutierte bestimmt mit der Stewardess, die sich jetzt an mich wandte: „Geht es Ihnen gut, brauchen sie etwas?" „Danke, geht schon wieder, diese Flugangst überkommt mich immer wieder. Ein Wasser wär jetzt schön." „Sehr gerne, kommt sofort. Bitte setzen Sie sich alle und schnallen sich an, wir starten in wenigen Augenblicken." „Vielen Dank."
Ich sah Magnus und Sige entsetzt an. „Entschuldigung, das war wohl die falsche Übung." Magnus setzte wie immer sein bezauberndes Grinsen auf und meinte beschwichtigend: „Du hast großen Trainingsbedarf und kannst froh sein, so einen ausgezeichneten Lehrer wie mich zu haben." Er hatte so viel Verständnis und war immer so verdammt gelassen, das wäre auch für mich eine erstrebenswerte Eigenschaft. Sige holte ihn aber sogleich von seinem hohen Ross. „Du super Lehrer musst bloß aufpassen, dass dir deine Schülerin nicht außer Kontrolle gerät. Ich bin nicht immer in eurer Nähe." Er drehte sich schnell um und ging auf Siges Platz. „Danke", sagte ich aufrichtig zu ihr. „Ich glaube, ich hätte das ganze Flugzeug kleingemacht. Ich war noch nie so wütend und hasserfüllt, außerdem war mir so heiß, dass ich mich wie ein brodelnder Vulkan fühlte." „Du hast Angst, weil du nicht weißt, was dich erwartet. Erwarte nichts. Konzentrier dich auf dich selbst, nimm all deine Emotionen an, fühle sie, drück sie aus, nur so wirst du lernen, deine positiven Kräfte zu nutzen. Deine Wut, deinen Hass, deine Trauer, deine Angst sind im Kampf gegen die Seelenzehrer deine größten Feinde." Der Start des Vogels unterbrach kurz Siges Erzählung.
Nach wenigen Minuten fuhr sie mit ihrer Erklärung fort: „In diesem Zustand kannst du gegen unsere Feinde nicht antreten. Aber jetzt wissen wir, wie viel Zorn noch in dir brodelt. Sobald wir unter uns sind, werden wir ihn herausholen, damit du endlich zur Ruhe kommen kannst. Unter all deiner Wut und deinem Schmerz wirst du deine bedingungslose Liebe und deine unermessliche Kraft wiederfinden. Du hattest so verdammt viele menschliche Leben, die haben dich verändert, Lea. Du hattest früher nie Angst, hast auch für nieman-

den eine Träne vergeudet, du warst eine Kriegerin, eine gnadenlose Mörderin. Du wolltest Rache nehmen für das, was du bist, was deiner geliebten Mutter und all den anderen Frauen widerfahren war. Vergiss niemals, du bist die Tochter eines Seelenzehrers, und durch dein Handeln hast du deinem Vater jahrhundertelang einen großen Gefallen getan. Jetzt hast du dich verändert, deine Seele ist menschlicher und mitfühlender geworden. Du bist Mutter geworden. Ich hoffe, dass du der Schlüssel für den erfolgreichen Abschluss unserer Mission bist. Wir kämpfen schon endlos lange gegen die Seelenzehrer, aber es werden nicht weniger, im Gegenteil, durch unseren sinnlosen Krieg sind sie noch stärker geworden, und wenn wir das Portal nicht finden und zerstören, hat dieser ganze Planet keine Überlebenschance. Dann wird nichts mehr so sein wie es war. Sie werden die Menschen und Tiere aussaugen wie Zecken, sie werden aus der Erde alles holen, was sie gebrauchen können, am Ende wird alles Leben zerstört sein, denn sie brauchen die Uressenz, die unendliche Seelenkraft jedes lebendigen Wesens als Nahrung für ihr Selbst. Sie werden sich manifestieren und diesen wundervollen Planeten knechten, bis auch Mutter Erde endgültig ihre Seelenkraft verloren hat und als schwarzer toter Klumpen zurückbleibt."
Bei Siges schauerlicher Berichterstattung liefen mir die Tränen übers Gesicht. Ich war so egoistisch und dachte immer nur an meine Kinder und mein Leben, aber es ging hier um so viel mehr, es ging um den Fortbestand des Lebens auf unserer Erde. Ich musste mir eingestehen, dass ich mir vorher nie viel Gedanken über unseren Planeten gemacht hatte, aber bei Siges Worten überkam mich die pure Gewissheit, dass die Erde unsere große Mutter ist, und wir ihr alles Leben zu verdanken haben. Gemeinsam mit dem lebensspendenden Licht der Sonne brachte sie ein ausgewogenes Ökosystem hervor, die allen Lebewesen Raum, Nahrung, Luft und Wasser schenkte. Durch dies war es uns und den Menschen erst möglich so zu leben, wie wir es heute tun. Ich wurde still und versank in meinen Gedanken. Siges Worte hatten mich tief berührt und bewegt. Welche bescheuerten Luxusprobleme viele Men-

schen doch haben. Sie grübeln darüber nach, wohin sie im bevorstehenden Urlaub reisen, welches Auto sie sich anschaffen möchten, oder über die wichtigste Frage überhaupt, was soll ich morgen bloß anziehen. Die wenigsten verschwenden heutzutage einen Gedanken an unseren Fortbestand hier auf der Erde und daran, wie wir sie unseren Nachkommen hinterlassen wollen. Die Menschen sind unendlich weit weg von der Natur, sie sitzen den ganzen Tag in geschlossenen Räumen, treffen sich später auf irgendeiner modernen Internetplattform und tauschen sich so über die „wichtigen Dinge" des Lebens aus. Draußen vor der Tür lauern schlimmste Gefahren in Form von tödlichen Krankheiten und bösen Insekten.

„Wissen die Menschen von den Seelenzehrern?" fragte ich bei Sige nach.

„Nein, sie wissen es nicht. Sie spüren unbewusst sehr wohl ihre Existenz, wie ein Ziehen im Magen oder ein Kribbeln im Nacken, das sich meldet, wenn sie sich in der Nähe eines Seelenzehrers befinden. Wenn wir uns das aktuelle Weltgeschehen ansehen, wird klar, dass die Mächtigen dieser Welt von ihnen bereits in Besitz genommen wurden. Es gibt genügend Hinweise dafür, dass es im Nahen Osten bald Krieg geben könnte, und das hätte verherrende Folgen für die ganze Welt. Die Welt würde im Chaos versinken, die Völker der Erde sich gegeneinander stellen, und die Dämonen hätten ein leichtes Spiel, in all dem Schrecken sich weiter ungesehen auszubreiten, bis es zu spät ist. Den Seelenzehrern kommt das sehr Recht, sie sind die Puppenspieler, die Macher, und die Menschen sind ihre „köstlichen" Marionetten.

Wir müssen uns beeilen, die Körper deiner Kinder schnell finden, und sobald sich das Portal öffnet, bereit sein um Schlimmeres zu verhindern. Sie dürfen auf keinen Fall mehr werden, und es darf keinem einzigen gelingen, sich in seiner wahren Gestalt zu manifestieren. Du weißt, wie das vor Jahrhunderten ausging." „Was hat er mit den Seelen meiner Kinder vor, sag es mir bitte." „Die Seelenessenz eines gesunden Kindes ist rein, klar, voller Licht und Liebe. Das macht es den Dämonen unmöglich ein Kind zu besetzen, aber wenn sie ihnen Schlim-

mes antun, sie ängstigen, quälen oder misshandeln, haben sie die Möglichkeit, Teile ihrer abgespaltenen Seele zu fangen. Es scheint dann, als ob das Kind oder der Mensch durch einen Unfall ins Koma gefallen ist, aber in Wirklichkeit ist der Körper hier auf der Erde und ein Teil der Lebensessenz im Besitz der Seelenzehrer. Diese Essenz ist sehr stark, und solange der Körper von ihr getrennt ist, leidet das Lebewesen. Dies ist reinste und beste Dämonennahrung, umso mehr sie davon besitzen, umso kräftiger und mächtiger werden sie. Aber damit der König der Seelenzehrer seine gesammelten Seelenessenzen nutzen kann, braucht er dich und dein Blut und zwar lebendig. Dann gelingt es ihnen, auf der Erde in ihrer wahren Gestalt zu erscheinen. Deine Kinder sind seine Köder."
„Das ist abscheulich. Aber du hast meine Frage trotzdem nicht beantwortet. Was ist mit meinen Kindern passiert, was heißt sie haben sie gequält und jetzt ihre Seelen?" „Ja und nein." Sige räusperte sich und rutschte unruhig auf ihrem Stuhl herum. Ich packte sie fest am Arm und flüsterte ernst: „Sag mir die Wahrheit, ich werde es sowieso herausfinden, aber dann bin ich wenigsten vorbereitet. Magnus hat mir erzählt, sie würden ihnen kein Haar krümmen." „Ich weiß nicht wie es deinen Kleinen geht, wir wissen, dass sie im Koma liegen und das in irgendeiner verdammten kalten Höhle in den Karpaten. Was wir noch wissen, dass sie es bis jetzt nicht geschafft haben, ihre komplette Essenz zu stehlen, es sind immer nur Teile, die durch ihr rabiates Vorgehen vom Körper des Menschen abgespalten werden. Dies wiederum ist eine Schutzfunktion der Seele, damit sie nicht zerstört werden kann. Außerdem nützt es ihnen nichts, wenn der menschliche Körper stirbt, dann transformiert sich die Seelenessenz sofort in die siebte Dimension." „Willst du damit sagen, sie quälen Frauen, Männer und Kinder, damit sich Teile der Seele abspalten, bis das menschliche Wesen ins Koma fällt, und dann halten sie die Körper irgendwo versteckt am Leben, um sich von der Essenz solange zu ernähren bis der Körper stirbt?"
„Ja, ebenso vermuten wir, dass sie in den Karpaten sehr viele Körper versteckt halten. Mach dich auf das Grausamste ge-

fasst. Der Plan der Seelenzehrer ist, die schlafenden Körper durch das geöffnete Portal in ihre Dimension zu schaffen, damit sie ihre vollständigen Seelen erhalten. Für immer, denn in der dämonischen Dimension gibt es keine Verbindung mehr in die siebte, und das bedeutet, dass keine neue Inkarnation auf die Erde möglich ist. Aus und vorbei, das Ende der Menschheit." Ich saß da und war nur noch in der Lage, meinen Kopf leicht zu schütteln. In meinem Kopf sagte ich immer wieder nein, nein, nein. Das war schrecklich, das war unvorstellbar. Und doch musste ich dorthin und mich dem Grauen stellen. „Wir müssen sie alle retten." „Oberste Priorität haben deine Kinder. Bedenke, wir holen ihre Körper mit ihren verbliebenen Verbindungen. Ihre wichtigen Seelenanteile, damit sie wieder aufwachen können, sind in der anderen Dimension, auch die Anteile all der anderen, die die Seelenzehrer gefangen halten. Dort müssen wir erst mal sehen, ob wir jemanden lebend retten können, oder ob wir die Höhlen sprengen und so die Seelen in die siebte Dimension befördern." Entsetzt von Siges Worten widersprach ich heftig.
„Das können wir auf keinen Fall in Erwägung ziehen, das ist eiskalter Mord. Nein, wir werden sie retten, koste es, was es wolle." „Glaub mir, Lea, das wünschen wir uns alle. Aber keiner von uns war vorher in der Dimension der Dämonen, wir wissen nicht, was uns dort erwartet, wir wissen nur, dass ein Scheitern unserer Mission den Untergang der Welt bedeutet. Wir dürfen uns keinen einzigen Fehler erlauben, und vor allem gilt dir ein besonderer Schutz."
Ich spürte Magnus Blick im Rücken und wandte mich ihm zu. Er versuchte mir ein aufmunterndes Lächeln zu schenken, aber er verzog bloß seinen Mund. Lachen ging jetzt gar nicht. Ich wusste, dass alle unser leises Gespräch mitbekommen hatten, obwohl sie in einiger Entfernung saßen. Ich war erleichtert, dass mich Sige so ehrlich und schonungslos aufgeklärt hatte. Jetzt wollte ich schnell aus diesem Flugzeug, um meine Fähigkeiten weiter zu trainieren, ansonsten war ich ein nutzloses Opfer und für die anderen eher eine Last. Sige erhob sich und meinte: „Dein Geliebter würde gern wieder bei dir

sitzen." Ich nickte ihr wissend zu und bemerkte erst jetzt, dass uns die besorgte Stewardess bereits ein Wasser hingestellt hatte. Beherzt nahm ich einen großen Schluck.

„Danke für deine Offenheit, es hat gut getan mit dir zu sprechen." Als sich Sige erhob, ertönte die kräftige Stimme des Piloten über die Lautsprecher, und dieser teilte uns mit, dass wir in zwanzig Minuten in Bukarest landen würden. Er bedankte sich und wünschte einen angenehmen Aufenthalt oder eine gute Weiterreise. Irgendwie war die Zeit jetzt sehr schnell vergangen, ich hatte den Start überhaupt nicht wirklich mitbekommen und jetzt landeten wir bald wieder. Magnus glitt geschmeidig auf seinen Sitz und strahlte mich wie immer liebevoll an. Er meinte erleichtert zu mir: „Weißt du, ich bin froh, dass Sige mir diese Offenbarung abgenommen hat. Sie spricht nicht viel, aber wenn sie loslegt, dann klar und ehrlich."

„Meinst du, Magnus, wir können überhaupt irgendetwas gegen die Seelenzehrer ausrichten? Sie sind von einer anderen Welt, und sie sind sehr zielstrebig und hungrig, wie mir scheint. Aber das ist nun mal ihre Art und Weise zu überleben. Sie unterscheidet sich gar nicht so sehr von uns. Auch wir sind Räuber und töten Pflanzen, Bäume, Tiere, beuten die Erde aus, um uns zu bereichern. Ich frage mich eben, wer hier die Bösen sind."

„So schwarz-weiß ist nichts auf der Welt, Süße. Es sollte immer ein Gleichgewicht zwischen Geben und Nehmen herrschen. Die Menschen sind derzeit sehr stark in die Rolle der Nehmenden geraten, aber auch das haben wir den Seelenzehrern zuzuschreiben, die verführen und verwirren die Menschen. Viele Menschen leben in einer großen Angst, da sie die Verbindung zu sich selbst und zu allem Sein hier auf der Erde verloren haben. Sie haben sich getrennt vom großen Geist, vom Licht der Sonne, von ihren Brüdern und Schwestern, den Tieren, den Bäumen, Pflanzen und Steinen. Sie haben vergessen, dass die Erde ihre große Mutter ist, die sie hält, die sie trägt und nährt. Sie haben das Wissen ihrer Ahnen verdrängt. Es wird Zeit, dass sie aufwachen. Es wird Zeit, das uralte Wissen in eine neue Form zu bringen, damit sie in ihren Herzen spü-

ren, dass sie ein Teil dieses großen Geflechts sind. Schau mich an, ich sitze hier und du da, wir sind offensichtlich getrennt. Aber sieh genau hin, wie damals bei dem Baum und unseren Herzen. Siehst du unsere Verbindung?"
Ich konzentrierte mich, strengte mich an, bis meine Augen tränten. „Fühle mit deinen Augen, atme in dein Herz, du kannst es. Das ist die Fähigkeit des wahren Sehens."
Ich schloss kurz die Augen und folgte Magnus ruhiger Anweisung. Ich sammelte mich, atmete in mein Herz und öffnete meine Augen - und da war es wieder. Unglaublich. Ein Geflecht aus leuchtenden Verbindungen, ein Netz, das sich zwischen Magnus und mir spannte, aber ebenso zu allen anderen Menschen hier im Flugzeug. Zwischen unseren beiden Herzen spannte sich ein grünes, pulsierendes Band, das viel stärker leuchtete als zu den anderen Menschen in meiner Nähe. Da gab es auch Verbindungen, aber eher zart und flüchtig.
„Das ist fantastisch. Sieht so die Welt aus?" „Ja. Wir sind mit allem verbunden, ein jeder mit jedem, es kommt nur darauf an, wie du die Verbindung pflegst und nährst, umso stärker wird sie. Sieh mich genau an und beschreib mir, was dir auffällt."
Ich sah ihn eine Weile an und fühlte mich hinein in seine Verbindungen und Farben.
„Du strahlst in alle Richtungen, nach unten und oben, nach vorne und hinten. Ich sehe unzählige bunte Fäden, die von dir weg, aber auch zu dir hinführen. Du fühlst dich harmonisch an, wenn ich das so beschreiben kann. Ausgeglichen trifft es wohl eher. Am stärksten sichtbar ist unsere Herzverbindung."
„Sehr gut. Dies sollst du von nun an fleißig weiterüben, damit lernst du, dieses Sehen ganz bewusst einzusetzen. Stell dir dabei vor, du legst den Schalter um für „Ein" und danach kannst du bestimmen, wann du ihn wieder ausmachst. Noch Fragen?"
„Bedeutet das, wir alle, alles ist miteinander in diesem Netz verbunden?" „Ja genau. Jeder Wurm, jeder Baum, die Pflanzen, jeder Stein, die Menschen, alles. Es gibt ebenso Verbindungen, die in den Kosmos hinausführen, zu den Planeten und Sternen." „Das ist irre. Und die Menschen wissen davon auch

nichts, oder wie?" „Doch, es ist einigen sehr wohl bewusst, aber es müssen noch viel mehr werden. Wie ich eben sagte, das alte Wissen braucht eine neue Form. Wir müssen die Menschen wieder daran erinnern, das haben wir die letzten Jahrzehnte auch getan. Wir haben Kurse zur Bewusstseinserweiterung angeboten, ihnen beigebracht wieder zu meditieren, auf ihr Herz zu hören, ihre Energie hochzufahren. Aber das allein reichte bisher nicht aus, obwohl langsam eine Veränderung stattfindet. Wir müssen nach dieser Mission dranbleiben. Vielleicht eine neue Schule eröffnen, wir werden sehen, was zu tun ist."
Die Anschnallzeichen leuchteten auf, und die Stewardessen waren bereits erneut dabei, zu kontrollieren, ob auch ja alle Passagiere dieser Aufforderung Folge leisteten. Ich schnallte mich an und lehnte meinen Kopf sanft auf Magnus Schulter. Ich seufzte tief und spürte, wie er sich komplett entspannte. Ich tat es ihm gleich, denn ich wusste, sobald wir aus diesem Flieger ausgestiegen wären, blieb keine Zeit mehr für innige Zweisamkeit, dann musste es schnell gehen. Ich döste dahin und spürte meinem gleichmäßigen Atemrhythmus nach, der sich vollkommen mit dem von Magnus synchronisiert hatte. Nach einiger Zeit gab es einen heftigen Ruck, als das Flugzeug zur Landung aufsetzte, und dann hörte und spürte man das Bremsen des großen Vogels. Ich schmiegte mich nochmal innig an meinen Schatz und flüsterte ihm zu: „Ich liebe dich."
„Und ich liebe dich", war seine Antwort. Ich erhob mich, wandte mich ihm zu und sah ihm tief in die Augen.
„Wir schaffen das, Lea. Das ist unsere Bestimmung, das besagt die Prophezeiung." Er zog mich an sich, und wir küssten uns zärtlich und liebevoll. Als ich die Augen wieder öffnete, leuchtete unsere Herzverbindung noch stärker.

Die Suche beginnt

Zum Ausstieg reihten wir uns in die Schlange der anderen Mitreisenden ein und ließen uns in diesem geschäftigen Strom vorwärtstreiben. Magnus und Sige hatten es irgendwie geschafft, mich in ihre Mitte zu nehmen, und gemeinsam eilten wir zur Gepäckausgabe. Keiner sprach, jeder einzelne von uns war ganz in seinen eigenen Gedanken versunken. Jeder wusste, jetzt begann die verzweifelte Suche nach meinen Kindern, und wir hatten nicht mehr die Zeit, uns irgendeinen Fehler zu erlauben. Ich konzentrierte mich ganz auf mich, um nicht wieder von den ganzen Eindrücken der vielen Menschen hier überwältigt zu werden. Als ich meinen schwarzen Wanderrucksack sah, packte ich ihn voller Kraft und Tatendrang. Jetzt war die Zeit des Grübelns und Zweifelns vorbei, jetzt konnte ich mich und unsere Feinde endlich kennenlernen. Immer wurde noch kein Wort gesprochen, und auch ich wollte die angenehme Stille nicht unterbrechen. Als alle ihre Gepäckstücke hatten, trottete ich den anderen sorglos hinterher, Sige wieder hinter mir. Als wir so an den verschiedensten Imbissbuden mit leckerem Essen vorbeizogen, und die Gerüche meine Nase und meinen Gaumen kitzelten, da meldete sich sogleich mein hungriger Magen. Alle blieben stehen und schauten mich an. Verlegen sagte ich: „Mich hungert, wir haben, also ich hab schon länger nichts Warmes mehr gegessen." Media meinte gleich: „Alle, die Hunger haben, kaufen sich jetzt was zu essen, und ich besorg uns einen Wagen, in dem wir alle Platz haben. Liebling, kommst du bitte mit mir, ich würd gern sehen, ob wir noch etwas Proviant besorgen können. Sobald wir nämlich im Auto sitzen, gibt es keine Pause mehr. Ist das klar?" Ja, antworteten wir im Chor. Media war also unsere Anführerin geworden und hatte alles im Griff. Mir war´s recht, Hauptsache, mein Bauch bekam warme Nahrung, die Spaghetti, die uns Tessa in der Wohnung gekocht hatte, lagen bereits Tage zurück. Als Media und Belenus Richtung Autovermietung verschwunden waren, fingen auf einmal alle an, sich fröhlich zu unterhalten. Ich hakte mich bei meiner

Schwester unter und erkundigte mich bei ihr, wie es weitergehen sollte. „Weißt du wo wir sind und wo wir hinfahren?" „Wir sind in Bukarest. Sobald wir uns die Bäuche vollgeschlagen haben, fahren wir ungefähr zwei Stunden nach Zarnesti. Das ist eine kleine Stadt. Dort wird sich Media nochmal mit dem Ort und deinen Kindern verbinden, und dann geht's zu Fuß weiter, hinein in die Wälder und Höhlen der Südkarpaten." „Wie meinst du das, sie wird sich verbinden?" „So wie ich mich in die Gestalt eines Tieres verwandeln kann, weil ich mich mit dem Tiergeist verbinde, so hat Media die Gabe, sich mit dem Geist des Ortes zu verbinden. Sie erhält dann ganz konkrete Botschaften in Form von Bildern oder Hinweise der Elementarwesen." „Was sind Elementarwesen?" „Komm schon, du weißt, was die sind." Ich musste blöd dreingeschaut haben, denn sie fing an zu lachen: „Baumgeister, Zwerge, Feen, Wassergeister, Pflanzengeister, Steinwesen." „Ok, ja, ist gut, verstehe." Jetzt mischten sich auch Caleb, Magnus und Sige in unsere Unterhaltung ein. Sie ärgerten mich, weil ich mich so schwer tat, meine Erinnerungen abzurufen. „Das kommt davon, wenn man hundertmal als Mensch geboren wird, da vergisst man schon mal all die Verwandten, die um uns sind", frotzelte Caleb. „Ja genau, ebenso erinnert Frau sich nicht an ihren Geliebten, mit dem sie so unbeschreiblich guten Sex hatte", meinte Magnus in ernstem Ton. Beide prusteten los. Tessa und ich konnten nicht anders und lachten mit. Als sich unser Gelächter gelegt hatte, musste ich zugeben, dass ich wirklich vieles vergessen hatte. Ich hoffte insgeheim, dass die Erinnerung bald zurückkommen würde.

Sige beruhigte uns wieder und schlug vor, uns bei dem nächsten Pasta- und Pizzarestaurant hinzusetzen und zügig Essen zu fassen, denn Media würde keine weitere Verspätung dulden. Wie ein ausgehungertes Wolfsrudel bestellten wir gemeinsam wild durcheinander, so dass die Bedienung am Tresen Schwierigkeiten hatte, uns zu folgen. Am Ende hatten wir acht Pizzen und fünf Nudelgerichte bestellt, dazu Salat und Getränke. Als wir uns mit unseren Gläsern am Tisch niederließen, nahm ich einen tiefen Schluck von meinem Wasser und fing an, die

Menschen um uns herum zu betrachten. Erneut wurde mir bewusst, wie sie uns anstarrten. Allein unsere gleiche Aufmachung mit schwarzen Hosen und Jacken sah schon beeindruckend aus, aber dazu die gesunden strahlenden Gesichter und die Geschmeidigkeit, wie wir uns alle bewegten, machte was her. Ich wollte meine Übung von vorhin probieren und schloss deshalb die Augen, da fragte mich Sige vorsichtig: „Kennst du deine Gabe, Lea?" Ich wollte nicht gleich antworten, konzentrierte mich auf mein Herz und öffnete die Augen. Da war es wieder, das Netz, das uns alle miteinander verband. Ich hob vorsichtig meine rechte Hand und berührte einen Faden vor mir. Er fühlte sich warm und weich, aber dennoch fest an. Es gelang mir nicht, ihn durch bloßes Berühren zu verändern, aber das sollte bestimmt auch so sein. Ich betrachtete weiter die Fäden und Verbindungen und antwortete Sige: „Das Sehen ist meine Gabe, oder?" „Ja, und deine neugewonnene Herzenskraft." Dieses Wort genügte, und mein Herzzentrum leuchtete hellgrün auf. Es füllte sich mit Wärme und begann, sich kreisförmig zu drehen. In mir spürte ich die Kraft der Liebe und des Friedens. Sogleich verstummten die Gespräche der anderen, und sie starrten mich wieder so blöd an wie vorhin, als mein Magen geknurrt hatte. Mit einem Mal war das Netz verschwunden und mein Sehen ganz normal. „Ich übe, was dagegen?", rechtfertigte ich mich. „Nein, bloß, was hast du da eben gemacht?" fragte mich Magnus. Ich konnte seine Frage aber nicht beantworten, da in dem Moment der Kellner mit unserer Bestellung kam und uns die heißen Köstlichkeiten servierte. Alle stürzten sich gierig auf die duftenden Speisen. Media und Belenus kamen genau richtig und setzten sich zu uns. Media wünschte allen einen guten Appetit, den wir mit vollem Mund erwiderten. Sie nahm sich ein Stück Pizza und berichtete von ihrer erfolgreichen Geländewagenreservierung, in dem wir alle Platz hätten. „Wir werden in Zarnesti, das ist unsere nächste Zielstadt, noch ein paar Besorgungen erledigen, vor allem brauchen wir frische, warme Kleidung für die Kinder", sagte sie an mich gewandt. „Ich kann die Seelenzehrer und ihre Gefangenen schon deutlich spüren, es sind sehr viele, auf beiden Seiten." „Du meinst menschliche Gefangene", klärte ich auf. Sie nickte bloß. „Was spürst du noch?" Ich ließ nicht locker, ich ahnte, dass sie viel mehr wusste und nur, um mich nicht zu beunruhigen, es nicht weiter ausführte. Mit einem Mal wurde ich wieder wütend. „Mir reicht's jetzt. Was soll das, Media? Entweder ihr bezieht mich komplett mit ein und seid ehrlich, oder ihr könnt mich mal!" Ich stand etwas zu heftig vom Stuhl auf, denn dieser fiel mit einem lauten Krach um. Ich war aber noch nicht fertig mit meinem Team. „Schließlich liegen meine Kinder in irgendeiner beschissenen Höhle, ohne Bewusstsein, mit diesen abscheulichen Seelenfressern."

„Setz dich bitte hin!", beschwichtigte mich Magnus. Sige wollte sofort nach meiner Hand greifen, um ihr Heile-Welt-Beruhigungsding durchzuziehen. „Fass mich nicht an!", zischte ich genervt. „Ich will wütend sein, denn mich nervt euer Samthandschuhverhalten. Ich bin ein Teil dieses Teams, und ich möchte über alles, über jedes Detail Bescheid wissen. Ist das klar?" Ich sah jedem fest in die Augen und bückte mich, um meinen Stuhl wieder aufzurichten. Da widersprach mir Media: „Solange du deine Emotionen nicht unter Kontrolle hast, bist du gefährlich, nicht nur für dich oder die Gruppe, sondern für die Mission an sich. Die Seelenzehrer haben, wenn du in dieser Energie bist, ein äußerst leichtes Spiel mit dir." Ich setzte mich wieder und blickte Media lange an. „Dann hilf mir bitte. Für mich ist das alles neu. Ich erinnere mich nicht so, wie Magnus das vor der Verwandlung erklärt hatte." „Hast du geblutet, als ihr die Vereinigung vollzogen habt?" „Ja, am Handgelenk, wo wir den Schnitt gemacht haben."

„Nein, das meine ich nicht, hast du während des Rituals deine Mondzeit bekommen?" Tessa mischte sich ein. „Ob du, während ihr miteinander geschlafen habt, deine Periode bekommen hast, will sie wissen." Ich schüttelte heftig den Kopf. „Nein, wieso?" „Dann bist du nicht vollständig zurückverwandelt worden. Wir, besser gesagt ihr zwei, dürft das Ritual wiederholen, ansonsten kommen wir hier nicht weiter. Du warst nicht mit ganzem Herzen dabei, deine Angst hat dich blockiert. Die Verwandlung muss sich bis in deine Gebärmutter hinein vollziehen, ansonsten verfügst du nicht über deine magische Kraft. Wir Baobhan-Sith verwandeln uns erst zum Zeitpunkt unserer Mondzeit vollständig in das, was wir sind. Erst danach verfügen wir über unsere Gaben, die sich selbstverständlich im Laufe der Zeit weiterentwickeln werden. Dir fehlt das, du musst diese Tür tief in dir finden und die Schwelle übertreten.

Magnus und du müsst das Ritual der Vereinigung und Verwandlung heute nochmal vollziehen, und ihr kommt erst wieder zu uns, wenn du selbst dein eigenes Blut für dich geopfert hast. Verstehst du das?", erklärte mir Media. „Nein, nicht wirklich." „Musst du auch nicht, für uns ist das genauso neu wie für dich. Noch nie wurde eine Baobhan-Sith von ihrem Gefährten zurückverwandelt. Fakt ist, du musst dich komplett bis in jede Zelle hinein mit deinem Sein verbinden, ohne jegliche Beschränkung, ohne Zurückhaltung, ohne Scham, mit all deiner Hingabe in dich selbst. Dafür haben wir diese wundervolle, sexuelle, schöpferische, lebensspendende Kraft in uns, um uns mit uns selbst und allem zu verbinden. Wenn du dich mit Magnus vereinigst, verbindet ihr das Männliche und das Weibliche im Außen und im Innen. Ihr verschmelzt zu einem Ganzen. Dann sind diese beiden Kräfte in dir, du zeugst dich selbst als das, was du wirklich bist, die Königin der Baobhan-Sith. Du wirst durchs Feuer gehen, bis an deine Grenzen und weit darüber hinaus, aber das muss sein. Ansonsten stehst du mit einem Bein in der menschlichen Welt, bist Lea, die gewöhnliche Frau und ängstliche Mutter. Mit dem anderen Bein stehst du in unserer Welt, hast wunderbare Gaben, aber nicht einsetzbar. Dieser Spagat würde dich auf Dauer zerstören. Was meint ihr?"
Belenus stimmte seiner Gefährtin zu: „Das erklärt alles, sie ist noch nicht ganz, ihr fehlt ein wichtiger Teil." Die anderen nickten bekräftigend. Ich suchte Magnus Blick, er zuckte die Schultern und lächelte mich an. „Ich wusste nicht, dass wir so weit gehen müssen, aber ich freu mich drauf." Ich räusperte mich und meinte etwas zu sicher: „Dann lasst uns fertig essen,

weil wir zwei ein Zimmer brauchen." Mein kleines Herz pochte wie wild, aber Medias Erklärung fühlte sich stimmig an. In mir war ein heftiger Widerhall zu spüren und ich wollte tiefer gehen, viel tiefer als jemals zuvor. Ich wollte Magnus aus ganzem Herzen, ich vertraute ihm und ich liebte ihn. Ich wollte ihn in mich einlassen, um mit seinem Pol, mit seiner männlichen Kraft zu verschmelzen. Ich wusste instinktiv, dass dies meine weibliche Kraft, meine Urkraft vollständig aktivieren würde. Ein Zittern bebte durch meinen Körper, und zwischen meinen Schenkeln entstand ein angenehmes Ziehen. Ich werde mir nehmen, was ich brauchte, um wieder die zu werden, die ich der Prophezeiung nach war, und ich wusste, als ich Magnus erneut anblickte, er würde es mir ohne Weiteres geben.
Media bezahlte die Rechnung, und wir erhoben uns. Alle waren sichtlich aufgeregt, ja geradezu erregt. Magnus schloss mich in seine Arme und flüsterte an meinem Ohr: „Diese Nacht gehört uns. Ich werde dich an deine Grenzen führen und darüber hinaus." „Ohhja", dachte ich, „das wirst du."
Meine Gedanken kreisten hinab in meinen Bauch. Was würde mit mir geschehen, wenn ich mich noch mehr veränderte? Würde Lea dann überhaupt noch existieren? Oder musste sie sterben, damit die andere, wie auch immer ihr Name war, leben konnte? „Wie hieß ich früher, wie war mein Name?", erkundigte ich mich sogleich bei Magnus. „Liahndra, kurz Liah. Es ist schon erstaunlich, dass du nach all der vergangenen Zeit so einen ähnlichen Namen trägst." Ich wiederholte ihn stolz, „Liahndra, ein sehr schöner weicher Name. Gefällt mir."
Als wir am Wagen ankamen, verstauten wir eilig unser Gepäck. Es war bereits dunkel und frisch geworden. Die Luft roch nach Regen und Wald. Tessa und Caleb stiegen hinten ein, davor war Platz für Sige, Magnus und mich. Belenus steuerte das Fahrzeug, und Media übernahm weiterhin die Rolle der Anführerin. Sie drehte sich zu uns um. „Wir fahren nun bis Zarnesti, dort bekommt ihr alle für diese Nacht noch eine Unterkunft. Lea und Magnus, ihr wisst, was ihr zu tun habt. Ich werde diesmal die Zeremonie anleiten, bis ihr euer Blut

getauscht habt, dann schließe ich euch ein, und ihr gebt Bescheid, wenn die Verwandlung komplett abgeschlossen ist. Wir anderen werden bei Sonnenaufgang die Gegend erkunden und anschließend die letzten Besorgungen machen. Ist das so in Ordnung für euch?" Ich sah zu Magnus hinüber und er nickte: „Für uns ist das voll in Ordnung und bitte leite das Ritual für uns", bat ich sie. Tessa, Caleb und Sige waren mit dem Ablauf ebenso einverstanden. „Danke, dass du die Organisation übernommen hast", stellte ich noch klar. Belenus lenkte den großen Wagen bereits auf eine Schnellstraße, und Media lächelte mich an. „Gern geschehen. Jetzt such ich uns noch ein ruhiges, lauschiges Plätzchen, an dem ihr zwei eure Ruhe habt." Sie fischte ihr Handy aus der Tasche und klappte ihren Laptop auf. Ich vertraute ihr voll und ganz, sie würde den passenden Ort schon finden. So stellte sich mir nur noch die Frage, ob ich mir diesmal vertraute, denn ich wusste, dass es an mir lag mich völlig dem hinzugeben, was ich war, besser gesagt, was ich werden würde.

Im Wagen herrschte eine angespannte Stille wie die Ruhe vor dem Sturm. Die gelöste Stimmung, die wir vorher beim Essen hatten, war verflogen. Alle schienen ihren Gedanken nachzuhängen, ab und zu sprachen Belenus und Media leise miteinander. In meinem Magen spürte ich ein heftiges Durcheinander, und auch die Angst vor dem Unbekannten hatte von mir Besitz ergriffen. Mein Körper verspannte sich zunehmend, und ich wusste, dass keinem, vor allem nicht Magnus, meine Nervosität entging, aber niemand kümmerte sich darum. Ich war einerseits froh darüber, denn kein hilfreiches Wort und keine liebe Geste würden mich aus diesem Zustand befreien können, doch andererseits wünschte ich mir, irgendeiner von meinen Gefährten könnte mir helfen. Doch dies war unmöglich, auf mich allein kam es an, nur ich selbst konnte mir helfen, indem ich meine Bestimmung, mein Erbe annahm.

Obwohl sich bereits mein Körper und meine Wahrnehmung völlig verändert hatten, hielt etwas in mir noch an der alten Lea fest. Mein ganzes Denken war mit den neuen Situationen komplett überfordert, es war eine gigantische Reizüberflutung.

Als Magnus in diesem Moment meine Hand nahm, riss der Faden zu meinem Gedankenchaos, und ich war wieder im Auto. „Hör auf, dir ständig die Welt durch deinen Kopf erklären zu wollen, das ist deine alte Lea. Die, die sich alles zu erklären versucht. Wir müssen die Dinge nicht immer bis ins kleinste Detail verstehen, wir wissen nicht, was morgen sein wird, denn sobald du in deinem Kopf und deinen Gedanken bist, bist du nicht mehr im Augenblick, nicht mehr in deinem Körper, weit weg von deinen Empfindungen und Gefühlen. Dein Leben zieht an dir vorüber, und du bekommst es nicht mit. Immer tiefer führen dich deine Gedanken in deine Ängste und Zweifel, dein Körper reagiert mit Verspannungen und Unwohlsein. An dem hältst du fest, aber du kannst es ebenso loslassen. Die Entscheidung und Verantwortung und die daraus folgenden Konsequenzen für dein Leben trägst du selber."
„Ich will ja, aber das ist alles so neu für mich", antwortete ich ihm. „Süße, lass das aber weg, entspann dich. Lebe und liebe. Mehr gibt es nicht zu tun", wies Magnus mich erneut zurecht. Ich nickte bloß, denn ich hatte dazu nichts zu sagen. Entspann dich, lebe und liebe. Das klang wie Hohn in meinen Ohren. Wie sollte das denn gehen, wenn alles so schrecklich war, mit den Kindern und überhaupt.
Ich hörte Magnus genervt seufzen. Er blickte mich an und schüttelte den Kopf. „So geht das nicht", meinte er. „Du sollst dich trotz all deiner Schwierigkeiten einfach entspannen. Jetzt, gleich, hier, sofort", unterwies er mich. Er umschloss meine Hand mit seinen Händen und führte sie an sein Herz, dort legte er meine Hand sanft ab und seine darüber. „Schließ deine Augen, und fühl meinen Herzschlag und lass all deine Spannung los", forderte er mich auf. Ich protestierte sofort: „Aber deshalb ändert sich doch nichts." „Probiere es bitte aus, hast du schon wieder vergessen, dass du mir vertraust?"
„Nein, gut, ich versuch´s mal."
Ich schloss meine Augen und spürte sein starkes Herz leicht gegen meine Hand trommeln. „Jetzt fühl in deinen Körper hinein, wo ist er angespannt, atme dort hinein und spüre, wie es mit der Zeit locker wird. Spüre, wie dein Körper und dein

Energiefeld weit werden." Ich folgte seinen einfachen Anweisungen. Oh ja, ich fühlte sehr genau, wie eng und starr mein Körper durch die ständige Anspannung geworden war, aber ich nahm jetzt auch wahr, wie er sich durch meine bewusste Atmung lockerte und weitete, weit über meinen Körper hinaus. Meine Gedanken wurden immer ruhiger, bis ich an nichts mehr dachte und ausschließlich meinen Körper und meine Gefühle wahrnahm. Frieden breitete sich aus, Frieden in mir und um mich herum. Es war ein herrliches, erhabenes Gefühl. Eine angenehme Stille in mir. Ich fühlte, ohne dabei die Augen zu öffnen, wie Magnus meine Hände in seine nahm, und wir uns so an den Händen hielten. Es war ein sehr schönes Gefühl, gemeinsam so friedlich und ruhig zu sein.

Als ich nach einiger Zeit meine Augen aufschlug, war mein neues Sehen aktiviert, ohne dass ich es mir gedanklich hergeholt hatte. „Siehst du?", fragte mich Magnus. „Ja, ich sehe alles. Unsere Körper, unsere Herzverbindung und deine und auch meine Aura."

„Was fühlst du?", fragte er weiter.

„Ich fühle mich sehr ruhig und friedlich, und ich sehe, ohne dass es mich anstrengt oder mir Angst macht."

„Wenn du dir erlaubst, dich zu entspannen und hier zu sein, dann wirst du viel leichter leben und dich und deine Gaben so annehmen, wie sie eben sind, ohne ständig zu hinterfragen oder darüber nachzudenken." Ich lächelte. „Danke, Magnus. Für deine Geduld mit mir und deine liebevolle Art, mir zu zeigen, wie ich damit jetzt leben kann." „Versprich mir, dass du das jetzt täglich üben wirst, vor allem genau in den Situationen, wo dein Kopf wieder die Führung übernehmen will."

„Ich verspreche es dir und mir. Sollte ich es wieder einmal vergessen, erinnere mich bitte liebevoll daran, meine Entspannungsübung zu machen." „Darauf kannst du dich verlassen." Wir umarmten uns glücklich, und plötzlich war ich voller Vorfreude auf unsere erneute Vereinigung und Verwandlung.

Der Wagen fuhr bereits langsamer, und ich meinte zu Media: „Sind wir bald da?" „Ja, in ein paar Minuten, im nächsten Ort hab ich noch vier Zimmer ergattern können. Die Pension ist schön abgelegen und nicht weit vom Wald entfernt." „Endlich ein Bett, sich hinlegen und ausstrecken. Super!", freute sich Caleb hinter uns. Sige meinte: „Ich weiß nicht, ob ich überhaupt ein Zimmer brauche, ich würde viel lieber im Wald schlafen." „Genieß doch einmal die Annehmlichkeiten einer warmen Dusche und eines gemütlichen Bettes", erwiderte Tessa darauf. „Morgen kannst du dich wieder im kalten Bach waschen und dich irgendwo am Boden zusammenrollen. Brrr, mir graust jetzt schon." „Du könntest dich ja als Bär verwandeln, dann friert dich nicht und waschen brauchst du dich auch nicht", lachte Sige über Tessas Abneigung, im Freien zu nächtigen. „Ihr werdet die nächsten Tage nicht viel Schlaf oder Ruhe bekommen, also nutzt heute die Gelegenheit für was auch immer. Ab morgen gibt es erst wieder eine Pause, wenn wir die Kinder in Sicherheit wissen." „Geht klar", antwortete Sige auf Medias Worte, und wir anderen nickten stumm. „Wir sind da", erlöste uns Belenus, lenkte den Wagen auf eine freie Fläche und stellte den Motor ab. Ich sah Magnus an und er lächelte bezaubernd. „Komm, meine Liebe, jetzt wird's feierlich." In meinem Bauch kribbelte es wieder voller Vorfreude und Aufregung. Media war schon vorausgeeilt, um uns anzumelden und unsere Zimmerschlüssel zu besorgen. In der Zwischenzeit holten wir das nötigste Gepäck aus dem Kofferraum. Belenus versperrte den Wagen, und wir folgten den anderen in die Pension. Der Geruch von verbrauchter Luft schlug mir entgegen, als ich eintrat. Hier war alles sehr einfach, aber sauber. Es breitete sich eine angenehme Ruhe in mir aus, ich fühlte mich in den Ort ein und spürte keine weiteren Gäste im gesamten Anwesen. Das war gut, wir sollten nicht so viel Aufsehen erregen. Media sprach mit einem älteren freundlich wirkenden Mann, und dieser schien allein durch ihre herzliche Art begeistert zu sein. Er sah sie so überaus freundlich und offen an, dass ich lachen musste. Es tat mir sehr gut, mich zu entspannen und unter meinen Gefährten wohlzufühlen. Magnus schlenderte zu Media und fragte sie etwas, das ich, trotz meines guten Gehörs, nicht verstand. Sie lächelte ihn freundlich an, gab ihm einen Schlüssel, sah erst kurz auf die Uhr, dann ihm fest in die Augen. Sie umarmten sich freundschaftlich und lachten, als sie sich aus der Umarmung lösten. Media und die anderen waren seine Familie, ohne sie hätte er all die Jahrzehnte nicht überstanden. Dies offenbarte sich mir in den wenigen Minuten, die ich dastand und beobachtete. Meine Schwester scherzte mit Caleb und Sige um die Wette. Sie lachten und alberten wie kleine Kinder. Für Caleb war Tessa ebenso ein neuer Anfang wie ich für Magnus und wie all das für mich. „Sie sind alle was Besonderes. Jeder für sich und wir alle zusammen. Gemeinsam werden wir die Prophezeiung erfüllen, Lea. Glaub mir, wir haben schon vieles erlebt und überlebt. Wir sind eine Familie, und wir halten zusammen, egal was kommt. Achte gut auf deinen Magnus, er liebt dich über alles, er wird dich immer lieben." Belenus sprach ruhig und bestimmt. Ich hatte erst nicht bemerkt, dass er neben mich getreten war, obwohl seine Erscheinung eine überaus starke Präsenz ausstrahlte. Jedes seiner wohlformulierten Worte gab mir Kraft, ganz gleich was er sagte. Wenn er redete, war jedes Wort in einen Klangteppich gewebt, so dass es tief in mich eindrang. Ich sah ihm fest in die Augen und nickte bloß. „Schon bald wirst du angekommen sein, bei dir und bei uns. Freu dich darauf." „Danke", murmelte ich leicht verlegen. Jedes neue Wort war wie ein Streicheln über meinen Körper, und dies irritierte mich etwas. Mit Erleichterung bemerkte ich Magnus und Media auf uns zukommen. Er ließ den Schlüssel vor meinem Gesicht baumeln und scherzte: „Die Hochzeitssuite, wie bestellt, Mylady." Ich hakte mich bei ihm unter, und lachend schlenderten wir Richtung Treppe davon. „Gute Nacht", verkündete er laut, und ich schloss mich ihm an. „Gute Nacht, alle zusammen." Tessa warf mir eine schmatzende Kusshand zu und winkte uns hinterher. „In welches Stockwerk gehen wir?" „Ganz nach oben, da gibt's nur ein Zimmer." „Dusche und Toilette müssen gleich hier irgendwo sein." Als wir die zweite Treppe nach oben stiegen, gingen wir direkt auf eine verschlossene Tür zu, Magnus sperrte auf und schaltete das Licht ein. Ein großzügiger Raum mit einem Doppelbett tat sich auf. Ich ging zum

Bett und blickte zu Magnus. „Wie geht's jetzt weiter?" Er stellte unsere Rucksäcke ab und nahm mich in seine Arme. „Wie du willst. Hast du Lust, dich zu erfrischen oder sollen wir gleich Media holen? Denn ich kann es kaum mehr erwarten, dich vollends zu verwandeln." Er knabberte spielerisch an meinem Hals. „Ich werde mich jetzt dieser scheußlichen Outdoorkleidung entledigen und gemütlich duschen und dann, mein Lieber, darfst du mich verwandeln." „Dann ab unter die Dusche, Süße. Ich kann es kaum mehr erwarten, von dir zu kosten." Ich stolzierte neckisch vom ihm weg zur Zimmertür und forderte ihn auf, mitzukommen. „Komm doch mit mir unter die warme Dusche, dann seif ich dich von oben bis unten ein." „Oh Schatz", sagte er kehlig, „nichts lieber als das." Ich kicherte albern über seinen lechzenden Gesichtsausdruck, den er aufsetzte. „Lachst du mich aus? Na warte, wenn ich dich erwische, dann…" Ich lief laut glucksend los und er spielerisch knurrend hinter mir her. Natürlich war er schneller als ich und packte mich, ich kreischte laut auf und bettelte: „Bitte tu mir nichts." Mit tiefer Stimme brummte Magnus: „Dafür kommst du unter die kalte Dusche." Plötzlich stand Sige mit verschränkten Armen vor uns. „Ich wollte euch nicht stören, aber ihr macht hier Lärm wie zehn wildgewordene Elefanten! Und, Freunde, die Zeit läuft, es ist gleich Mitternacht. Außerdem schlafen die Besitzer dieser Pension im Erdgeschoß, und bei eurem Geschrei werden die hier gleich auf der Matte stehen." Magnus und ich lachten völlig außer Atem und entschuldigten uns. „Wir wollten nur kurz unter die Dusche", klärte Magnus sie auf, „wir sind auch schon leise." Wieder kicherte ich los und verschwand schnell im kleinen Badezimmer. Er huschte gleich hinter mir her, und als wir uns anschauten prusteten wir gemeinsam erneut los. Wir lachten, bis wir nicht mehr konnten, mein Gesicht schmerzte bereits von diesem heftigen Lachanfall. Als wir uns nach einiger Zeit wieder beruhigt hatten, fing ich an mich auszuziehen und drehte den Wasserhahn auf. Magnus umschlang mich von hinten mit seinen starken Armen, und ich lehnte mich entspannt an seinen warmen Körper. Sein steifer Penis presste sich voll bereit gegen meinen Hintern, aber heute mussten wir geduldig sein, denn das Ritual sollte gleich in all seiner Richtigkeit abgehalten werden. Als das Wasser angenehm warm herunterrieselte, stieg ich als Erste in die Dusche, und er mir nach. Wir sahen uns lange, ohne ein Wort zu sagen, in die Augen, wir hielten uns umschlungen, und das Wasser lief an uns herab, bis ich bemerkte, dass wir keine Seife dabei hatten. „Jetzt wird das mit dem Einseifen nichts, und Handtücher haben wir auch keine. Was machen wir jetzt?" Magnus grinste breit und sah mir weiterhin tief in die Augen. „Magnus, was machen wir jetzt?" Er lachte laut auf. „Ist doch völlig egal, ob mit oder ohne Seife, weil ich dich liebe, Lea. Ich könnte hier stundenlang mit dir so stehen, dich halten, streicheln, küssen, das herrlich warme Wasser auf unseren Körpern, einfach wundervoll." „Aber wir sollten uns doch beeilen, weil...", ich konnte den Satz nicht beenden, da Magnus seine Lippen zärtlich auf meine legte. Ein wunderschönes Prickeln machte sich auf meinen Lippen breit und dehnte sich über den gesamten Körper aus. Seine starken Arme hielten mich fest, während unsere Lippen und Zungen einen langsamen, geschmeidigen Tanz vollführten. Es fühlte sich an, als würden wir voneinander trinken. Das Wasser ergoss sich wärmend über unseren Köpfen, und es war, als würde es uns ebenfalls liebkosen. Wir küssten uns und rieben unsere Körper aneinander. Seine Hände schienen überall auf meinem Körper zu sein, und ich wollte ihn sofort hier und jetzt. Ich konnte den Gedanken nicht zu Ende denken, da hob er mich mit einer Leichtigkeit hoch an seine Hüften und presste mich leidenschaftlich an die nassen Kacheln der Dusche. Die kühle Wand konnte meine Erregung nicht mehr mildern, trotzdem stöhnte ich erschrocken auf. Ich spürte, wie er wieder grinste, aber seine Lippen keinen Millimeter von meinen hob. Meine Hand umfasste seinen Nacken, und meine Finger gruben sich in sein langes, nasses Haar. Seine Penisspitze hatte den Eingang meiner Vagina erreicht, aber er drang nicht ein, sondern verharrte dort, mich weiter zärtlich küssend. Ich fühlte an und in meiner Vagina ein köstliches Zucken, eine prickelnde Vorfreude, es war wie ein liebesvolles Anklopfen seinerseits, und ich wartete, bis mein Körper und mein Tempel der Lust sich ihm öffnen würde, um ihn einzulassen.

Unser inniger Kuss hörte nicht auf, er schien unendlich, es war, als würde die Zeit in dieser Dusche in diesem Moment still stehen und nie vergehen. Jede Berührung, jede Bewegung spürte ich sehr intensiv, ja, jeder einzelne Wassertropfen war wahrnehmbar. Es war, als würde ich nur noch aus Gefühl bestehen, und dann öffnete sich mein Geschlecht für das seine. Es war unbeschreiblich, eine Offenbarung, mein Körper besaß die Fähigkeit, einen anderen Körper, den meines Geliebten einzulassen. Wir hörten auf, uns zu küssen, ich schlug meine Augen auf, Magnus ebenfalls. In seinen Augen sah ich eine Mischung aus tiefem Begehren und liebevoller Achtung. „Bist du bereit, deinen Mann einzulassen?", hauchte er zärtlich.

Und ob ich bereit war. „Ja", bestätigte ich voll tiefer Überzeugung und besiegelte meine Antwort mit einem zärtlichen Kuss. Magnus nahm mich fester und gerade, als er sich mit mir vereinen wollte, klopfte es heftig an der Tür. „Magnus, Lea, wo bleibt ihr, Media hat bereits alles für die Zeremonie vorbereitet", meinte Belenus ernst. Wir blickten uns lachend an und riefen gleichzeitig: „Ja, wir kommen." Sanft lösten wir uns aus unserer Stellung, und ich stellte das Wasser ab.

„Beeilt euch, die Nacht ist schon bald um. Ich hab euch zwei Laken mitgebracht, damit sollt ihr euch bekleiden." Magnus eilte klitschnass zur Tür und öffnete sie, er nahm Belenus die Laken ab und bedankte sich bei seinem Freund. In der Zwischenzeit wrang ich meine Haare, so gut es ging aus und streifte mir das Wasser vom Körper. Magnus hielt mir ein großes weißes Bettlaken vor meinen nassen Körper, der schon mit Gänsehaut überzogen war. Er wickelte mich fest in das raue Tuch und schlang sich dann seines elegant um seinen wohlgeformten, muskulösen Körper. Ich raffte meine Kleider zusammen und wollte aus dem kleinen Bad eilen, indem es jetzt wie in einer Sauna dampfte, zurück in unser Zimmer, doch Magnus hielt mich am Arm zurück. „Was ist?", fragte ich

erschrocken. „Egal was heute Nacht mit dir passieren wird, meine geliebte Göttin, lass es geschehen, lass alles geschehen. Halte dich nicht zurück, lass deinen Gefühlen, deinen Bedürfnissen freien Lauf, es wird heute anders sein, es wird noch intensiver als die letzten Male, es wird dich in Stücke reißen, und dennoch bleibst du ganz. Ich kenne dich, Lea, ich kenne dich wirklich und ich liebe dich. Alles darf heute passieren, es muss passieren, damit du all deine Kraft und deine Erinnerung zurückbekommst, damit du endlich die wirst, die du schon immer warst. Dafür muss Blut fließen, mein Blut, dein Blut, unser Blut und es ist gut so." Seine Stimme sagte diese Worte so eindringlich, dass sie sich in mir wiederholten, immer und immer wieder. Seine himmelblauen Augen hatten einen dunklen tiefen Farbton angenommen, den ich bei ihm noch nie gesehen hatte. Mein Herz fing wild zu pochen an, ich war bis eben der festen Überzeugung gewesen, dass ich wusste, was auf mich zukommen würde, aber jetzt war ich völlig perplex. Ich konnte ihm nicht antworten, nur leicht nicken. Ein einziger Gedanke formte sich in meinem Kopf, ich wollte Leben. Magnus nahm mich bei der Hand und schritt voraus in den kalten Flur. Leicht benommen stolperte ich hinter ihm her und hörte noch immer seine Worte: *„Lass es geschehen, es ist gut so."*
Unsere Zimmertür stand einen Spalt offen, und wir traten nacheinander ein. Ich war von dem Anblick, der sich mir hier jetzt bot, überwältigt. Unzählig viele Kerzen in den verschiedensten Größen standen in dem kleinen Zimmer. Sie waren in einem großen Kreis, rund um das Bett, das die Mitte des Raums beherrschte, aufgestellt worden. Sie verströmten ein sanftes, gelbes Licht und eine erstaunliche Wärme. Magnus schob mich behutsam weiter in das Zimmer hinein und schloss hinter uns die Tür. Ich hörte, wie er den Schlüssel zweimal umdrehte. Media kniete in der Mitte des Kreises und hatte die Augen geschlossen und die Hände vor ihrem Herzen wie zum Gebet gefaltet. Sie war ebenfalls in ein weißes Laken gehüllt und sah zauberhaft und befremdlich zugleich aus. Das Licht der flackernden Kerzen tanzte auf ihrem anmutigen Ge-

sicht, ihre langen Haare hatte sie zu einem grandiosen Knoten auf ihrem Kopf getürmt. Sie sah aus wie eine Tempelpriesterin längst vergangener Zeit. Magnus drückte leicht meine Hand, und ich sah erst ihn kurz an und dann wieder Media. Diese öffnete just in dem Moment die Augen und lächelte uns wissend an. Sie erhob sich langsam und schritt aus dem Kreis auf uns zu. Kurz vor uns blieb sie stehen und musterte uns eindringlich. Es kostete mich etwas Mühe, ihrem eindringlichen Blick standzuhalten, denn dieser bohrte sich fühlbar, tief in meine Seele. Ein Schauer lief über meinen Rücken. „Ich sehe, dass du nun bereit bist, dich mit Magnus, deinem auserwählten Gefährten, vollständig zu vereinen. Die Furcht und der Zweifel sind verschwunden. Gut. Folgt mir in den heiligen Kreis und sprecht, nur wenn ich euch auffordere."
Sie zog ein weißes, langes Tuch unter ihrem elegant gewickelten Laken hervor. „Reicht euch eure linken Hände, Lea, du legst bitte deine Hand in seine", forderte sie uns auf, „seht euch in die Augen, und ein jeder legt seine rechte Hand auf das Herz des anderen. Stellt eine Herzverbindung her und lasst die Energie fließen." Sie schlang das weiße Band um unsere linken Handgelenke, aber so, dass ein Stück empfindliche Haut für den Schnitt frei blieb. Mein Herz pochte laut und schnell gegen Magnus Hand, aber ich spürte, dass seines ebenso heftig gegen meines trommelte. Wir sahen uns an, und seine Augen hatten wieder diese dunkle Schattierung, die ich vorher zum ersten Mal wahrgenommen hatte. Verlangen, Begierde, Liebe, Lust, Leben und Tod. All das sah ich in seinen Augen und fühlte es gleichzeitig in mir. Das Trommeln unserer Herzen stellte sich auf einen gemeinsamen Rhythmus ein, der sehr eindringlich war. Unsere Herzverbindung leuchtete in verschiedenen Grüntönen und wurde immer strahlender. Media erhob erneut ihre klare Stimme: „Nun frage ich dich, Lea, willst du Magnus empfangen, ihn in dich aufnehmen und von diesem heiligen Moment an dein Leben, deinen Körper, dein Herz und deine Liebe mit ihm teilen? Wirst du ihn nähren, aus den Tiefen deiner Seele und mit deinem lebensspendenden Blut? Wirst du voller Inbrunst annehmen, was er dir

zu geben vermag? Für immer und ewig, dann bekunde mir dein Einverständnis. Sprich aus, was dein Herz dir sagt."

„Ja, mein Geliebter, ich werde dich aufnehmen, ich werde dich achten und immer lieben, ich werde dich nähren mit allem, was ich dir zu geben vermag. Ich werde mit Freuden annehmen, was du mir schenkst. Ich bin die deine und werde ab heute mein Leben, meinen Körper, mein Herz und meine Liebe mit dir teilen. Für immer und ewig. Ich liebe dich. Mit allem, was dich ausmacht. Ich liebe deine lichten und deine dunklen Seiten, deinen Humor, deine übermenschliche Gelassenheit und Ruhe. Ich werde an deiner Seite sein, egal was kommen mag. Ich achte und ehre dich. Ich will mich mit dir vereinen und verbinden, jetzt und hier." Bei diesen aufrichtigen, kraftvollen Worten vibrierte mein ganzer Körper, mein Herz überschlug sich fast. Unsere Herzverbindung strahlte bereits über uns hinaus und hüllte uns in die Energie der Liebe.

„Nun, Magnus, frage ich dich, willst du dich mit Lea vereinen, tief in sie eindringen und von diesem heiligen Moment an dein Leben, deinen Körper, dein Herz und deine Liebe mit ihr teilen? Wirst du sie nähren, aus den Tiefen deiner Seele und mit deinem lebensspendenden Blut? Wirst du voller Inbrunst annehmen, was sie dir zu geben vermag? Für immer und ewig, dann bekunde mir dein Einverständnis. Sprich aus, was dein Herz dir sagt."

„Meine geliebte Lea, meine wunderschöne Göttin. Ich will nichts sehnlicher als mich mit dir zu vereinen. Ich liebe dich und achte dich aus den Tiefen meines Herzens, ich will dir mit Freuden geben, was ich dir zu geben vermag und nehme deine lebensspendenden Gaben an. Ich bin der Deine und werde mein Leben, meinen Körper, mein Herz und meine Liebe mit dir teilen. Ich werde dich durch die dunklen Stunden deines Lebens begleiten, dir bei Leid und Schmerz zur Seite stehen. Mit Freude werde ich mit dir in der Sonne lachen und die Schönheiten des Lebens entdecken und genießen. Ich will für dich da sein, immer und ewig. Ich liebe dich."

Wir küssten uns und besiegelten so unser Gelübde.

„Lea und Magnus, so soll es sein. Euer gegenseitiger Schwur

bindet euch aneinander, er soll euch für alle Zeit begleiten, deshalb werde ich ihn später für euch niederschreiben, damit er euch immer an diesen heiligen Moment erinnert. Jetzt werde ich den heiligen Schnitt vollziehen, das Band um eure Hände lösen und euch allein lassen. Möge diese heilige Hochzeit der Anfang einer bereichernden, fruchtbaren Beziehung sein." Sie zog einen scharfen Dolch aus ihrem Gürtel, setzte ihn an Magnus Handgelenk und vollzog einen sauberen Schnitt. Sofort quoll dunkles Blut hervor und färbte das weiße Band rot. Sie drehte mein Handgelenk nach oben, presste den kalten Stahl dagegen und zog ebenfalls durch. Ein kurzer, heißer Schmerz durchzuckte mich, und die Wunde fing heftig an zu bluten. Das Blut tropfte und rann aus den Schnitten hervor. Media löste unser Band und führte Magnus blutendes Handgelenk an meine Lippen, dieser griff sogleich nach meinem und presste zärtlich seine Lippen darauf.

„Trinkt, nehmt an, was euch euer Partner zu geben vermag. Seid dankbar und achtsam. Gebt euch dem Rausch der Sinne hin, vereint euch, liebet euch, dafür wurden Mann und Frau geschaffen. Ich danke euch und wünsche euch von Herzen eine magische Begegnung der Liebe."

Während Media ihre feierlichen Abschlussworte sprach, trank ich bereits in kleinen Schlucken das warme und kostbare Lebenselixier meines Geliebten. Gleichzeitig spürte ich, wie mein Lebenssaft meinen Körper verließ und meinen Geliebten nährte. Unser Energiefeld füllte bereits den kleinen Raum vollständig aus, und kurz dachte ich, ob sich dieses wohl über das gesamte Anwesen ausbreiten würde. Bei jedem Schluck verschärften sich meine Sinneswahrnehmungen und ich fiel wahrlich in einen Rausch der Sinne. Ich hörte Media die Tür verschließen, ebenso mein Blut durch meinen Körper rauschen, aber am lautesten hörte ich unsere Herzen im Gleichklang trommeln, mit einer solch tiefen und schnellen Intensität, dass mir ganz schwindlig wurde. Ich roch das Wachs und den Rauch der Kerzen, vermischt mit dem erdigen Duft, den Magnus Blut verströmte. Ich sah jedes Härchen auf seinem Arm. Ich schmeckte ihn, ich atmete ihn. Plötzlich gab er meinen Arm frei, und ich tat es ihm gleich. Er nahm mein Handgelenk und presste es fest gegen das seine. Wir standen noch immer in diesem großen Kreis aus Kerzen, und langsam begriff ich, dass wir alles in diesem *heiligen Kreis*, wie ihn Media bezeichnet hatte, vollziehen würden, darum war er bis ins Äußerste dieses Zimmers gestellt worden. Magnus löste vorsichtig den Stoff meines Lakens und ließ ihn zu Boden fallen. Er sah mich bewundernd an und flüsterte ehrfurchtsvoll: „Danke, dass du zu mir zurückgekommen bist, ich danke den Göttern und Göttinnen des Himmels und der Erde, dass ich dich lieben darf." Bei diesen Worten senkten sich seine festen, blutverschmierten Lippen auf meine. Wir küssten uns leidenschaftlich, unsere Körper schmiegten sich aneinander, und seine Stoffbahn löste sich ebenfalls und glitt zu Boden. Als sich unsere nackten Körper aneinander rieben, vibrierten und zitterten wir heftig. Es war unglaublich erregend, überall, wo er mich berührte, zuckte und kribbelte meine Haut. Es war ein gigantisches Feuerwerk auf meiner Haut. Jeder Kuss war ein Versprechen auf mehr. Sein Blut rauschte durch meinen Körper, und es war, als wäre er in mir und ich in ihm. Ich hörte seine lüsternen Gedanken und fasste in sein noch nasses Haar und liebkoste seinen Hals mit knabbernden und leckenden Küssen. „Lass mich das mit dir anstellen, mein Geliebter, was du dir so ersehnst." Magnus stöhnte laut auf ,und sein kehliger Ton vibrierte bis in das Innerste meiner Vagina. Ich spürte, wie mein Körper und mein Herz bei jeder Berührung sich ihm mehr öffneten. Sein erigierter Penis war bereit für mich, aber ich wusste er würde diesmal warten, bis ich soweit war. Wir waren heute schon einmal an diesem wundervollen Punkt angelangt, und gleich würde es wieder soweit sein. Allein der Gedanke daran ließ mein Geschlecht heiß und feucht werden. Unsere Herzen pochten um die Wette, und unser Atem war tief und kraftvoll. Magnus ließ mich los, hob mich mit Leichtigkeit hoch und trug mich auf das gemütliche Himmelbett. Er legte mich sanft nieder, setzte sich neben mich und forderte mich auf: „Setz dich auf mich!" Ich folgte seiner Aufforderung, setzte mich auf seinen Schoß und schlang meine Beine um ihn. Wir küssten uns erneut und streichelten uns ausgiebig. Er umfasste zärtlich meine Brüste und knetete sie liebevoll, aber bestimmt. Mein Handgelenk blutete immer noch ein wenig, und wir waren beide rot beschmiert von unserem Blut. Dies war einerseits extrem abstoßend und andererseits unglaublich erotisch. Sanft strich er über mein Haar, fasste es im Nacken und zog meinen Kopf leicht nach hinten. Mit den Lippen und seiner Zunge liebkoste er meinen Hals abwärts, an der empfindlichen Kuhle vorbei, dort führte seine Spur mein Brustbein abwärts zwischen meine Brüste. Dort verweilte er kurz und blies sanft über meine linke Brust. Meine Brustwarze wurde augenblicklich fest, und ein weiterer Schauer zog köstlich durch meinen Körper. Seine feuchte Zunge leckte genüsslich darüber. Ich erzitterte erneut und wollte ihm ebenfalls einen solch bombastischen Hochgenuss bereiten. „Du bist wunderschön", raunte er mit tiefer Stimme. „Meine geliebte Göttin."

Ich nahm beide Hände und drückte ihn sanft nach hinten. „Leg dich hin", forderte ich ihn meinerseits auf. Langsam glitt ich von ihm herunter und öffnete seine Beine, um dazwischen Platz zu finden. „Was hast du vor, Lea?" fragte er mich mit amüsiert erregter Stimme. „Psst. Entspann dich, mein Geliebter."

Ich fing an seinen Bauch rund um seine heiligste Stelle zu massieren, er stöhnte, und ich fühlte seine Erregung unter meinen geschickt kreisenden und streichenden Händen zunehmen. Langsam näherte ich mich seinem mächtigen Stab, umschloss ihn fest mit meinen Händen und vollführte verschiedene intuitive Streichungen, die ich zuvor noch nie in meinem sexuellen Leben mit einem Mann geteilt hatte. Es war in dieser Nacht eine Premiere, und obwohl ich früher, als wir in diesem Haus am Meer uns zum ersten Mal vereint hatten, bereits dachte, dass es etwas ganz Neues und Unglaubliches war, war dieses gemeinsame Ritual einzigartig. Ein inneres Wissen aus meinen Tiefen war mir soeben zugänglich geworden, und ich wusste instinktiv, was er brauchte und was ich wollte. Es war wundervoll. Es brachte mich komplett um meinen geliebten Verstand. Und das war sehr gut so. Denn durch das Loslassen

meiner Gedanken und Vorstellungen konnte ich ausschließlich aus Liebe, Lust und Gefühl bestehen. Ich liebkoste seinen Penis mit den Händen, der Zunge, meinen Lippen, und er erbebte unter meinen Berührungen und stöhnte genussvoll auf. Durch die Gabe des Sehens hatte ich einen Bonus, den ich mir nur zu gern zum Vorteil machte. Immer bevor er zu einem Höhepunkt kommen konnte, verteilte ich seine angestaute Energie in seinem Körper. „Gefällt dir das?", raunte ich, „oder willst du einen Höhepunkt?" „Mir gefällt sehr, was du hier mit mir machst, aber den Höhepunkt erleben wir gemeinsam, mein Engel." Ich hielt seinen Penis in beiden Händen, und wir blickten uns tief in die Augen. Er löste sachte meine Hände von seinem heiligen Stab und sagte leise: „Jetzt mach es dir bequem und lass dich von mir verwöhnen." Er richtete sich auf und küsste mich keusch auf meine geschwollenen Lippen. Seine himmelblauen Augen hatten wieder diese graue Schattierung, die so verdammt sexy war und mich komplett aus der Fassung brachte. „Dein Blick weckt etwas in mir, was ich nicht kenne." „Was fühlst du?"
Mein Herz hüpfte bei dieser Frage wild auf und ab.
Ich schloss die Augen und spürte in mich hinein. „Etwas Großes, Wildes, Unersättliches, Blutrünstiges. Es flößt mir Respekt ein." „Lass es los, lass es frei. Ich kann es bändigen, du brauchst dich nicht fürchten. Genau dieses wilde, unersättliche, blutrünstige Weib will ich erwecken, Lea." Betont langsam sprach er die letzten Worte aus. In meinem Unterleib, mitten in meiner Gebärmutter, schien ein Vulkan zu brodeln. Du meine Güte, ich presste die Hand fest unterhalb meines Nabels auf den Bauch.
„Lass sie leben, jetzt." Mein Mund wurde ganz trocken, und meine Vagina zog sich spürbar zusammen.
„Was geschieht mit mir?"
„Jetzt wirst du die, die du schon immer warst."
Er küsste mich und knabberte an meiner Unterlippe. Ich knurrte auf und erschreckte mich gleichzeitig vor mir selbst. Magnus lachte laut. „Meine gezähmte Lea, lass geschehen, was geschehen darf. Es ist der Teil deiner Verwandlung, der

gefehlt hat. Das Erbe deines Vaters will ebenfalls anerkannt werden. Lass die menschliche Seite los und ergib dich in deine wilde Göttin." Er ließ seinen Blick durch das Zimmer schweifen. „Sie hat an alles gedacht", meinte er anerkennend. Ich folgte seinem Blick, und auf einem kleinen Tisch am Fenster standen zwei Gläser, eine Flasche Wein, eine Karaffe mit Wasser und eine kleine, verschnörkelte, rote Flasche. „Willst du was trinken?" „Ja, sehr gerne, von dem Wein bitte." Magnus stand anmutig auf und schritt wie ein stattlicher Löwe durch den Kreis. Das Licht der Kerzen auf seinem muskulösen Körper tanzte verführerisch mit ihm, und ich schmolz innerlich dahin. Wie fantastisch er aussieht! Er drehte sich zu mir um, „danke für dein Kompliment." „Oh, du gedankenlesendes Scheusal!", knirschte ich gespielt böse. Er grinste frech und goss dabei geschickt den dunkelroten Wein in die Gläser, kam zu mir, reichte mir mein Glas und holte das rote Fläschchen. Er setzte sich neben mich und prostete mir zu: „Auf uns und die Liebe! Es ist eine Ehre für mich, dich zu lieben, mein Schatz." Bei diesen Worten schoss mir die Röte erhitzend in die Wangen. Der Wein schmeckte fruchtig und süß. Er vertrieb den Geschmack seines Blutes aus meinem Mund. Ich inspizierte mein Handgelenk, das wie durch ein Wunder bereits fast vollständig verheilt war, aber noch vor wenigen Minuten war es feucht und schmierig von meinem Blut gewesen. Mein Gedankenleser, wie ich ihn ab jetzt manchmal für mich nannte, antwortete schneller, als ich zu Ende denken konnte. „Deine Verwandlung hat bereits eingesetzt, dein Körper heilt bei Verletzungen schneller als der eines gewöhnlichen Menschen, vor allem dann, wenn mein Blut in dir ist. Komm, trink aus, jetzt folgt der krönende Abschluss."
In hastigen Zügen schluckte ich den leckeren Wein hinunter, und Magnus nahm mir das leere Glas ab. „Leg dich hin!" Bei seiner Aufforderung fing ich heftig zu zittern an, mein Atem ging stoßweise, und mein Körper verweigerte mir fast den Dienst. Die Angst war da, meine Angst mich zu ergeben, mich vollständig mir selbst und ihm hinzugeben. Ich gehorchte seiner Anweisung, legte mich auf den Rücken und schloss die

Augen. „Sieh mich an, mein Engel. Atme tief ein und aus und lass es fließen wie vorher. Gib dich mir hin, aber vor allem gib dich dir selbst hin. Erlaube dir, alles zu fühlen, zu denken, zu begehren. Rede mit mir, sag mir, was dir gefällt." Während er sprach, hantierte er mit dem roten Fläschchen herum. Er goss eine rötliche Flüssigkeit in seinen linken Handteller und rieb seine Hände geschmeidig aneinander. Eine Hand führte er an mein Herz und die andere umschloss mein Geschlecht. Ein exotischer süßer Duft breitete sich aus und kitzelte in meiner Nase. Meine Sinne fuhren Achterbahn. Bei dieser zärtlichen, ehrenden Geste explodierte mein Körper und zerbarst in tausend Teile. Sofort setzte er sich wieder zusammen und bäumte sich auf. Magnus ließ sich von meiner Reaktion nicht aus der Ruhe bringen, und seine Hände verweilten sanft auf mir, ich spürte seinen kraftvollen Atem, und eine unbeschreibliche Wärme strömte durch seine Hände hindurch in meinen Körper. Mein Kopf fühlte sich an, als würde er sich öffnen, und alle Gedanken flossen davon. Er kam mit seinem Gesicht dem meinen ganz langsam näher. Seine Augen bannten mich. Ich musste ihn ansehen, und was ich sah, war unglaublich. Als würde ich in einen sternenklaren Nachthimmel mit unendlicher Weite und unbeschreiblicher Tiefe blicken. Ich blinzelte, und ich sah Magnus Begierde aufblitzen. Er legte seine Lippen sanft auf meine, und gleichzeitig ließ er seine Finger in meine heiße, feuchte Höhle gleiten. Es war fantastisch. Seine Zunge spielte frech mit meiner. Seine Finger glitten dabei tiefer in mich hinein. Seine Hand war dabei so weich und zart, dies erregte und entspannte mich zugleich. Durch den betörenden Duft, seinen festen Körper und seine verstandesraubenden Berührungen geriet ich in einen unbeschreiblichen Rausch. Ich atmete heftig und stöhnte dabei lustvoll. Das war nicht mehr die kontrollierte Lea, die ich beim Sex kannte. Seine Hände spreizten langsam meine Beine, und er nahm dazwischen Platz. Er leckte rund um meinen Bauchnabel und ließ seine Zunge langsam in ihn hineingleiten. Seine Finger waren wieder in mir und massierten mein Innerstes aufs Köstlichste. Ich spürte, dass seine andere Hand sich ebenfalls einen Weg zu meinem Zentrum bahnte. Mit sanftem Druck fand er meine empfindliche Perle und fing an, sie mit kreisenden Bewegungen zu verwöhnen. Er brachte mich ganz und gar um den Verstand, und das war gut so. Ich vergaß alles und gab mich der Ekstase hin, die ihrem Höhepunkt zurauschte.

„Ja, lass es geschehen", hörte ich ihn kehlig sagen. Genau in diesem Moment hatte ich den Gipfel der Lust erreicht, und mein Körper implodierte und dehnte sich gleichzeitig aus. Der Orgasmus schüttelte mich angenehm durch, ich sah ihm direkt in seine von Lust erfüllten Augen, und er packte mich fest an den Hüften und zog mich in Position. Sein mächtiger Penis pulsierte erregt gegen meine bebende Vagina. Er stützte seine Hände neben meiner Brust ab und sah mir erwartungsvoll in die Augen. „Ich werde dich jetzt lieben, Süße. Bist du bereit für mich?" „Ja", hauchte ich direkt vor seinen Lippen. Er drückte seine Lippen auf meine und ließ seine feuchte Zunge in mich gleiten. Zeitgleich und ganz langsam und genüsslich glitt sein Luststab in meine empfangende feuchte Höhle.

Oh, es war fantastisch. Wie in Zeitlupe verschmolzen wir ineinander, bis er mich vollständig auszufüllen schien. Unsere Münder waren in einen unbeschreiblichen Kuss verwoben, es war, als würden wir uns gegenseitig atmen. Er bewegte sich immer schneller, bis mir Hören und Sehen verging, und wir beide in einem gigantischen Orgasmus laut aufstöhnten. Er senkte sich erschöpft auf meine Brust, und unsere Körper atmeten im Gleichklang weiter.

„Danke", murmelte ich.

Er richtete sich auf und sah mich grinsend an. „Ich hab zu danken, meine Frau."

Dabei lag die Betonung eindeutig auf dem Wort meine. Ich bekam erneut ein schlechtes Gewissen, da ich ja noch immer mit Andreas verheiratet war. Er fing an, sich in mir zu bewegen, was mir leicht die Röte in die Wangen trieb. „Du wirst jetzt nicht an einen anderen Mann denken, sonst versohl ich dir deinen entzückenden Hintern." Ich sah ihn erschrocken an. „Ich liebe dich, Magnus, so wie ich noch nie einen anderen Menschen geliebt habe." Jetzt spürte ich, wie mir Tränen

der Verzweiflung in die Augen schossen. Nein, bitte nicht weinen, dachte ich. Ich war völlig von der Rolle. Magnus beugte sich über mein tränenüberströmtes Gesicht und fing an, die Tränen wegzuküssen.
„Lass alles raus, es ist gut wenn du weinst, es ist alles viel für dich." Sanft strich er über meine Wange, meinen Hals hinab, zwischen meinen Brüsten hindurch, die sich ihm sofort keck entgegenreckten. Mein Körper wollte ihn, ich wollte ihn. Ich schob ihm mein Becken entgegen, so dass er mich wieder tief ausfüllte. Er stöhnte lustvoll auf. Diese Situation war völlig crazy. Ich weinte und hatte dennoch ein solches Verlangen nach diesem wunderschönen, einfühlsamen Mann, dass ich überhaupt nicht länger in Frage stellen wollte. Ich übergab meinem Körper die Befehlsgewalt, und meine Hände fingen sogleich an, seinen muskulösen Körper zu streicheln. Magnus nahm mich fest und rollte uns herum, so dass ich auf ihm saß, ohne dass wir uns voneinander lösen mussten.
„Zeig mir, wie du es gern hast, mein Schatz!"
Ich wischte mir meine Tränen aus dem Gesicht, die sogleich versiegt waren. Meine Begierde hatte gewonnen. Mein Mund fand schnell den seinen, und unsere Zungen verwoben sich erneut in einen erregenden Tanz. Meine Hüfte bewegte sich leicht auf und ab, was mich sehr heiß machte. Meine Augen saugten gierig diesen Anblick auf, den Magnus mir da so unter mir anbot. Er atmete und stöhnte immer schneller, was mich noch mehr anpeitschte und dem nächsten Höhepunkt entgegenbrachte. Als seine Hände sich auf meine Brüste legten und diese fest, aber zärtlich drückten, wurde meine süße Spannung freigesetzt, und mein Körper kam erneut zum Orgasmus. Diesmal sank ich vor Verzückung auf seine Brust und küsste ihn genau an der Stelle, wo mein Mund zu liegen kam. Magnus streichelte zärtlich über meinen Rücken, was von einem wohligen Schauer begleitet wurde. Ein Lächeln huschte über mein Gesicht. Dieser Mann war meiner, und ich würde ihn für nichts auf der Welt mehr hergeben.
„So gefällt mir das schon besser", meinte er bestätigend. Seine Erektion machte sich in mir bemerkbar, und ich erhob mich

genüsslich aus seiner Umarmung.
„Soll ich dich mal frei lassen, mein Geliebter?", fragte ich neckisch. „Ich denke nicht, dass ich dein Gefangener bin", spielte er schmunzelnd mit. Seine Lust blitzte erotisch in seinen Augen auf, und sein Grinsen bekam einen höllisch sexy Ausdruck. Er hob mich mit Leichtigkeit hoch und ließ mich neben sich auf unser Lager fallen. Geschickt kam er hoch, und als sich unsere Gesichter auf gleicher Höhe befanden, biss er mich frech in die Unterlippe. Ich quiekte lustvoll auf. Ich hatte noch nie so eine Achterbahn an Emotionen in einem Liebesspiel erlebt. „Ich möchte in deinem Mund kommen."
Sollte das eine Frage oder eine Bitte sein? Meine Augen suchten seine, und ich verlor mich wieder in diesem dunklen See, der mir da entgegenblickte. Meine Hand glitt bestimmt seinen Bauch hinab und umschloss fest sein steifes Glied. Ich fand schnell einen Rhythmus, der ihn herrlich aufstöhnen ließ und mich anspornte, ihm noch mehr Lust zu bescheren. Meine Lippen und meine Zunge spurten sich einen Weg zu seinem Geschlecht. Er roch so fantastisch nach Wald, so roch nur er. An seinem mächtigen Glied angelangt, bahnte ich mir rundherum küssend meinen Weg. Sein Schamhaar war weich und fest zugleich und kitzelte meine Nase. Ganz langsam senkte sich mein Mund auf seine Eichel. Meine Zunge umkreiste seine weiche Spitze genüsslich, bevor ich seinen Penis in mich hineinsog. Sein Becken drückte sich fest gegen mich, und sein Stöhnen war das einzige, was ich hörte. Dies war die schönste Musik, die mir je zu Ohren gekommen war. Seine Hand massierte währenddessen meinen Po und als er plötzlich zwei Finger in mich gleiten ließ, fing ich erregt an, heftiger zu saugen. Wir fanden einen ansteigenden Rhythmus, der uns beide in einen erlösenden Höhepunkt führte. Als sein Penis befreiend zuckte, und sich sein unverwechselbarer, kostbarer Saft in meinen Mund ergoss, durchzuckte mich erneut ein tiefer Schauer, und auch ich ergoss meine wertvolle Flüssigkeit über seine Hand. Meine Hand ruhte sanft auf seinem Geschlecht, während ich mich langsam in seinen Arm kuschelte. „Ich werde nie genug von dir bekommen, mein Engel. Ich hab dich

und unsere Art Liebe zu machen, so sehr vermisst." Er drückte mich bei diesen aufrichtigen Worten fest an sich. Ein Hauch von einem Kuss streifte meine Stirn. Ich schloss wohlig die Augen und nahm meine innere Stimmung war. Mein ganzer Körper prickelte eigenartig und ich wusste nicht, ob das von den vielen Orgasmen der letzten Stunden kam, oder von seinem starken Blut, das durch mich strömte. Meine Sinne waren extrem geschärft, als mich plötzlich ein heftiger Krampf tief in meinem Unterleib zusammenzucken ließ.

„Lea?", Magnus zuckte neben mir. Sofort spürte ich eine heiße Flüssigkeit zwischen meinen Schenkeln. Im ersten Moment dachte ich an seinen köstlichen Saft, der sich jetzt seinen Weg aus mir heraussuchte, aber dann berührte ich mich, und als ich meine Finger sah, war ich peinlich berührt.

„Du blutest!" Schnell setzte ich mich auf. „Ja, sieht so aus. Vermutlich habe ich meine Periode bekommen." Als ein erneuter, heftiger Krampf mich zusammenfahren ließ, stöhnte ich gequält auf. „Hast du Schmerzen?" „Ja. Bin ich jetzt im Kreuzverhör?". Ich sah ihn verkrampft an. „Was ist jetzt schon wieder mit mir?" Ich durchkramte meine Gehirnwindungen, wann ich meine letzte Periode gehabt hatte. Meiner kurzen Berechnung nach sollte es erst nächste Woche so weit sein. Mir wurde etwas schwindlig, und mein Verstand sagte mir, dass ich schleunigst ein Badezimmer aufsuchen sollte, bevor ich hier noch mehr Blut im Zimmer verteilen würde. Die Laken waren bereits ruiniert. Ich versuchte, mit etwas Schwung aufzustehen, da spürte ich Magnus Hand an meinem Handgelenk. „Warte, Lea, schau mich an!" Als ich ihn verlegen anstarrte, sah ich in seinen Augen nur Verständnis und Achtung. „Genau das sollte heute passieren, jetzt wird deine Verwandlung vollständig. Dein Körper spült die letzten Reste deines alten Lebens aus dir heraus, und wir werden ihn mit neuer Energie füllen, wenn du möchtest." „Du willst so mit mir schlafen?" „Unbedingt!" sagte er ehrlich. „Du verwirrst mich, und außerdem hab ich Schmerzen, das kenn ich auch nicht von mir", setzte ich dagegen an.

„Ich verwirre dich gerne, und ich würde dir empfehlen, dass

du dich entspannt zurücklegst und die Veränderung geschehen lässt." „Ich weiß nicht so recht", erneut krampfte sich meine Gebärmutter schmerzhaft zusammen. Blanke Wut keimte in mir auf. Was ist bloß los mit mir? Hilfe! „Du kannst jetzt mit mir streiten und deinen Zorn füttern oder du vertraust mir und erfährst, was sich da in dir verwandeln möchte." Innerlich kochte ich vor Wut und würde wirklich gern mit ihm streiten und ihm die Schuld an meiner verzwickten Situation vorwerfen, aber etwas in mir wurde bei seinen Worten geweckt. War es Neugier? Ganz langsam näherte sich Magnus meinem Gesicht, er sah so unverschämt gut und stark aus. „Schließ die Augen!", forderte er mich heraus, „vertrau mir, Engel. Es wird dir gefallen." Ich ließ meinen schützenden Widerstand los und gehorchte. Als sein Daumen die Kontur meiner Lippen nachzog, krampfte sich meine Gebärmutter erneut zusammen, aber diesmal wich der Schmerz einem unsäglichen Lustgefühl. Es fühlte sich an, als würde ich unter dieser sanften Berührung bereits zerfließen. Ich war so empfindlich, und mein Körper, meine Haut waren aufs Äußerste gereizt. Er streichelte weiter unendlich sanft mein Gesicht. Als mich sein starker Arm umfing, hörte ich ihn in meinem Kopf flüstern: *„Lass dich fallen, lass los! Jetzt!"*
Ich tat, wie mir geheißen und fiel in eine bodenlose Tiefe. Schwärze umfing mich, tiefste Dunkelheit verschlang mich. Ich hörte nicht mehr auf zu fallen, ich raste mit dem Gesicht vorwärts dem Nichts entgegen. Mein Sehen war fast gänzlich eingeschränkt, aber meine anderen Sinne schienen zu explodieren. Mein Körper glühte von innen, als würde ich verbrennen. In meinen Ohren war ein undefinierbares Rauschen, und in meinem Mund war der metallische Geschmack von frischem Blut. Ein Schrei wollte aus meinem Inneren hinaus in die Welt. Er drückte spürbar gegen meinen Brustkorb, und ich schrie laut, als mein Körper am Boden aufschlug und in tausend kleine Stücke zerbarst.
Ich lief durch den Wald, völlig unbeschwert, frei und stark. An einem Baum blieb ich stehen und sah an mir herab. Ich war nackt. Mein Körper war im Stadium einer heranwach-

senden Frau, die zwei Hügel der Brüste deutlich erkennbar, der Schamhügel leicht behaart, und zwischen den Beinen quoll ein Rinnsal Blut die Schenkel hinab. Ich lachte und fühlte diese unbeschreibliche Kraft, diese magische Verzückung, die dieser Zustand der Blutung mit sich brachte. Ich hob meine Arme gen Himmel und rief die Kräfte des Himmels, des Kosmos an, sich mit mir zu vereinen. Danach kniete ich mich auf die Erde vergrub meine Finger leicht im lockeren Boden des Waldes und beschwor die Kräfte der Erde, sich mit mir zu verbinden. Ich fasste zwischen meine Schenkel und besiegelte diesen Schwur mit meinem Blut. Als ich mich aufrichtete, durchströmte mich unendliche Energie, von oben und unten flossen Wärme und ein Prickeln durch meinen jungen Körper. Ich war die Tochter der Erde und des Himmels. Meine Beine fingen an, sich nach dem Rhythmus, den mein trommelndes Herz vorgab, zu bewegen. Ich tanzte und tanzte unaufhaltsam weiter mit geschlossenen Augen nackt durch den schützenden Wald. Aus meinem Mund kam ein Lied, dessen Worte ich nicht verstand, aber sie gaben meinem Körper Kraft, sich zu wandeln. In diesem Tanz der Schöpfung war ich verbunden mit der Weisheit des Himmels und den Kräften der fruchtbaren Erde. Besiegelt durch mein Blut wurde ich zur wahren Frau. Ich spürte das Erbe meiner Mutter und das Erbe meines Vaters in meinem Blut singen, und ich wusste, was zu tun war. Jetzt und hier.

Die Höhle des Grauens

Als ich wieder denken konnte, fühlte ich mich wie in Watte gepackt, leicht schwebend. Bin ich jetzt tot? Mir fiel ein, dass ich auf dem Boden aufgeschlagen war, oder doch nicht? Völlig benebelt schlug ich die Augen auf. Mein Blick fiel sofort auf die entspannten Gesichtszüge meines Liebsten, und ich spürte unsere Verbindung durch ein feines, angenehmes Brizzeln in der Magengegend. Er spürte, dass ich ihn musterte und öffnete seine Augen. Wie immer sah er mich unbeschreiblich liebevoll an. Die Liebe floss spürbar aus seinem Blick, es war wie eine Liebkosung, ein zartes Streicheln. „Guten Morgen, Liahndra." Erst jetzt bemerkte ich, dass es bereits hell war und die Sonne durch die Fenster schien. Die Kerzen waren erloschen, und Magnus musste mich die ganze Zeit über in seinen Armen gehalten haben. Dem armen Kerl musste alles wehtun. „Guten Morgen. Wie lange hab ich geschlafen?" „Keine Ahnung, spielt auch keine Rolle." „Danke, dass du bei mir warst. Ich hatte einen irren Traum." „So, so, einen Traum." Was sollte das nun wieder bedeuten? Ich erhob mich geschmeidig und fühlte mich wunderbar leicht, dazu kraftvoll, erfüllt und voller Tatendrang. Ich reckte und streckte mich und fragte: „Was soll das jetzt wieder für eine Andeutung sein?" „Warum glaubst du, geträumt zu haben? Alles, was du gestern erlebt hast, einschließlich deines „Traumes" ist die Wirklichkeit." „Ok, ich gebe mich geschlagen, denn ich will diesen herrlichen Morgen nicht mit einem Streit beginnen. Lass uns zu den anderen gehen und frühstücken, ich hab einen Bärenhunger." „Ich auch, aber viel lieber würde ich dich vernaschen." Er grinste verführerisch, und ich hüpfte lachend aus seiner Reichweite. „Dazu musst du mich erst erwischen."
Er sprang grinsend aus seiner ungemütlichen Position und war mit einem Satz bei mir, zog mich, ohne dass ich mich wehrte, in seine Arme und wir küssten uns innig. Sein Glied schwoll spürbar an und drückte gegen meinen Lusthügel, was wiederum in mir ein heftiges, süßes Ziehen auslöste. Ehe ich mich versah, lagen wir auf unserem blutbesudelten Lager

und liebten uns erneut mit voller Hingabe. Als ich erschöpft, aber glückselig an seiner Seite kuschelte, wurde mir klar, dass gestern die Lea, die ich einst war, gestorben war. Alles hatte sich von Grund auf verändert, und es fühlte sich hervorragend an, ich fühlte mich hervorragend. „Lass uns aufräumen und zu den andern gehen", meinte Magnus bestimmt, „bevor ich dich noch mal vernaschen muss." „Nein, ich hab genug von dir", sagte ich neckend, und eine kleine Wehmut erfasste mich. „Wir müssen uns auf die Suche machen, die Kinder!" Mein schlechtes Gewissen meldete sich, da ich die letzten Stunden so wundervoll verbracht hatte, und meine Kinder in irgendeiner Höhle von abscheulichen Wesen gefangen gehalten wurden. „Hör sofort auf, so negativ zu denken, oder willst du den Seelenzehrern Tür und Tor öffnen mit deinen niedermachenden Gedanken? Alles ist so, wie es sein soll, du hättest nichts anders machen können und deine Kinder wollen, dass du glücklich bist. Wir werden sie finden, vertrau unseren Fähigkeiten." „Ok, lass uns anfangen." Ich schlug mir ein Laken um und suchte meine Kleider zusammen. „Ich möchte mich kurz duschen und die Zähne putzen", informierte ich ihn knapp „bin gleich wieder da", packte meinen kleinen schwarzen Rucksack, öffnete geschwind die Tür, huschte über den Flur zum Badezimmer. Auf dem Flur war ich froh, keinem zu begegnen, da mir sehr wohl bewusst war, welchen Eindruck ich so blutverschmiert bei einem Fremden gemacht hätte. Im Nassbereich angekommen, schloss ich die Tür, ließ mich dagegen sinken, und Szenen der gestrigen Nacht tauchten in meinen Gedanken auf. Mein Körper reagierte prompt mit einem angenehmen Ziehen im Unterleib. Ich riss mich von meinen Erinnerungen los und wagte einen Blick in den Spiegel. Oje, überall getrocknete Reste von unserem Blut. So kannte ich das aber aus keinem Vampirfilm, da verschwand die rote Flüssigkeit immer diskret und hinterließ keine Spuren. Bei diesen Gedanken konnte ich mir ein Schmunzeln nicht verkneifen. Meine neue Erfahrung belehrte mich definitiv eines Besseren. Ich zog meine Zahnbürste, Zahnpasta, Shampoo und Duschgel aus meinem Rucksack. Beifällig musste ich ni-

cken, als ich bemerkte, dass Tessa Monatshygieneartikel und meine Lieblingskörpermilch eingepackt hatte. Sie war so gut zu mir. Ich konzentrierte mich und schickte ihr ein gedankliches „Dankeschön". Als ich das Wasser anstellte, erschrak ich heftig, als ein „Gern geschehen, Schwesterherz" zurückkam. Daran musste ich mich wirklich erst gewöhnen. Das Wasser war angenehm erfrischend, und mein Optimismus wuchs, ich wusste, bald würden wir die Kinder finden, wenn wir Glück hatten, heute schon. Bei dieser Erkenntnis wusch ich mich schnell, putzte gleich unter der Dusche die Zähne und trat erfrischt und wie neugeboren nach draußen. Noch schneller trocknete ich mich ab, entwirrte in Windeseile meine nassen Haare, stopfte meine Habseligkeiten in den Rucksack und eilte zurück ins Zimmer. Als ich die Tür öffnete, war Caleb mit Magnus in ein angeregtes Gespräch verwickelt, das abbrach, als ich eintrat. Beide glotzten belämmert in meine Richtung. „Guten Morgen", brachte ich zögernd hervor, „stör ich?" „Nein, komm rein", antwortete Caleb. „Ich verschwinde auch mal unter die Dusche." Erst jetzt bemerkte ich, wie verwegen Magnus aussah, mit getrocknetem Blut beschmiert und in ein fleckiges Laken gewickelt stand er lässig vor Caleb. Die Röte schoss mir in die Wangen, und beide grinsten. Ich tat so, als würde ich es nicht bemerken, was zwar albern war, aber besser als meine Scham zu rechtfertigen und fing an, eifrig das Bett abzuziehen und den vielen Stoff zusammenzufalten. Die Tücher würden wir den Pensionsbesitzern erstatten müssen, ich wollte auf keinen Fall, dass sie diese zu Gesicht bekamen. „Wir sind unten im Frühstücksraum, beeilt euch, es gibt Neuigkeiten."
„Bin schon weg", meinte Magnus gutgelaunt und ging hastig ins Bad. „Was ist passiert?" „Sige und Belenus befinden sich bereits auf dem Rückweg ihrer Erkundungstour und haben viele nützliche Details herausgefunden. Wir wissen noch nichts Genaues, aber sie haben die Höhle gefunden." Ich atmete erleichtert aus und ließ mich aufs Bett sinken. Meine Knie waren plötzlich ein einziger Wackelpudding und verloren ihre Funktion, mich aufrecht zu halten. Ich spürte Tränen

der Erleichterung in mir aufsteigen. „Lea", Caleb war sofort zur Stelle und musterte mich besorgt, „alles in Ordnung?"
„Ja, geht schon, danke." „Würdest du mich bitte allein lassen, ich warte noch auf Magnus und dann kommen wir sofort runter", stammelte ich mit belegter Stimme. Erst jetzt fühlte ich den Druck auf meiner Brust, so dass mir das Atmen schwer fiel. „Geht's dir wirklich gut?" Mein unglückliches Nicken überzeugte Caleb keineswegs, aber er verließ, ohne noch ein Wort zu sagen, das Zimmer. Kaum hatte er die Tür hinter sich zugezogen, brach ich in heftiges Schluchzen aus. Die Anspannung und der Druck der letzten Tage brachen erneut aus mir heraus. Ich ließ es geschehen und weinte hemmungslos. Der Schmerz in meiner Brust wurde mit jedem Schluchzer leichter. Ich wünschte mir so sehr, meine Kinder in die Arme zu schließen und hoffte, dass sie gesund waren, physisch wie psychisch. Ob meine Mutter wohl auch dort ist? Ich rollte mich auf dem Bett zusammen und weinte erleichternd weiter, als mich plötzlich der würzige, frische Duft von Magnus umfing. „Hey, mein Engel, warum weinst du?", hörte ich ihn mitfühlend fragen. Er strich mir aufmunternd über den Rücken, und eine nasse, verklebte Strähne schob er sanft, so wie nur er mich berührte, hinter mein Ohr. „Es gibt Neuigkeiten. Caleb vermutet, Sige und Belenus hätten die Höhle gefunden, wo die Kinder versteckt sind. Wir sollten sofort nach unten gehen". Er reichte mir ein Taschentuch und meinte geistesabwesend: „Ja, das sollten wir." Ich putzte mir die Nase und musterte ihn, so gut das in meinem Gefühlszustand ging, aufmerksam. So hatte ich ihn noch nicht erlebt. Er reichte mir die Hand und zog mich mit Leichtigkeit an seine Seite. Schon war er wieder mit ganzer Aufmerksamkeit anwesend. „Was ist mit dir?" „Keine Zeit für Erklärungen, wir müssen sofort zu den anderen". Schnell eilte er voraus und ich, ohne mich um mein Heulsusengesicht zu kümmern, hinter ihm her. Was war passiert? Wir flogen die Treppen fast nach unten, und schnurgerade, als wäre er hier zuhause, fand Magnus den Weg zu unseren Gefährten. Als wir den netten Frühstücksraum betraten, waren bereits alle anwesend, außer Belenus. Magnus schritt

schnell auf Sige zu und zog sie in seine Arme. Ein gemeiner Stich bohrte sich in meinen Unterleib. Hatte ich irgendwas verpasst? Was sollte auf einmal diese Vertrautheit der zwei? Er erkundigte sich nach ihrem körperlichen Befinden, sie nickte und schluckte mehrmals hintereinander. Dann fing sie langsam an, laut zu erzählen. Ich wusste, dass sie sich unter Ausschluss ihres Teams und mir bereits mental mit Magnus unterhalten hatte. Aber wieso? Ich erwiderte Medias forschenden Blick, den ich spürte, seit wir den Raum betreten hatten. Tessa sprang auf ihre witzige Art in meine Richtung und formte mit den Lippen „K a f f e e?" Ich nickte schwach und musste weiter ansehen, wie rührend sich Magnus um Sige kümmerte. Hier war etwas im Gange, das fühlte ich eindeutig, und alle wussten Bescheid, nur ich nicht. Als Tessa mir eine heiße Tasse Kaffee in die Hand drückte, blickte ich sie fragend an. Sie drehte sich einfach weg und ließ mich grübelnd stehen.

„Belenus und ich hatten uns heute Morgen vor Sonnenaufgang auf den Weg gemacht, den Media uns zuvor auf der Karte eingezeichnet hatte. Wir kamen gut voran, es sind ungefähr drei Stunden. Den größten Teil kann man mit dem Geländewagen zurücklegen, die restliche Stunde ist ein steiler Aufstieg, da sich ein Eingang der Höhle an einer massiven Bergwand befindet. Zu unserer Verwunderung war der Eingang nicht bewacht, und wir pirschten uns vorwärts. Ich sag´s euch, da drin haben sich die Seelenzehrer ein verwirrendes Tunnelsystem erschaffen, aber wir kamen gut voran. Wir blieben die ganze Zeit zusammen und deckten uns gegenseitig, aber dann ging es auf einmal sehr schnell. Belenus zischte mir ein „Zieh dich zurück" zu, und ich gehorchte, machte kehrt und lief, so schnell ich konnte, zum Ausgang. Als ich dort ankam, war ich allein. Von Belenus keine Spur. Ich hielt mich an die Abmachung, sofort zu euch zurückzukehren. Ich seilte mich allein zur nächsten Deckung ab und wartete. Ich versuchte, telepathisch Kontakt herzustellen. Nichts. Ich hab ihn verloren."

Niedergeschlagen senkte sie ihren Kopf gegen Magnus Schulter, und er strich ihr tröstend über den Rücken. In meinem Unterleib baute sich Druck auf, das gefiel mir überhaupt nicht.

War ich etwa eifersüchtig? Magnus drehte sich zu mir um und sah mich vorwurfsvoll an. Na toll, danke. Beleidigt wandte ich mich an Media und hakte nach.

„Wie ist der Plan?"

„Als erstes, Sige, du hast alles richtig gemacht, und ich denke, Belenus kommt schon klar. Er ist ein Profi, und falls sie ihn erwischen, dann kann uns das später hilfreich sein. Ich weiß, dass es ihm gut geht, das spüre ich, und er beherrscht bekanntlich einige Tricks, sich sozusagen unsichtbar zu machen. Da finde ich ihn kaum." Bei ihrer Erklärung lächelte sie völlig entspannt. „Zweitens, Magnus, du erklärst anschließend Lea, wie das mit dir und Sige die letzten Jahrzehnte gelaufen ist." Erschrocken hoben beide den Kopf und sahen sie etwas belämmert an. Mein Druck im Unterleib nahm weiter zu, und ich wusste nicht, ob ich das hören wollte. Ich hatte so eine Ahnung, auf was das Ganze hinauslaufen würde. „Drittens", Media war voll in ihrem Element, wenn es um Organisation und Einteilung ging, hatte sie das Team gut im Griff und alle hörten auf ihre Befehle, „brechen wir in einer Stunde auf. Hast du die Kinder gespürt, Sige?" „Ja, sie sind da und viele andere Menschen." Sige entzog sich dem fürsorglichen Halt von Magnus und schaute in die Runde. „Das ist ein grausames Körperlager, das sie da versteckt halten. Macht euch auf das Allerschlimmste gefasst! Was wir in all den Jahren gesehen haben, ist nichts im Vergleich da oben im Berg. Sie brauchen so viele Seelen wie möglich, da sich das Portal bald öffnet. Ich würde vorschlagen, dass Lea nicht mitkommt." „Was", protestierte ich sofort, „das bestimmt keiner von euch. Ich komme mit, da könnt ihr euch drauf verlassen." Ich blitzte Media herausfordernd an, aber sie ging überhaupt nicht darauf ein und nickte nur in meine Richtung. „Wir bleiben alle zusammen, und Lea kommt mit mir und Magnus. Wir drei holen die Körper der Kinder da raus, und ihr lenkt die Seelenzehrer ab. Außerdem müssen wir Belenus finden, keiner bleibt zurück, verstanden." Ich frühstückte nebenbei die ganze Zeit bereits im Stehen, und als ich mir eben mein letztes Stück Brot mit Marmelade in den Mund schieben wollte, standen Magnus und Sige vor mir. Sie war eine wunderschöne Frau und damals meine beste Freundin. Ich hatte viele Erinnerungen an unsere gemeinsame Zeit wieder zur Verfügung, aber ich spürte am Druck in meinem Unterleib, dass sich unsere Beziehung gleich beweisen musste, und ich hatte noch keine neuen Erlebnisse mit ihr abgespeichert. Sie blieb eine Fremde, Seite an Seite mit meinem Mann. Die Betonung lag hier bei „meinem". Schnell kaute ich den letzten Happen meines Stehfrühstücks und spülte die Reste mit Kaffee hinunter. Ich folgte den beiden hinaus an die frische Luft.

„*Ah, was für ein wunderschöner sonniger Tag.*" Obwohl es gleich Mittag sein musste, war die Luft klar und frisch. Ich atmete tief ein und versuchte, mich locker zu machen. Magnus nahm meine Hand und zog mich zu sich heran. Sein Körper war angenehm warm und löste in mir eine tiefe Sehnsucht aus. „Bitte was du jetzt hörst, ändert nichts an unserer Beziehung. Ich liebe dich, Lea", fing Magnus ohne Umschweife an. Sige verkrampfte sich bei seinen Worten etwas, das entging mir nicht. Diese extreme Wahrnehmung war echt erstaunlich. Sige fing an zu erzählen. „Es war vor", sie sah zu Magnus, „ich glaube ungefähr hundertfünfzig Jahren, damals waren die Kämpfe mit den Seelenzehrern noch weitaus blutiger und häufiger, Magnus kam schwer verwundet von einem Einsatz zurück und brauchte dringend Blut, kräftiges Blut. Verstehst du? Kein Menschenzeug oder Tierblut. Er wäre uns fast unter den Händen weggestorben, er hatte sich schon selbst aufgegeben, aber ich konnte das nicht zulassen. Also hab ich ihn genährt." Sie sah ihn eindringlich an und fuhr fort: „Und nicht nur dieses eine Mal. Ich hatte keinen Gefährten und deshalb kam ich als einzige in Frage, und ja, seitdem verbindet uns eben mehr als die anderen." In meinem Kopf überschlugen sich die Gedanken, wie bitte, was musste ich noch alles zu hören bekommen, aber um gleich Klarheit zu bekommen, fragte ich leicht nervös: „Hast du sie auch genährt? Habt ihr miteinander geschlafen?", presste ich in einem Atemzug hervor. Sie sahen sich an und nickten gleichzeitig. Magnus fand als erster die Worte wieder: „Genährt habe ich sie nicht, aber wir hatten mal was laufen, aber das ist schon seit einer Ewigkeit vorbei." Stille breitete sich aus.

„Jetzt weißt du es, ich will, dass wir ehrlich zueinander sind". Ich schluckte deutlich spürbar, in mir war völlige Ruhe, kein Druck, keine Wut, also fügte ich nur ein: „Gut, so ist es eben passiert. Danke, Sige, dass du meinem Mann das Leben gerettet hast." Ich stockte mitten im Satz. „Das ist merkwürdig, aber ich hab dazu momentan kein Gefühl. Lasst uns zu den anderen gehen, wir müssen gleich los." Magnus zog mich voller Inbrunst an seine Brust und küsste mich leidenschaftlich. Er vergrub sein Gesicht in meinem Haar und flüsterte an meinem Ohr: „Danke." Er atmete tief ein. „Du riechst fantastisch", ein sehnsüchtiges Ziehen in meinem Geschlecht wollte sofort mehr von ihm. Mein Körper war eindeutig ein Verräter. Ich erwiderte seinen Kuss und hätte ihn am liebsten mit ins Zimmer geschleift, damit ich ihm zeigen konnte, wer seine Frau ist. Er lächelte verschmitzt: „Dein Gedanke gefällt mir, mein Engel, aber das müssen wir leider auf später verschieben, jetzt heißt es volle Konzentration. Komm!" Hand in Hand marschierten wir zu den anderen, die über eine Karte gebeugt noch immer versammelt waren und die letzten Einzelheiten austauschten. Sige war verschwunden. „Tessa, Caleb und Sige", Media suchte den Raum nach ihr ab, sprach aber weiter, „ihr drei müsst den Rückweg zu Fuß antreten, wir treffen uns, wenn alle in Sicherheit sind, hier in dieser Hütte, sagen wir gegen 22:00 Uhr. Wir fahren nur mit dem Jeep, den Bus würde ich gern hier lassen, damit wir sofort mit den Kindern weiterfahren können". „Geht klar", nickte Caleb. „Okay, holt bitte eure Sachen, wir fahren los, ich möchte, bevor es dunkel wird, angreifen." Sie befahl das, mit einer Leichtigkeit, als würde sie Essen bestellen. An mich gerichtet meinte sie: „Lea, schau dir mal die Kleider in dieser Tasche an und nimm bitte die Decken mit." Sie deutete auf eine blaue Tasche, und ich tat, wie mir befohlen war. Media war hier der Boss, da gab es keine Widerrede. Darin waren zwei bequeme, warme Jogginganzüge, genau in der richtigen Größe der Kinder, dicke Socken, frische Unterwäsche und zwei Mützen. Ich packte eilig wieder zusammen, schnappte mir die Decken und verließ den Speiseraum. Der Jeep wurde bereits von Caleb vorgefahren, und Tessa stieg aus und öffnete den Kofferraum. Schnell legte ich die Sachen der Kinder hinein und eilte zurück ins Haus. Dort nahm ich zwei Stufen gleichzeitig und rannte in unser Zimmer. Ich suchte meinen Rucksack und sah mich nochmal um. Die Kerzen, die Laken, alles, was an unser gestriges Ritual erinnern konnte, war bereits verschwunden, als wäre nichts geschehen. Ein wissendes Lächeln huschte über mein Gesicht, Geheimhaltung und absolute Verschwiegenheit war das oberste Gebot meines neuen Lebens, wir konnten es uns nicht leisten, Spuren zu hinterlassen. Genauso schnell, wie ich hergerannt war, eilte ich zurück. Sige stand mit Magnus am Wagen, und sie sprachen leise miteinander. Als ich aus der Pension trat, beendeten sie sofort ihr Gespräch. Diese Affäre war für Sige eindeutig nicht vorbei. Ich sah ihre Herzverbindung zu Magnus, und die war stark und keinesfalls rein freundschaftlich. Ich musste mit ihr das Gespräch suchen, denn dieser Mann war meiner. Sie sollte sich bald einen anderen Gefährten wählen. Hinter mir hörte ich Media Höflichkeiten mit der Pensionsbesitzerin austauschen, die ihr eben eine angenehme Wanderung wünschte. Täuschung und eine niederträchtige Lügerei, schoss es mir durch den Kopf, gehörten auch zu den neuen Geboten. Tessa kam auf mich zu und herzte mich mit einer überschwänglichen Umarmung. „Jetzt wird alles gut." Ihre Nähe tat mir gut, und vor allem, seit Magnus und Sige mir ihre Affäre gestanden hatten, spürte ich eine unüberwindliche Distanz zu Sige, aber ich konnte jetzt nicht darüber sprechen. Das musste bis später warten. „Du siehst fabelhaft aus, Schwesterherz, wie das blühende Leben!" „Ja, das kommt hin! Ich fühl mich sehr kraftvoll und frisch. Wie geht's dir mit deiner Verwandlung, ist die bereits abgeschlossen?", fragte ich, während wir auf Media warteten. „Nein, noch nicht ganz, aber du weißt ja Übung macht den Meister, und es erfordert höchste Konzentration, wenn ich meine Gestalt verändere, aber ich kann das jetzt schon ziemlich lange halten." „Wow, von welcher Zeit sprechen wir da?" fragte ich neugierig. „Ein bis zwei

Stunden. Es kommt auf das Tier an, die Katze klappt noch länger, aber der Gepard erschöpft mich sehr. Der hat eine Wahrnehmung und Ausdauer, das ist unglaublich." „Macht ihr das gemeinsam, du und Caleb?" „Ja, er passt sozusagen auf mich auf." „Dann bin ich ja beruhigt, wenn du als Tier so ein tollpatschiges Wesen bist wie als meine kleine Schwester, dann brauchst du auch einen Begleiter." Wir prusteten beide los, und die Ablenkung von der bevorstehenden Mission war genau das, was ich jetzt brauchte. Meine Anspannung nahm von Minute zu Minute zu. Magnus hatte sich in der Zwischenzeit zu uns gesellt, und Sige war nach hinten in den Kofferraum geklettert, da würden bald meine zwei Süßen Platz finden.
Media eilte heraus und strahlte über das ganze Gesicht. „Belenus ist in Sicherheit, er wartet auf uns. Er hat das Tunnelsystem genauer erforscht und ist froh, dass du zurückgegangen bist", die letzten Worte galten Sige. Sie nickte erleichtert. Wir stiegen ein, und Caleb fuhr sogleich los.
Außer dem Schnurren des Motors war kein Laut zu vernehmen, jeder hing seinen eigenen Gedanken nach. Die herrliche Landschaft zog an uns vorbei. Es war sehr hügelig und dicht bewaldet. In der Ferne zeichneten sich die Berge ab. Ich schloss die Augen und konzentrierte mich auf mich selbst. Mein Traum, den ich vor einiger Zeit hatte, kam mir wieder in den Sinn, und ich hämmerte mir ins Gehirn, dass ich diesmal die Kontrolle meiner Emotionen, die mich so angreifbar machten, beherrschen musste. Ich kramte in meinen Erinnerungen nach schönen Erlebnissen, die mich sofort in ein glückseliges Gefühl versetzen würden. Das war die stärkste und einzige Waffe, die ich gegen die Seelenzehrer hatte. Meine letzte Begegnung mit diesen abscheulichen Kreaturen hatte mir bereits gezeigt, zu was diese Monster fähig sind.
„Lea", Magnus riss mich aus meinen Gedanken. „Hm?" Er hielt mir eine Pistole hin. „Ah", erschrocken sah ich ihn an. „Die wirst du brauchen und scheue dich nicht, auf sie zu schießen, wenn sie in einem menschlichen Körper stecken. Den Rest erledige ich. Du weichst nicht von meiner Seite. Hast du mich verstanden?" „Aber", weigerte ich mich, „ich kann nicht

mit diesem Ding umgehen." Er grinste wissend. „Nimm sie in die Hand!" forderte er mich auf. Ein kurzes Zögern, aber meine Neugier siegte, es konnte ja nicht schaden so ein Ding dabei zu haben. Als sich die Finger meiner rechten Hand um den schwarzen Griff der Waffe schlossen, wusste ich prompt, wie ich sie handhaben musste, aber woher wusste ich das? Erstaunt blickte ich zu Magnus. „Da ich es kann und du meine Gefährtin bist, hast du die Information bereits gestern in jeder Faser, ja, in jeder Zelle deines Körpers gespeichert." „Wow, das ist ja gigantisch." Ich strahlte ihn an, wie ein Kind, das gerade entdeckt hat, wie man Bauklötze aufeinander stapelt. „Du hast jetzt auch einige Nahkampfkünste drauf", grinste er. „Cool", murmelte ich anerkennend. Ich schob die Pistole in den Schaft meines rechten Stiefels und stellte erstaunt fest, dass sie sich sehr gut an mein Bein schmiegte und mir eine zusätzliche Sicherheit vermittelte. „Dann kannst du jetzt vermutlich so gut kochen wie ich?", fragte ich amüsiert. „Das werden wir demnächst ausprobieren." Er strich mir zärtlich über die Wange. „Ich bin froh, wenn ich euch in Sicherheit weiß, ich will nicht mehr mit dir in den Kampf ziehen müssen. Das wird heute eine Premiere für mich, und meine Angst, dich zu verlieren wäre unerträglich. Versprich mir, zum Schutze von uns allen, dass du keine Dummheiten machst und gehorchst." Ich nickte zerknirscht und stellte fest, dass ich noch immer ein schlechtes Gewissen hatte, als ich mich aus der Wohnung in England verdünnisiert hatte. Das nette Pärchen hatte ich ebenfalls in große Schwierigkeiten gebracht. Mein Mantra wurde länger und wiederholte sich fortwährend hinter meiner Stirn. *An was Schönes denken, zusammenbleiben, gehorchen und schießen. An was Schönes denken, zusammenbleiben, gehorchen und schießen. An was Schönes denken, zusammenbleiben, gehorchen und schießen.*
Das sollte ich diesmal hinbekommen.
Als Caleb den Wagen abstellte, wusste ein jeder, was er zu tun hatte, nur ich konnte dümmlich hinter Magnus herschleichen. Alle überprüften ihre Taschen und Waffen. Caleb hatte Klettergurte dabei, die er Tessa, Sige und sich selbst anlegte. Sie

würden einen anderen Rückweg nehmen und würden dort steilen Fels bezwingen müssen. Magnus packte die Kleider der Kinder in seinen Rucksack, und Media breitete derweil die Decken im Kofferraum aus. Wie sollten wir die Kinder hierher bringen, wenn sie bewusstlos waren? Ich atmete hörbar aus und versuchte nicht weiter nachzugrübeln. „Was kann ich tun?", fragte ich in die Runde. „Komm mit mir, wir schneiden Äste und bauen zwei Tragen", forderte mich Magnus auf. Erleichtert über die Beschäftigung folgte ich ihm. Wir streiften tiefer in den wunderschönen Mischwald hinein. Das Laub raschelte unter unseren Füßen, und die Sonne zauberte mit ihrem goldenen Licht ein Spiel aus Schatten und Formen auf den Waldboden. Wären wir nicht kurz davor, eine Rettungsaktion zu starten, würde ich diese Wanderung mit meinem Liebsten sehr genießen. Meine Waffe drückte unangenehm gegen meinen rechten Unterschenkel, so dass ich ihre Position leicht verändern musste. Magnus hielt bei jungen Bäumen an, stellte seinen Rucksack ab, öffnete einen seitlichen Reißverschluss und reichte mir ein kleines Messer. „Ich werde dicke Äste schneiden, und du entfernst bitte die kleinen Ästchen und das Laub, damit wir stabile Stangen haben, die wir zu einer Trage zusammenbauen werden. Okay?" „Verstanden". Er fing eifrig an, kleine Bäume zu fällen und ließ sie neben sich zu Boden fallen. Ich holte mir einen nach dem anderen und entästete und entlaubte sie gekonnt. Die Arbeit lenkte mich ab, und ich fühlte mich gut dabei. Die gute Luft füllte meine Lungen, und der Geruch des Waldes vermischte sich mit dem betörenden Duft meines Geliebten, den der Wind in meine Nase trug. Ich hielt kurz inne und betrachtete Magnus bewundernd, seine anmutigen Bewegungen, die er beim Suchen und Schneiden des Holzes machte, waren atemberaubend. Er musste meinen Blick spüren, denn er drehte sich zu mir um und rief: „Der letzte für dich", und kam strahlend auf mich zu. Ich nahm ihm den verzweigten Stecken ab und wiederholte meine Tätigkeit gewissenhaft. „Fertig." „Komm bitte her und halt die Enden zusammen." Ich folgte seiner Aufforderung, und geschickt wickelte Magnus Schnur um die

Verbindungen, die ich nach seiner Anweisung fest aneinanderdrückte. Geschwind hatten wir zwei stabile Tragegestelle fertiggestellt, die erstaunlich leicht waren. „Perfekt", lobte Magnus unsere Arbeit. Wir packten schleunigst die Messer weg, und jeder nahm eine Trage ins Schlepptau, so eilten wir zu unseren Gefährten zurück. Ein motiviertes Team empfing uns freudig. „Da seid ihr ja endlich." „Die sehen stabil aus." „Sige, leg dich mal drauf, ob die überhaupt was aushalten." Sie riefen alle durcheinander und ihre Aufregung war deutlich zu spüren. Eine elektrische Spannung lag in der Luft, und mir stellten sich die Härchen am ganzen Körper auf. Magnus bat Sige, sich auf die Trage zu legen, und gemeinsam mit Caleb trug er sie eine Runde ums Auto. „Genug gealbert", unterbrach Media ihr Treiben, „wir gehen." „Gut gemacht", sagte sie an Magnus und mich gewandt. Wir formierten uns in Paaren, wobei Sige und Media voran marschierten. Caleb und Magnus waren die Letzten, da sie die Gestelle den Berg hinauf schleiften. Tessa und ich bildeten das Mittelfeld, wir stiegen zügig den steilen Abhang hinauf, und je länger ich mich in diesem Wald befand, umso ruhiger und zuversichtlicher wurde ich. Die Natur, die mich hier umgab, war so unberührt, und ich fühlte mich als ein Teil von ihr. Als würde sie mich positiv aufladen. Meine Atmung war etwas schneller als im Ruhezustand, aber ansonsten konnte ich keinerlei Erschöpfung feststellen. Wieder ein lohnender Vorteil in meinem neuen Dasein als, ja, guter Gedanke, was war ich jetzt. Eine Baobhan-Sith, das kann ich ja fast nicht aussprechen. Vampirin, ist der falsche Ausdruck. Unsterbliche passt ebenso wenig und das war ich auch nicht. Halbdämonin, nein, das ist zu gruselig. Übersinnlich, dieses letzte Wort beschrieb es genau, übersinnlich. Meine Sinneswahrnehmungen hatten sich von Grund auf verändert. Sie waren unglaublich fein und über alle Maßen geschärft. Sobald ich mich konzentrierte, konnte ich feinste Geräusche hören, jetzt drang das Rauschen eines Baches an mein Ohr. Mein Sehen war sowieso der Hammer. Ich schloss die Augen, und als ich sie öffnete, war es fantastisch, der Wald, die Bäume, alles strahlte in einem regenbogenfarbenen Leuchten. Wunder-

schön. Die Telepathie wollte ich nicht mehr missen, obwohl ich Übungsbedarf hatte. Die anderen kommunizierten fast ausschließlich so, und ich bekam nur die Hälfte mit. Vielleicht sollte ich gleich mit dem Üben anfangen. Ich sammelte mich und konzentrierte mich auf meine Schwester. *„Du bist so still"*, schickte ich ihr. Sogleich hob sie ihr hübsches Gesicht in meine Richtung. *„Hey, super, du lernst schnell."* Ich zuckte mit den Schultern. *„Bleibt mir nichts anderes übrig, oder?"* Sie lächelte beschwichtigend. *„Ich denke, wir haben alle die Wahl zu entscheiden, was wir wollen. Du hast dich für Magnus entschieden und ich für Caleb. So fremd dir das alles erscheinen mag, nimm es einfach an und bewerte nichts. Tief in mir bin ich ruhig und friedlich, wie noch nie zuvor in meinem Leben. Wenn wir die Mission, die die Prophezeiung von uns fordert, erfüllt haben, werden wir Zeit haben, viel Zeit, um uns selbst neu kennenzulernen. Jetzt müssen wir meine Nichte und meinen Neffen von diesen schrecklichen Seelenzehrern befreien und ich wünsche mir, dass wir Mama finden."* Entsetzt blickte ich sie an, wie wahr ihre Worte doch waren. Die Prophezeiung hatte ich schon in den hintersten Winkel meines Gedächtnisses verbannt. Ich sollte mich endlich meiner Aufgabe verantwortlich stellen und dankbar annehmen, was diese wundervollen Gefährten für mich auf Spiel setzen, ohne dabei mit der Wimper zu zucken. Da ziehe ich wirklich meinen Hut. *„Ja, das ist richtig, es war meine freie Entscheidung. Ich hoffe, dass wir alle lebend da herausholen!"*
Wir schwiegen erneut, und jede hing ihren eigenen Gedanken nach. *„Tessa, hast du gewusst, dass Magnus und Sige vor, was weiß ich, wie lang das her sein soll, zusammen waren, also ich meine, eine Affäre hatten, weil sie ihm ihr Blut gegeben hat?"* Sorgenfalten zeichneten sich auf ihrer Stirn ab. *„Das ist lange her, Lea, mach dir da keinen Kopf, er ist jetzt mit dir zusammen, ich meine, so richtig, mit Ritual. Ihr habt gestern praktisch geheiratet, aber doch viel mehr geteilt als ein Ehegelübde. Mann und Frau vereint, eine Einheit. Euer Blut wird euch zusammenhalten."* Ich ließ ihre Worte auf

mich wirken, aber was war mit Siges Blut? Hält es Magnus ebenso mit ihr zusammen? So viele Fragen, drängten in mein Bewusstsein. Die Erinnerung an frühere Zeiten ist schön und gut, macht es mir aber keineswegs einfacher. Bin ich etwa eifersüchtig? Das steht mir wirklich nicht zu, wo ich doch meinen Ehemann betrogen habe, der, weiß Gott wo, abgeblieben ist. Ich betrachtete Sige, die weit vor mir ging. Sie ist eine entzückende, überaus hübsche Erscheinung und hat keinen Partner. Warum wohl? Sie war es, die damals mit Magnus auf diesem Konzert war. Sie hat ihn angehimmelt. Ich atmete tief aus und schüttelte leicht den Kopf, das konnte ich im Augenblick nicht brauchen. Ich nahm mir vor, später mit Magnus ein klärendes Gespräch zu führen. Media kniete ein paar Meter vor uns am Boden und hatte die Hände auf die Erde gelegt, ihre Augen waren geschlossen. Sige wandte sich an den Rest der Gruppe, während Media in eine Art Meditation versunken war. „Dort oben an den Felsen werden wir uns trennen. Magnus, der Eingang befindet sich rechts von den Felsen, versteckt die Tragegestelle dort irgendwo und seid äußerst vorsichtig. Caleb und Tessa, wir gehen links an den Felsen weiter und steigen an einer Steilwand in das Höhlensystem ein. Wir warten gemeinsam, bis Media mit ihrer Suche fertig ist." Fasziniert beobachtete ich, wie Media energetisch, förmlich mit dem Boden verschmolz, ihr Körper strahlte in einem diffusen Licht, ihre Lider flatterten leicht, und als ein erleichtertes Lächeln über ihr Gesicht huschte, erschauderte ich. Sie schlug mit einem Mal die Augen auf, löste schnell ihre Verbindung mit dem Boden und rannte in Richtung der Felsen davon. Tessa und ich schauten uns kurz irritiert an und sogleich war uns ihr Ziel klar, Belenus rannte zwischen den Bäumen hervor und nahm seine Frau freudestrahlend in die Arme. Sie küssten sich leidenschaftlich, völlig unbeeindruckt davon, dass wir ihnen alle bei ihrem überschwänglichen Begrüßungstaumel zusahen. Eine Welle der Erleichterung ging durch das gesamte Team, wir freuten uns alle, dass Belenus gesund wieder bei uns war. Sige strahlte über das ganze Gesicht, sie hatte sich wirklich größere Sorgen gemacht, als ich geahnt hatte. Ich fühlte mich in diesen heftigen, emotionalen Ausbrüchen immer noch etwas fremd unter ihnen. Als ich Magnus warme Hand an meiner spürte, wusste ich sofort, dass mein Platz an der Seite dieses wundervollen Mannes ist, egal was geschehen war, es war vorbei, das Jetzt zählte. Er zog mich an seine Seite und küsste mich sanft auf den Mund. Ich erwiderte seinen Kuss und kuschelte mich an seine Brust. Seine starken Arme umfingen mich und schenkten mir ein wundervolles Gefühl von Geborgenheit. „Am liebsten würde ich so stehenbleiben." „Ich auch", flüsterte er leise. Als Media und Belenus ihr freudiges Wiedersehen beendet hatten, schlenderten sie Arm in Arm auf uns zu. Media sah so entspannt aus wie schon seit Tagen nicht mehr. Der Schmutz des Waldes hing an Belenus Kleidung, aber ansonsten hatte er keinen Kratzer. Caleb und Magnus klopften ihm anerkennend auf die Schulter, Tessa und ich umarmten ihn kurz zur Begrüßung, und Sige sprang ihm mit einem freudigen Satz in die Arme. „Mach das nie wieder, hörst du", schimpfte sie ihn aus. „Du hast mir einen solchen Schrecken eingejagt." „Tut mir leid, aber das ging ziemlich schnell, ich wusste, dass sie uns auf keinen Fall entdecken durften, also hab ich dich zurück geschickt, ich war knapp hinter dir, aber als eine Abzweigung, die wir beim Hineingehen übersehen hatten, meine Aufmerksamkeit in Anspruch nahm, folgte ich dem Weg, der sich mir auftat. Ich wusste, du würdest keine Dummheiten machen und zu den anderen zurückgehen. Du bist eine sehr gute Kriegerin und weißt, wann es heißt Gehorsam zu sein, das war entscheidend. Also folgte ich diesem schmalen Gang, einige Abzweigungen führten ins Nichts, aber ich merkte, dass ich, wenn ich mich rechts halte und tiefer in den Berg hinab steige, die Anwesenheit der Seelenzehrer intensiver spüren konnte. Einmal kam eine Patrouille, aber sie entdeckten mich nicht. Ich folgte ihnen mit Abstand, und sie führten mich direkt in das Herz des Berges. Ihr macht euch keine Vorstellung davon. Dass wir dieses Lager nicht früher gefunden haben, erschüttert mich zutiefst. Unzählige Menschen sind da drin, die Kälte tief im Berg hilft den Seelenzehrern, sie in diesem schrecklichen, bewegungs-

losen Zustand zu halten, ohne Nahrung leiden sie, in völliger Kälte und Dunkelheit, sie sind teilweise bei Bewusstsein, damit die Dämonen sich von ihrer Qual nähren können, und andere sind mehr tot als lebendig. Es ist grausam, und ihr Leid ist körperlich spürbar. Ihr müsst euch mit allem wappnen, was ihr an positiver Energie für euren Schutz aufbringen könnt."
Ich war froh, dass Magnus mich wieder im Arm hielt, denn mir war auf einmal furchtbar übel, und meine Knie zitterten leicht. Ich spürte die Waffe in meinem Stiefel und erinnerte mich an mein Mantra: *"An was Schönes denken, zusammenbleiben, gehorchen und schießen"*.
"Sige, Caleb und Tessa wenn ihr da oben einsteigt, geht zwei Abzweigungen jedes Mal nach links und dann geht nach rechts. Nehmt immer den abschüssigeren Weg, der führt direkt in den Berg hinein. Seid vorsichtig, ihr müsst sie ablenken, wir holen die Kinder raus. Den Treffpunkt wisst ihr?" "Ja, wir wissen Bescheid, danke." "Sobald wir euch schießen hören, legen wir los." "Weißt du, wo sie die Kinder gefangen halten?" fragte ich mit krächzender Stimme, mein Mund war so verdammt trocken. "Ich nicht, aber du wirst sie spüren, sobald wir in der Höhle sind, du bist ihre Mutter und kannst eine Verbindung aufbauen. Du wirst ihr Blut singen hören."
Ich nickte, mein Kopf wog eine Tonne, ich wiederholte mein Mantra. "Lea, du brauchst uns nur führen, alles andere erledigen wir, verstanden." Erneut bestätigte mein Kopf mit einem Nicken. Media befahl bestimmend: "Los geht's, ich will da wieder raus, bevor es dunkel wird!" Wir gingen gemeinsam zu den Felsen, und dort teilte sich unsere Gruppe auf. Magnus und Belenus versteckten die Tragen hinter einer Baumwurzel, sie deckten sie mit Blättern und Ästen ab. Auch die Rucksäcke verstauten wir dort. "Was passiert, falls wir verfolgt werden?" "Wir vier sollten nicht bemerkt werden, das ist der Plan." "Okay, ich werde mir Mühe geben." "Komm schon, wir schaffen das." Media lächelte mich aufmunternd an. Wir kletterten mühelos den kleinen Felsvorsprung hinauf. Wie ein alles verschlingendes Maul lag der Eingang der Höhle vor uns. Meine Nackenhaare stellten sich augenblicklich auf, als ich direkt

vor dem zerklüfteten Spalt stand. Ein Hauch des Grauens drang in meinen Körper, ein Schauder nach dem anderen überzog meine Haut. „Stell dir deine Kinder vor, hol dir ihre lieben Gesichter vor dein inneres Auge!" wies mich Media sanft an. Magnus stand ganz nah bei mir, und ich war sehr erleichtert darüber. Ich ging einige Schritte in die Höhle hinein, und automatisch kniete ich mich auf den kühlen, steinigen Boden und legte meine Hände darauf. Mein Herz pochte laut, mein Blut rauschte und pulsierte in meinen Ohren. Das Gesicht meiner kleinen Tochter nahm vor meinem inneren Auge Gestalt an, sie lächelte ihr unbeschwertes Kinderlachen, und ihre Augen leuchteten. Ebenso entstand daneben das Bild meines Sohnes, auch er lächelte mir fröhlich entgegen. *„Wo seid ihr, meine Süßen?"* Alle meine Sinne richteten sich auf meine vermissten Kinder aus. Es dauerte eine Weile, plötzlich ohne Vorwarnung stellte sich ein Ziehen am Solarplexus ein, und ich hörte ihre Stimmen *„Mama"* rufen. Unaufhaltsame Tränen rannen über mein Gesicht. Ohne auf die anderen zu achten, marschierte ich los. Ich hörte ihre Schritte dicht hinter mir und folgte diesem Ziehen in meinem Bauch, das immer intensiver wurde. Ein muffiger, abgestandener Geruch umfing mich und erstickte mich fast. Der felsige Gang wurde schmäler und enger. Ich hielt kurz inne, denn ein leises Wimmern drang an meine Ohren, oder hörte ich es nur in meinem Kopf? Erneut lenkte ich meine volle Aufmerksamkeit auf meine Anna und meinen Leo. Ohne Geräusche zu verursachen schritten wir voran, mal rechts, mal links, ich bestimmte den Weg, der immer abschüssiger und rutschiger wurde. Die Kälte drang durch meine Kleidung, und der widerwärtige Geruch nahm deutlich zu. Abrupt blieb ich stehen, als mir eine Wand aus Schmerz und Leid entgegenschlug. Meine Eingeweide zogen sich krampfartig zusammen, und ich war kurz davor mich zu übergeben. Entsetzt verlor ich die Verbindung zu meinen Kindern, und am liebsten wäre ich auf und davon gerannt. Eine kalte Hand packte mein Herz und drückte zu. *„Lea, mein Engel, schau mich an."* Magnus Worte holten mich augenblicklich zurück, die Hand verschwand von meinem Herzen, und ich konzentrierte mich wieder. Ich wusste, der nächste Schritt war entscheidend, denn wenn wir diese Schwelle überschritten hatten, gab es kein Zurück mehr. Wir waren ihnen schon sehr nahe, ich spürte dies überdeutlich. Langsam drückte ich mich an die kalte, feuchte, felsige Wand, meine Sinne richteten sich aus und tasteten unaufhaltsam vorwärts. Es war, als wäre ein fühlender Teil von mir meinem Körper einen Meter voraus. Ich quetschte jedes Quäntchen Mut aus mir heraus und wagte den Schritt durch diese schmerzerfüllte, leidtragende unsichtbare Wand. Die Hand, die mein Herz zuvor umschlossen hatte, kehrte sofort zurück und drückte zu. Dieser widerliche Gestank war fast nicht zu ertragen. Weiter, vorwärts spornte ich mich an, die Dunkelheit wich dem schwachen Schein von Fackeln, die in einigem Abstand an den Wänden angebracht waren. Mich zog es nach rechts in eine weitläufige Abzweigung hinein, die anderen folgten dicht hinter mir. Ihr flaches Atmen war Balsam für meine schreckliche Angst, die mein Herz gefangen hielt. Ein endlos langer Gang tat sich vor uns auf, gesäumt von lichtspendenden Fackeln, und diesmal konnte ich bei diesem grauenvollen Anblick meinen Mageninhalt nicht mehr bei mir behalten. Ich beugte mich nach rechts und würgte mein Frühstück auf den kalten Boden, der so kalt war, dass das Erbrochene dampfte. Ich spuckte und keuchte, die Tränen brachen erneut aus mir heraus. Wie konnten sie es wagen, Menschen so etwas Schreckliches anzutun? Dieses Ausmaß an Leid hatte ich nicht erwartet. Magnus streichelte meinen Rücken. „Geht's wieder?" Er wischte meine Tränen fort und reichte mir eine kleine Flasche mit Wasser. Ich nahm einen Schluck, wobei ich vermied, in die Richtung zu blicken, die mir meinen Mageninhalt aus den Eingeweiden gedrückt hatte. Media hatte ebenfalls einen entsetzten Gesichtsausdruck, und ihre Augen waren so groß wie Golfbälle. Belenus stützte sie, während sie hinter mich starrte. „Konzentrier dich auf Anna und Leo, hörst du. Im Moment ist es das einzige, was zählt. Geh in der Mitte des Ganges und berühr keinen dieser Menschen, verstanden." Ich nickte und drehte mich dem Grauen entgegen.

Der Gang war ungefähr fünf Meter breit und soweit mein Auge reichte, führte er in den Berg hinab. Rechts und links waren übereinander saubere Nischen geschlagen, fünf in der Höhe, und darin lagen Menschen: Frauen und Männer, Jung und Alt. Sie waren nackt, ihre Haut war fahl, sie waren bis auf die Knochen abgemagert, einige hatten die Augen geschlossen, andere hatten sie offen. Ein grauer Schatten umschloss ihre Körper wie eine Hülle, und es sah aus, als würde aus ihrem Herzen ein schwaches Licht fließen. Aber ich konnte nicht ausmachen, wohin es floss. Keinesfalls wollte ich lange genug dort hinstarren. Es war abscheulich, und der ekelhafte Geruch ging von ihnen aus. Sie waren am Leben, aber ich fragte mich, ob sie spürten, was mit ihnen geschah. Sie wurden auf brutalste Art und Weise ihrer Lebensenergie und ihrer Seelenkraft beraubt. Wut und blanker Hass stiegen in mir auf, und ich schwor mir, dafür würde ihr König, samt seiner dämonischen Brut büßen. Instinktiv glitt meine rechte Hand zielsicher in meinen Stiefelschaft hinein und zog die Waffe heraus. Ich würde jeden einzelnen dieser Seelenfresser eigenhändig beseitigen. Ich stürmte vorwärts, die Pistole im Anschlag. *„Lea, bleib sofort stehen. Steck die Waffe zurück. Wir bleiben zusammen. Anna und Lea brauchen dich."* Ich schüttelte leicht den Kopf, meine Gedanken überschlugen sich, meine Kinder. Ohne Widerstand gehorchte ich der Stimme meines Geliebten. *„Wir dürfen uns keinen Fehler erlauben, und wir werden dieses Leid beenden."* Ich schob die Pistole geschickt zurück. Als sich von vorne ein unbestimmtes Geräusch näherte, drehte ich mich erschrocken um, die anderen hatten es ebenfalls gehört und blickten sich hektisch um. Rechts vor mir war eine freie Nische. Sollte ich mich dort verstecken? Da packte mich jemand an meinem Handgelenk und zog mich nach hinten. Im Eiltempo und ohne ein Geräusch zu verursachen verließen wir den Gang der lebenden Leichen und duckten uns schnell in einen dunklen Nebengang. Fest drückten wir uns gegen die kalten Felsen. Meine körperlose Wahrnehmung schlängelte sich einen Weg zurück in den vorigen Gang. Es war kein Geräusch mehr auszumachen. Als eisige Kälte auf mich zuströmte, zog ich mich schnell in meinen Körper zurück. Da war einer unserer körperlosen Feinde und schwebte den schwach beleuchteten Gang vor uns hinunter. Ein schwarzer, dickflüssiger Schatten ohne Seele, kälter als die Antarktis. Er schien uns nicht zu bemerken. Also hatte es noch keinen Angriff unseres Teams gegeben. Erleichtert atmete ich aus. *„Zurück in den Gang, wir müssen uns beeilen".* Ich befolgte die Anweisung von Belenus und konzentrierte mich erneut auf meine zwei Kinder. Das Ziehen war bereits fast nicht mehr auszuhalten, wir mussten uns ganz in ihrer Nähe befinden. Wir schlichen mit größter Vorsicht den Gang des Grauens entlang, als ich vor der Nische, in der ich mich fast versteckt hätte, erstarrte. Eine junge, hübsche Frau mit blonden Locken lag darin. Steif wie die anderen, aber wohlgenährt und rosig. Das hatte also den Seelenzehrer hierher geführt, Nachschub für ihre abartige Speisekammer. *„Geh weiter!"* Ich starrte ihr in die Augen, und sie blickte mich an. Sie musste mich spüren, denn ihre Augen bewegten sich in meine Richtung. Die Hand um mein Herz drückte erneut zu. Sie war so jung und wunderschön. Sie war bei vollem Bewusstsein gefangen in ihrem Körper. Eine Träne rann über ihr Gesicht. Magnus und Belenus packten mich rechts und links unter den Armen und zogen mich an der armen Frau vorbei. *„Mach deine Augen zu und konzentrier dich. Wo sind Leo und Anna?"* Dankbar ließ ich mich durch den Gang schleifen, es war zu viel für mich. Ich bin nicht mehr die Kriegerin, die ich einst war. Tiefes Mitgefühl und Liebe für all diese gefangenen Menschen breiteten sich in mir aus. Die kalte Hand der Angst hielt nicht länger mein Herz gefangen. Ich mag ja eine Baobhan-Sith sein, aber ich erinnerte mich an den Traum der letzten Nacht, und ich wusste, dass ich weit mehr war, als ich glaubte. Ich war die Tochter des Himmels und der Erde, und die Liebe und Kraft, die ich gestern gefühlt hatte, breiteten sich in mir aus. *„Ihr könnt mich loslassen."* Sofort stand ich auf meinen eigenen Beinen. Ich atmete ruhig ein und aus. Ich durfte mich nicht von meinen Gefühlen überrennen lassen. *„Dort vorne links müsste es sein."* Erleichtert, das Ziel direkt

vor uns zu wissen, nahm ich Magnus bei der Hand und schritt mutig vorwärts. Links befand sich ein kleiner Eingang. Ich sah mich zu meinen Gefährten um, und sie nickten mir zu. Ohne Magnus loszulassen, schlüpfte ich hinein, er folgte mir. Dieser furchtbare Anblick war das Letzte, das mein geschundenes Herz ertragen konnte, seit wir in dieser grauenhaften Höhle waren. Eine kleinere Höhle mit denselben sauber geschlagenen Nischen, die wir eben gesehen hatten, aber jetzt genau in der Größe von Kinderkörpern. Jede einzelne Nische war besetzt. Kinder in jedem Alter lagen leichenblass, abgemagert und in diese schwarzen Kokons gehüllt darinnen. Die Höhle erstreckte sich weit in den Fels hinein, und ich suchte mit all meinen Sinnen die Nischen ab, in der Hoffnung, Anna und Leo schnell zu finden und hier herauszuschaffen. *„Wo seid ihr?"* Mein Herz hämmerte wie wild. Als ich um die Kurve bog, erschauderte ich. Es war wie in meinem Traum. Mein Herz zerriss bei diesem schrecklichen Anblick. Unser Feind im Körper eines zerlumpten Mannes begrüßte mich erwartungsvoll. *„Da ist ja unser vermisstes Weibsstück."* Hatten unsere Feinde uns erwartet?
Ein besetzter, heruntergekommener Mann stierte mich aus unsagbar kalten Augen an. Hinter ihm in den Wandnischen lagen Leo und Anna, starr und bleich wie all die anderen lebenden Toten in dieser Gruft. *„Sag deinen erbärmlichen Freunden, sie sollen sich sofort zurückziehen, sonst siehst du deine Kinder nie wieder!* Er zog einen silbernen Dolch hinter seinem Rücken hervor. Er setzte die Klinge, während uns sein eisiger Blick genau beobachtete, an Leos zarte Kehle. Magnus stand direkt hinter mir und sog scharf die Luft ein. Mit kräftiger Stimme sagte ich: „Verschwindet auf der Stelle. Alle drei!" „Nein", antwortete Magnus drohend. Der Seelenzehrer verzog sein Gesicht zu einem grässlichen Grinsen, das seine gelben, verfaulten Zähne zum Vorschein brachte. Seine schwarze Tentakel fuhr in meine Richtung. Böse krächzend meinte er nur: „Dann müssen sie sterben." Ohne zu zögern drückte er den Dolch gegen die Kehle von Leo, so dass ein dicker, dunkelroter Tropfen Blut hervorquoll. „Nein", schrie

ich und im selben Moment knallte ein Schuss rechts von mir und ließ mich fast taub gegen die Wand taumeln. Der Körper des Mannes kippte nach hinten und schlug wie in Zeitlupe auf dem Boden auf. Ein schwarzer, dickflüssiger Schatten löste sich von seinem Körper. Magnus, Belenus und Media hatten sich bereits vor mich geschoben, und ein gleißend helles Licht strahlte aus ihren Händen, und mit einem „Plopp" löste sich der Seelenzehrer in Luft auf. Benommen starrte ich auf den verwesten Leichnam, der dort am Boden lag. Ich wusste nicht, was in den letzten Minuten das Schlimmste gewesen war. Mein Verstand konnte die Situation nicht erfassen. Es war alles so widerlich und irreal. Als meine Fassung zurückkam, drückte ich mich an den anderen vorbei, wieder strömten Bäche ungeweinter Tränen aus meinen Augen, aus meiner gequälten Seele und suchten ihren Weg nach draußen. Bei Leo angekommen, wollte ich ihm das Blut vom Hals wischen, aber Magnus hielt mich zurück. „Warte!" Media trat an ihn heran und schickte helles Licht durch ihre Hände auf den schwarzen Kokon, der ihn umhüllte. Die Strahlen ihres Lichts fraßen die Dunkelheit auf. Sie fuhr in kreisenden Bewegungen über sein Herzfeld, und der Strahl, der aus ihm herauszulaufen schien, versiegte. Nach wenigen Minuten gab sie seinen Körper frei. Jetzt durfte ich ihn berühren und strich ihm liebevoll über sein feuchtes Haar, das in schmierigen Strähnen an seinem Kopf klebte. Seine Augen waren geschlossen, sein kleiner Körper war eiskalt. Ich trocknete sein Blut und redete beschwichtigend auf ihn ein. In der Zwischenzeit kümmerte sich Media auf die gleiche Weise um Anna. Als sie ihren kleinen Körper ebenfalls freigab, hockte ich mich vorsichtig zu ihr. Sie sah so zerbrechlich aus. Ihre kleinen Augen waren fest geschlossen, ihr Atem ging etwas schneller als der von Leo, und auch sie war kalt wie der Stein, der uns umgab. Ihre Haare waren eine verfilztes Gewirr aus Schmutz und kaltem Schweiß. Ich fing an, beruhigend auf meine Kinder einzureden. „Ist gut, Mami ist da, alles wird gut. Schsch." Ich streichelte sanft über ihre Stirn, küsste sie und bemerkte, dass Annas Atmung sich verlangsamte. „Sie weiß, dass du da bist, sie spürt dich", flüsterte

Media mir aufmunternd zu.

„*Wir müssen uns beeilen, der Schuss war bestimmt kilometerweit zu hören.*" Media reichte mir eine kleine Decke, die ich über Anna ausbreitete, und eine zweite für Leo. „Wir werden die Kinder tragen, ihr bleibt dicht hinter uns", befahl Belenus. Ich nickte nur, mir war alles recht um schnell hier herauszukommen. „Meine Mutter, kann ich sie auch finden?" „Lea, wir müssen hier raus und zwar pronto. Bitte!", flehte mich Magnus eindringlich an, der bereits Leo auf seine starken Arme gehoben hatte. In meinem Kopf fuhren die Gedanken wieder Achterbahn. Aber ich kann doch nicht meine Mama zurücklassen. „Wir kommen wieder, ich versprech´s dir. Aber jetzt sofort raus hier." Die zwei Männer eilten vorneweg, und Media packte mich am Handgelenk und zog mich grob hinterher. Meine Glieder waren schwer wie Blei, aber ich riss mich zusammen. Einen Fuß vor den anderen setzen war ja nicht so schwierig. Als wir aus der Höhle der gefangenen Kinder bogen, schlug mir dieser ekelerregende Gestank erneut mit solcher Wucht in die Nase bis tief in meine Lungen hinein. Ich entzog Media mein Handgelenk, um mir mit der rechten Hand die Nase zuzuhalten. Irgendwo über uns war ein mächtiges Getöse zu hören. Die anderen hatten mit ihrem Ablenkungsmanöver begonnen. Wir mussten es schaffen! Ich beschleunigte meine Schritte, da bereits etwas Abstand zwischen mir und den anderen herrschte. Ruckartig blieben die anderen vorne stehen. „*Warum bleiben wir stehen?*" Keiner machte einen Mucks, irgendetwas stimmte nicht, aber ich konnte nichts sehen. *Zurück, schnell, sie kommen. Wir trennen uns, versteckt euch, wenn sie weg sind, treffen wir uns am Ausgang. Media, bleib du bei Lea. Beeilt euch.* Magnus erteilte diese Befehle, ohne dass jemand widersprechen konnte. Ich konnte mir meinen fluchenden Kommentar nicht verkneifen. „*Wir wollten doch zusammenbleiben. Verdammte Scheiße. Blöder Plan.*" Media zerrte bereits wieder an mir, und wir rannten sehr schnell in die Höhle der komatösen Gefangenen zurück. Ich starrte angestrengt geradeaus, da ich den Anblick dieser gequälten Seelen keinen einzigen Augenblick mehr ertragen wollte. Es waren so unzählbar viele. Meine Unaufmerksamkeit wurde mir leider sofort zum Verhängnis. Vor lauter Denken übersah ich einen losen Felsbrocken, blieb hängen, strauchelte und schlug mit voller Wucht auf den Boden auf. Die Luft wurde durch den heftigen Aufprall aus meinen Lungen gepresst. Benommen hob ich den Kopf. Media stand einige Meter vor mir, und hinter mir hörte ich das Unheil auf mich zukommen. Ich stemmte mit aller Kraft die Hände gegen den kalten Fels und richtete mich federnd wieder auf. Ich sah Media fest in die Augen und deutete mit dem Kopf nach rechts in Richtung Nische.

„Lass uns da reinkriechen!"

„Nein, mach das nicht!", war das Letzte, was ich von ihr hörte. Ihre Warnung kam zu spät, ich drückte mich schnell und ohne nachzudenken in eine belegte Nische. Sofort strömte ein höllischer Schmerz durch meinen Körper. Ich wollte schreien, wusste aber, dass ich dann verloren wäre, also presste ich die Lippen aufeinander und ließ mich von diesen unerträglichen Schmerzen foltern. Mir wurde kalt, immer kälter, ein unkontrollierbares Zittern breitete sich durch meinen Körper aus. Ich wusste nicht, ob der Mensch unter mir ein Mann oder eine Frau war, aber es fühlte sich an, als würde er in mich hineinkriechen. Er wollte von meinem Körper Besitz ergreifen. Diese eisige Kälte kam von unten. Die Schmerzen erlaubten mir nicht, einen klaren Gedanken zustande zu bringen, geschweige denn eine meiner Fähigkeiten einzusetzen. Ich hatte die größte Mühe, bei Bewusstsein zu bleiben. Meine Wahrnehmung beschränkte sich einzig und allein auf meinen schmerzerfüllten Körper. Das Leid kroch weiter in mich hinein, es fing an, mich zu verschlingen. Es tat so furchtbar weh. Bitte aufhören, ich kann diese Schmerzen nicht länger ertragen. Bitte, ich muss zu meinen Kindern. Ich muss zu Magnus. Bitte. Ein entsetzliches Schluchzen brach aus mir heraus, es war das Leid dieses gequälten Menschen unter mir. Er wollte sterben. Ich spürte seine Todessehnsucht. Sterben, um erlöst zu sein von all dem Leid und all der Schmach. Bilder seines

Lebens drangen in mein Gehirn. „Nein, ich will das nicht. Hör auf. Ich muss hier weg, bevor wir beide sterben." Er war dem Tod bereits näher als dem Leben, und mit meiner geraubten Energie könnte er es über die Schwelle schaffen. „Nein, ich muss leben." Ich richtete meine verbleibende Konzentration auf die drei wichtigsten Menschen in meinem Leben, und das waren Magnus, Leo und Anna. Sofort spürte ich zu all dem schrecklichen Schmerz ein neues, zartes, leichtes Gefühl. Ein befreiendes und zugleich beglückendes Gefühl breitete sich in meinem Herzen aus, bahnte sich einen Weg in meinen Bauch und in meinen Kopf. Ich sah die drei vor mir, wie sie mich anlächelten und aufforderten zu ihnen zu kommen. Ich komme, weil ich euch liebe, weil ich mich liebe, ich will leben. Mit einem heftigen Ruck löste ich mich von dem Körper unter mir. Ich lag immer noch auf ihm, aber die schmerzliche Verbindung ebbte ab, ich öffnete die Augen und lauschte angestrengt. Meine genialen Sinnesfunktionen waren wieder unter meiner Kontrolle. Ich schickte meine Wahrnehmung aus der Nische und erforschte den Gang. Kein Laut, nichts. Vorsichtig schob ich mich von dem eisigen Körper wieder nach draußen auf den schwach beleuchteten Gang. Ich hockte mich vor die Nische und hielt erneut den Atem an. Der Gestank war abscheulich. Kurz orientierte ich mich und entschied mich nach links zu gehen, da müsste der Ausgang sein. Entsetzt stellte ich fest, dass links vor mir die Nische mit der Frau war, die sie erst hierher gebracht hatten. Aber außer ihrem lockigen Haar und etwas mehr Fleisch auf ihren Knochen erinnerte nichts mehr an die rosige Schönheit, die ich vor kurzem hier gesehen hatte. Sie war mittlerweile ebenso blass, durchscheinend und starr wie die anderen Gefangenen. Die Richtung stimmte. Wo waren nur die anderen, und noch viel wichtiger, wo waren unsere Feinde? Ganz langsam und ohne einen Laut zu verursachen, schlich ich vorwärts. Ich musste schnell hier verschwinden. Nicht auszudenken, wie Magnus wieder mit mir schimpfen würde. Ich hatte es vermasselt und zwar richtig. Ich konnte einfach nicht auf ihn hören, immer wusste ich alles besser. Seine Warnung, diese armen Menschen keinesfalls zu berühren, fiel mir wieder ein. Zu spät, jetzt hatte ich den Schlamassel. Vorsichtig schob ich mich weiter. Was konnte ich tun, damit ich mich nicht verirrte? Beim Hineingehen hatten wir uns immer rechts gehalten, also ging es jetzt nach links. Ich verließ die Höhle des Grauens, und das Licht der Fackeln wurde schwächer. Ich versuchte, mich auf meine Lieben zu konzentrieren, um so den Ausgang zu finden. Nichts, kein Gefühl, kein Sog. Ob sie auf mich warteten? Wie lange ich wohl in der Nische gelegen war? Keine Ahnung, Zeit und Raum waren völlig ohne Bedeutung gewesen, als ich mit dieser armen Seele um mein Überleben gekämpft hatte. Ohne Vorwarnung stellten sich meine Nackenharre auf, und ich blieb stehen. Meine Sinne spürten sich in das Dunkel vor mir. Mein Atem ging flach. Ohne ein Geräusch zu verursachen, stand ich wie angewurzelt. Etwas war vor mir, ich konnte die Anwesenheit fast greifen. Ich presste mich lautlos gegen den kalten Fels. Wartete, lauschte. Nichts. Meine Haut kribbelte unaufhörlich, und ich hielt still. Es musste ein Seelenzehrer sein, kein Geruch, absolut unkennbar. Ich tastete erneut mit meiner sensiblen Wahrnehmung die Schwärze vor mir ab, und da war es. Jetzt hatte ich Gewissheit. Kälte, eisige Kälte breitete sich vor mir aus. Zwar bewegungslos, aber da. Hier kam ich nicht weiter, auf keinen Fall wollte ich in einen Kampf mit diesem Wesen verwickelt werden. Ich hatte keine Chance gegen sie zu bestehen, Erinnerungen, Waffen, Kampfkünste hin oder her. Ich war nicht mehr Liahndra, die mordende Dämonenkriegerin. Mit höchster Konzentration bewegte ich mich einige Meter an der Wand entlang zurück, schnell drehte ich mich um und floh den Gang zurück. Als der schwache Schein der Fackeln vor mir sichtbar wurde, verlangsamte ich mein Tempo. Fest presste ich mich wieder gegen die felsige Wand, deren Kälte meinen Körper bereits durchdrungen hatte. Hinter mir war nichts zu fühlen, und vor mir schien der Weg ebenso frei. Meine Fluchtgedanken überschlugen sich. Wohin sollte ich gehen? Von Magnus, Media, Belenus oder den Kindern gab es keine Spur. Wo Team Zwei mit Caleb, Tessa und Sige wohl war? Es gab mehrere Eingänge in diesen Berg, also musste ich doch einen Ausweg finden. Ich eilte zurück in die Speisekammer der Seelenzehrer und lief in die Richtung, die Media und ich zur Flucht eingeschlagen hatten. Hier gab es wenigstens etwas Licht. Diesmal konzentrierte ich mich auf jeden Schritt und kam gut vorwärts. Ich war bereits ziemlich weit vorangekommen, aber die Höhle nahm kein Ende. Endlos schlängelte sich der Weg in den Berg hinein, gesäumt von leidenden Wesen. Das Leid drang bereits wieder in mich ein, aber mit eiserner Konzentration ließ ich mich diesmal nicht ablenken oder gar übermannen. Nach einer gefühlten Ewigkeit erreichte ich eine Abzweigung. Drei Möglichkeiten lagen vor mir: Sollte ich rechts, links oder geradeaus weitergehen? Erneut checkte ich mit meinen hervorragenden Sinnen die Wege, soweit ich konnte, und beim letzten, der mich geradeaus weiterführen würde, fühlte ich ein feines Ziehen in meinem Solarplexus. Ich richtete all meine Sinne auf diesen Anziehungspunkt. Ich konnte es nicht mit Sicherheit sagen, aber es fühlte sich an wie meine Mutter. Stocksteif stand ich da. Sollte ich zu ihr gehen, aber in welchem Zustand würde ich sie auffinden? Obwohl ich körperlich kräftiger war als je zuvor, hatte ich bereits enorme Schwierigkeiten, mich selbst hier herauszubringen. Mit meiner Mutter auf den Schultern wäre das unmöglich. Ich beschloss, ich würde dem unwiderstehlichen Sog Folge leisten, und falls ich sie finden würde, konnte ich später mit Magnus zurückkehren und sie retten. Den Weg hatte ich mir genau eingeprägt, und dort, wo ich einmal gewesen war, würde ich hoffentlich wieder hinfinden. Auf meine gute Orientierung ist normalerweise Verlass. Hastig eilte ich vorwärts. Ich bemerkte, dass der Gestank nachließ und die steinernen Gefängnisse allmählich leerer wurden und schließlich überhaupt keine Menschen mehr in den Nischen lagen. In der Ferne hörte ich ein stetiges Hämmern. Sofort war mir klar, was dies zu bedeuten hatte. Es wurde an zusätzlichen Nischen gearbeitet. Wie viel Leid wollten diese Bastarde denn noch in den Berg sperren? Das Ziehen lotste mich direkt auf das Klopfen zu. Das gefiel mir überhaupt nicht. Meine Gedanken eilten zu meinen Gefährten. Ich würde gern wissen, wie man diese hellen Blitze erzeugt, das hätten sie mir mal beibringen sollen. Wahrscheinlich konnte ich es bereits, hatte aber keine Ahnung, wie ich es ausführen sollte. Vor mir breitete sich wieder eine Abzweigung aus. Das Klopfen war bereits sehr laut und rechts von mir, das Ziehen forderte mich jedoch auf, nach links zu gehen, und zu meinem Erstaunen befand sich am Ende der Höhlung ein schweres, hölzernes Tor. Ich drückte mich wieder enger an die Felswand und bewegte mich langsam vorwärts. Meine Sinne tasteten das Tor und die dahinterliegende Ungewissheit ab, soweit mir das möglich war. Meine Eingeweide krümmten sich heftig zusammen, fast hätte ich laut aufgestöhnt. Vor Schmerz biss ich mir fest auf die Unterlippe, bis mein eigenes Blut zu schmecken war. Meine Nackenhaare und meine prickelnde Haut warnten mich, aber meine Neugier siegte. Mein Blut pulsierte in größter Aufregung durch meinen Körper, mein Herz pochte fast so laut wie das Hämmern nebenan. Ich stemmte mich mit aller Kraft gegen das mächtige Holztor, aber erstaunlicherweise glitt es leicht einen Spalt auf. Schnell schob ich mich hinein. Wieder gab es schwaches Fackellicht. Die Seelenzehrer hatten hier über Jahrhunderte hindurch ganze Arbeit geleistet. Mein Blick glitt über die felsigen Wände. Mir gegenüber eröffnete sich ein schmaler enger Stollen, viel niedriger als die gewohnten Wege zuvor. Meinem Bauch nach zu urteilen sollte ich dort weitergehen, aber meine Alarmglocken schrillten bereits unüberhörbar. Als ich mich umdrehen wollte, um diese Grotte zu verlassen, schlug das Tor hinter mir mit einem heftigen Grollen zu. Ein triumphierendes Lachen hallte in der Höhle wider. Verdammt. Jetzt saß ich in der Falle. Das Lachen schwoll an, fraß sich in meinen Kopf, in meine Eingeweide. Schockiert musste ich feststellen, dass ich dieses Lachen nur allzu gut kannte. Es gehörte meinem Ex-Mann Andreas. Abrupt war es totenstill. Die kalten, steinernen Wände schienen sich auf mich zu legen und mich niederzudrücken. Ohne nachzudenken eilte ich in den Stollen, der Sog in meinem Bauch war ungebrochen, also vorwärts. Ich würde nicht hier bleiben und mich von dieser willenlosen Kreatur, die einmal mein Mann gewesen war, einschüchtern lassen. Der Stollen entpuppte sich als äußerst enge Angelegenheit. Höchstens einen halben Meter breit und zwei Meter hoch. Ich fühlte frische Luft einströmen, und als sich vor mir eine undurchdringliche Wand in den Weg stellte, wusste ich mit aller Sicherheit, dass ich in die Falle getappt war. An der Wand angekommen, folgte mein Blick einem verzweigten, engen Tunnelsystem senkrecht über mir. Die haben ihre unterirdische Höhlenstätte belüftet, war meine niederschmetternde Erkenntnis, es gab keinen Ausweg. Ich lehnte mich mit dem Rücken an die unüberwindbare Mauer und fühlte erneut in mich hinein. Was hatte mich hierher geführt, wenn nicht meine Mutter? Das Ziehen war vollständig verschwunden und hinterließ ein gemeines Gefühl von Übelkeit. Das stetige Prickeln meiner Haut erinnerte mich, dass ich in höchster Gefahr war. Ich fasste in meinen Stiefel, die Waffe steckte einsatzbereit dort, aber sie half mir nichts, wenn ich dann diese super-gigantische Lichtattacke nicht einsetzten konnte. Mir blieb nur übrig, mich selber zu erschießen, bevor mich mein Ex-Mann in die Finger kriegt. *„Genialer Gedanke, Lea"*, schimpfte mein Unterbewusstsein. Ein heftiges Schaudern ging durch meinen Körper, und meine Alarmglocken schrillten laut auf. Etwas oder jemand näherte sich unaufhaltsam. Mein Mantra fiel mir wieder ein. *„An was Schönes denken, zusammenbleiben, gehorchen und schießen."* Verzweifelt fing ich an zu beten: *„Lieber Gott, bitte, wenn ich lebend hier raus komme, verspreche ich zu gehorchen. Bitte, hilf mir."* Ich richtete meine Gedanken auf die wirklich wichtigen Dinge in meinem Leben. Ich dachte an glückliche Erlebnisse, und an all die vielen lieben Menschen. Es war das Einzige, was mir von meinem Mantra übrigblieb. Zwei gegensätzliche Gefühle rangen in mir, einerseits die verschlingende Angst und andererseits war ein Gefühl von purer Freude und starker Liebe. Welches würde die Oberhand gewinnen? Als vor mir ein kleiner Trupp widerwärtiger Seelenzehrer in Gestalt von zerlumpten Männern stehenblieb, suchte ich die Gruppe nach Andreas ab, konnte ihn aber nicht entdecken. Der mir am

nächsten stand erhob bleiern das Wort: „Du sollst uns folgen und keine Dummheiten machen. Sonst ist deine Mutter auf der Stelle Geschichte." Sie grunzten vor Lachen, als hätte ihr Sprecher einen überaus amüsanten Witz gemacht. Ihre eisigen Augen fixierten mich genau. Obwohl ihre Körper bereits so heruntergekommen, fast verfault waren, schlummerte in ihnen entsetzliche Kraft und eine überaus hochentwickelte Wahrnehmung. Diese dämonische Essenz, die ich bereits am eigenen Leib hatte spüren müssen, fiel mir wieder ein. Mein Vorteil war, dass meine übersinnlichen Fähigkeiten bei mir und meinen Gefährten in einem überdurchschnittlich gesunden Körper steckten. Nicht auszudenken, was sie für neue Kreaturen erschaffen könnten, wenn sie mich und all die Körper in die andere Dimension schaffen würden. Diese dämonische Essenz in einem Körper wie meinem hätte schreckliche Auswirkungen. Solch einer gewaltigen Invasion wären die Menschen gnadenlos ausgeliefert. Vielleicht sollte ich meine Idee, mich zu erschießen, in die Tat umsetzen? Aber sie hatten meine Mutter. Ich nickte, um ihnen zu zeigen, dass ich ihnen meinen Gehorsam versicherte. Magnus wäre erleichtert, würde ich ihm so widerstandslos gehorchen. *„Braves Mädchen"*, flüsterte Andreas Stimme in meinem Kopf. Wo war der Mistkerl? *„Jetzt nicht abfällig werden, meine Liebe."* Sofort galt meine Konzentration einer herrlichen Urlaubserinnerung, die ich aus meiner Vergangenheit kramte. Ausführlich stellte ich mir die wärmende Sonne auf meiner Haut vor. Ich werde dir nicht meine Lieben preisgeben, du elendes Scheusal. Ein siegessicheres Lachen hallte in mir wider. Die kalte, imaginäre Hand, die ich nur allzu gut kannte, packte mein wild trommelndes Herz, und eine faulige, reale Hand ergriff mich und zog mich direkt meiner alles verschlingender Angst entgegen. Hölzern und schwer atmend stolperte ich zwischen den Männern her, die sich den engen Stollen hindurch zwängten. Ihr fauliger Gestank war widerlich. Erneutes Würgen schüttelte mich.
In der Grotte mit dem verschlossenen Tor fiel mir das Atmen etwas leichter, und ich nahm mir fest vor, mir jetzt jede Be-

gebenheit genauestens einzuprägen. Einer der Männer trat aus der Gruppe und ging auf die Wand rechts vom Tor zu. Er fasste in eine kaum wahrnehmbare Nische, und unter Ächzen und Stöhnen schob sich eine Öffnung aus dem Fels. Als der Kerl sich zu uns umdrehte, fluchte er laut. „Du blöder Trottel, du solltest ihr doch die Augen verbinden!" *„Nein, bitte nicht"*, flehte ich still. Meine letzte Hoffnung schwand, und ehe ich mich versah, schlang mir dieser stinkende Widerling entsetzlich grob ein schmutziges Tuch um die Augen. Er zog es so fest, dass es mir die Augen in die Höhlen drückte, und er mir beim Verknoten ein Büschel Haare ausriss. Ich jammerte vor Schmerz auf. „Halt deinen Mund, sonst stopf ich ihn dir, verstanden." All meine Kraft wich aus meinem Körper. *„Reiß dich gefälligst zusammen"*, ermahnte mich mein Unterbewusstsein. Ich konnte mich in absoluter Dunkelheit bewegen, also würde ich ohne Sehkraft auskommen. Meine Wahrnehmung, mit neuem Mut bewusst hochgefahren, setzte ich mich mit der Truppe erneut in Bewegung. Mein feines Gespür tastete vorwärts, und ich prägte mir jede Biegung, jedes winzige Detail ein. Wieder ächzte und stöhnte der Fels direkt vor mir. *„Wohin werden sie mich bringen und was haben sie meiner Mutter angetan?"* Ich war froh, mich nicht von diesen zermürbenden Gedanken ablenken zu lassen, denn meine Aufmerksamkeit verlangte einen klaren Kopf. „Halt", hörte ich den vermeintlichen Anführer rufen. Wieder grabschten kalte, ekelerregende Finger über meine warme Haut. Ich wurde gezogen und gestoßen. „Da rein, mach schon!" Der Grobian schleuderte mich heftig auf den steinigen Boden, mit letzter Kraft konnte ich einen bösen Aufprall verhindern. Das mir bekannte Ächzen des schleifenden Felsen verschloss mein Gefängnis. Ich atmete abgestandene Luft ein, zerrte an meiner Augenbinde, die mit meinen Haaren verwickelt war, und als ich endlich frei war, saß ich wieder in absoluter Dunkelheit. Ich tastete kriechend umher. Der Raum war klein, nass und eisig kalt. Ich war eingeschlossen, gefangen in dieser verdammten Enge und mutterseelenallein mit meiner Angst und meinen hoffnungslosen Gedanken.

Es mussten bereits mehrere Stunden verstrichen sein Meine Kleidung war völlig durchnässt, die Kälte hielt mich in einem eisigen Klammergriff gefangen, aber das allerschlimmste war das Nichts. Ich versuchte meine Wahrnehmung aus diesem Gefängnis hinauszuschicken, probierte meinen Körper zu verlassen, um so Hilfe zu holen, aber es gelang mir nicht. Meine Kräfte schwanden mit enormer Geschwindigkeit, ich wusste nicht, wie lange ich in der Nische mit dem ausgezehrten Menschen gelegen war, geschweige denn, wie lange ich überhaupt schon in diesem Labyrinth aus Fels und Kälte herumirrte. Eine Verbindung zu meiner Mutter konnte ich nicht aufbauen, zu Magnus oder den Kindern war es ebenso wenig möglich. Verzweiflung und Resignation marterten mich. Was hatten sie mit mir vor? Wo war Andreas? Ich versuchte, mich an alles, was Magnus und die anderen mir über uns und die Seelenzehrer erzählt hatten, zu erinnern. Viel wirres Zeug drang in mein Bewusstsein, das musste aus der Vergangenheit stammen, denn ich konnte es nicht einordnen. Warum hatte ich solche Schwierigkeiten, auf dieses Vermächtnis zuzugreifen? Es sollte doch so leicht sein. Blut trinken, den galaktisch schönsten Sex auf Erden erleben und an alles erinnern. Ich ließ mich von meinen Erinnerungen an unsere letzte Vereinigung davontragen, als unter Knirschen die Wand hinter meinem Rücken nachgab, und ich direkt vor die Füße meines betrogenen Ehemannes plumpste. Heilige Scheiße, der scheint aber stinksauer zu sein. Mit verzerrtem Gesicht starrte er mich aus hasserfüllten Augen an. Was war nur aus ihm geworden! Ohne Vorwarnung packte er meinen Haarschopf und zog mich hoch und ganz dicht zu sich heran. Der Schmerz raubte mir schier die Sinne, ein leiderfülltes Wimmern drang aus meinem Mund. Sein Gesicht schob sich dicht vor meines, und sein stinkender Atem löste ein Krampfen in meinem Magen aus, und ich war kurz davor mich zu erbrechen. „Es freut mich auch, dich zu sehen, du kleine Schlampe. Jetzt werde ich dir zeigen, wer dein Ehemann ist, du betrügerisches Miststück." Er presste mir grob seine kalten, rauen Lippen auf meinen Mund. Mit äußerster Brutalität zog er an meinen Haaren, als ich versuchte, mich von ihm wegzudrehen. Mit der anderen Hand verbog er meinen rechten Arm nach hinten und drückte mich voller Wucht gegen den harten Fels. Entsetzt spürte ich seine Erektion an meiner Hüfte. Mein Unterleib verspannte sich bei dieser schrecklichen Erkenntnis. Ich presste meine Lippen und Beine zusammen, und wenn er mir meine Haare allesamt ausreißen würde, aber nur über meine Leiche würde er mich vergewaltigen. „Seit wann so dramatisch, Lea? Ich freu mich, dich wieder in meinen Armen zu halten, und du stehst doch auf Begrüßungssex." „Nein! Lass mich los!", presste ich kurzatmig hervor. Er hielt mich wie in einem Schraubstock, ich konnte mich keinen Zentimeter bewegen. „Sie haben mir dauernd gesagt, du würdest mich mit diesem Schönling betrügen, aber ich hab es ihnen nicht geglaubt, bis vor zwei Minuten deine Gedanken einen kleinen erotischen Ausflug machten." „Andreas, bitte lass es mich erklären. Es ist alles so schrecklich, bitte", flehte und bettelte ich unter Schmerzen. Mir fiel trotzdem auf, dass er anders war als die besetzten Männer, die ich bis jetzt gesehen hatte. Ich konnte nur nicht ausmachen, was es war. Sein Blick war gierig, lüstern und böse. Er presste sich fester gegen meinen Körper, gleich würden meine ersten Knochen brechen. Er entfernte seine klammernde Hand aus meinem Haar und zog flink etwas aus seiner Gesäßtasche. Jetzt bemerkte ich, dass keine Spur von Verwesung an ihm zu sehen war. Sein Körper war kräftiger als vorher. Heilige Scheiße, er war bereits ein neuer Seelenjäger. Er lächelte dunkel und packte meine rechte Hand, ließ etwas von mir ab und holte sich hinter meinem Rücken die linke dazu. Ohne nachzudenken verpasste ich ihm mit dem Kopf einen gewaltigen Stoß. Schmerz durchzuckte mich. Er taumelte kurz ein Stück von mir weg, bevor mir ein höllisch fester Fausthieb mitten ins Gesicht fast die Besinnung raubte. Beim Aufprall gegen den Felsen klapperten meine Zähne aufeinander, und ich rutschte in Zeitlupe den kalten Stein abwärts. Wieder ergriff er meine Hände, und mit einem scharfen Ruck waren sie schmerzhaft vor der Brust aneinander gebunden. Harter Kunststoff schnitt in meine empfindliche Haut an den Handgelenken. Erneut erfasste er brutal meine langen Haare, wand sie einmal um sein Handgelenk und schleifte mich gnadenlos hinter sich her. Ich war Schmerz, jede Zelle meines Körpers war purer, endloser Schmerz. Als sich ein tiefes, schwarzes Loch vor mir öffnete, ließ ich mich dankbar hineinfallen und verlor endgültig mein Bewusstsein.

Ich war zur Gänze bewegungslos und ohne Sinneskraft, da sickerte etwas nasses Kühles über meine Lippen. Es dauerte eine geraume Weile, bis mein Gehirn fähig war das Gefühlte zu erkennen. Wasser. Vorsichtig öffnete ich meine Lippen, um etwas von der kostbaren Flüssigkeit zu ergattern. Mein trockener Mund gierte nach einem Tropfen dieser lebenspendenden Gabe. Hastig schluckte ich, was ich erhaschen konnte. Ein leises, fieses Lachen ertönte und bohrte sich in meinen geschundenen Körper. Mühsam versuchte ich meine Augen zu öffnen, aber das rechte gehorchte meiner Bemühung nicht, das linke folgte meiner Aufforderung widerwillig. Schwaches Licht erhellte eine kleine Kammer. Die Kälte war verschwunden, obwohl zu meinem Entsetzen eine Gänsehaut über meine nackte Haut kroch. Jemand stand über mich gebeugt und flößte mir Wasser ein. Meine Arme schmerzten schrecklich, da meine Hände über meinem Kopf an die Wand gefesselt waren. Ich hing wehrlos und nackt in den Seilen meines Peinigers. Ich versuchte vergeblich, die Position meines Kopfes zu verändern, damit ich mehr sehen konnte. Von der unbequemen Haltung kribbelten meine Beine äußerst schmerzhaft. „Was willst du von mir?" krächzte ich unter Räuspern demjenigen entgegen, der mich in diese erniedrigende, quälende Stellung gezwungen hatte. Er kam mit schweren, langsamen Schritten auf mich zu, erfasste mit Daumen und Zeigefinger mein Kinn und riss meinen Kopf grob in seine Richtung. Vor Pein sog ich scharf die Luft ein, verursachte aber keinen Laut. Ein Etwas, das wie Andreas aussah, blickte mir aus tiefschwarzen, seelenlosen Augen entgegen. Sein hämisches Grinsen fuhr mir erneut durch Mark und Bein. „Dich. Will. Ich." Bei diesen Worten grabschte er an meine Brüste und fuhr mit seiner kalten

Hand zwischen meine Schenkel. „Ich werde dich bestrafen und so erbärmlich leiden lassen, wie du es mit mir getan hast. Ich werde dich bis an den Rand des Todes ficken, du dreckige Hure." Brutal schob er mir seine Finger in mein Innerstes. Ich schrie auf, weniger vor Schmerz, aber aus tiefster Verzweiflung und abgrundtiefem Hass. „Ja, gib´s mir, Baby. Das ist Balsam für meine Ohren. Dein Leid schmeckt köstlich." Immer fester bewegte er seine Finger quälend langsam rein und raus. Ich hatte nicht die Kraft, meine Schenkel zusammen zu pressen, noch konnte ich irgendetwas gegen ihn unternehmen. Ich war ihm hilflos ausgeliefert. Mein ohrenbetäubender Schrei endete in einem schwachen Krächzen. „Lass dir Zeit, Baby, wir haben viel Zeit." Er zog seine harten Finger aus mir und führte sie an seinen ekelhaften Mund. Genüsslich leckte er sich einen Finger nach dem anderen ab. „Du schmeckst so gut", raunte er erregt. „Wir zwei werden viel Spaß haben, und wenn ich mit dir fertig bin, schaffe ich dich durch das Portal und übergebe dich dem König der Seelenzehrer. Er wird mich reich belohnen und unsterblich machen."
„Andreas, bitte. Ich habe keine Kraft mehr. Binde. Mich. Los. Ich. Gehorche dir. Alles. Ich.", meine Stimme brach, eine drohende Ohnmacht begann mich zu übermannen. Eine schallende Ohrfeige klatschte auf mein zugeschwollenes Auge. Brennender Schmerz durchzuckte mich. „Schön bei mir bleiben!", säuselte er.
„Du redest nur, wenn ich dich auffordere, verstanden." Ich bemühte mich zu antworten, war aber zu langsam. Ein heftiger Biss in meine Brustwarze entlockte meiner trockenen Kehle einen schrillen Schmerzensschrei.
„So ist es brav, du wirst gehorchen, verlass dich drauf." Erleichtert stellte ich fest, dass er sich von mir entfernte. Ich ließ mein Auge zufallen und rutschte, soweit es mir möglich war in eine andere Stellung. Sofort fingen meine betäubten Beine an wie wild zu brennen, als die Versorgung von Blut und Sauerstoff wieder fließen konnte. Andreas hantierte mit irgendwelchen metallenen Gegenständen, wenn ich das Gehörte richtig interpretierte. Ich lugte vorsichtig zu ihm hinüber,

konnte aber nichts erkennen. Da er mit dem Rücken in meine Richtung stand, versuchte ich die Fesseln zu lockern. Bei jeder Bewegung schnitt der viel zu enggezogene Kabelbinder in meine Handgelenke. Aussichtslos. Ich war ihm auf Gedeih und Verderb ausgeliefert. Mein Bewusstsein erlosch und die Ohnmacht trug mich auf ihren trügerischen Schwingen davon. Immer wieder wurde ich wach, hörte verschiedene mir unbekannte Geräusche, geiles Stöhnen, flüsternde Stimmen, konnte aber nicht wach bleiben und glitt erneut in die Tiefen der Dunkelheit hinab.
Kälte, furchtbare Kälte ließ mich erzittern. Ich hörte lüsternes Stöhnen an meinem Ohr, mein Körper war völlig bewegungslos, meine Beine taub. Raue Hände strichen gierig über meinen Körper. Seine Zunge leckte über meine ausgetrockneten Lippen. „Nein, ich will das nicht", sagte ich schwach und wand meinen gepeinigten Körper unter seinen Händen. Mein linkes Auge ließ sich öffnen, und da war er wieder. Lüstern grinsend kniete er neben mir und streichelte meinen wehrlosen Körper. „Du willst es. Du bist meine Frau." Seine Finger versenkten sich quälend immer und immer wieder in meinem Heiligsten. Es war ekelhaft und demütigend. „Du bist nicht der, für den du dich ausgibst." Ich war völlig verkrampft, und jeder Stoß seiner Hand versetzte mir unendliche Schmerzen. Seine kalte Tentakel liebkoste widerlich meinen geschundenen Körper, und er raubte mir mit jedem weiteren Stoß seiner harten Finger in mir meine reinste Essenz. Ich konnte mich nicht wehren, und das geilte diesen Dämon noch mehr auf. Er stöhnte erneut auf und rieb seinen nackten Penis an meinen Oberschenkel. Ich wollte lieber sterben als dieses Monster in mir spüren zu müssen. Auf keinen Fall durfte es soweit kommen. „Genauso werden wir unbesiegbar werden, indem wir euch Frauen das nehmen, was ihr bereits vergessen habt zu besitzen. Wir werden es machen wie dein Vater und euch eurer weiblichen, nährenden Kraft berauben. Nie mehr werdet ihr Lust auf eure Männer haben und sie mit eurer Liebe nähren." Er lachte laut auf. Sein Penis bäumte sich noch weiter auf, und er rieb sich heftig gegen meinen Schenkel. „Noch ist

es zu früh, mein Mädchen. Aber bald werde ich in dir sein und dir deinen letzten Widerstand aus dem Leib ficken." Bei diesen Worten bohrte er seine brutalen Finger fest in mich hinein. Ich schrie vor Schmerz laut auf und er spritzte seine heiße, abscheuliche Flüssigkeit über meinen Bauch. Er packte mein Haar im Nacken, und ich hatte Angst, er würde dabei mein Genick brechen. Sein Gesicht schob sich wieder ganz nah vor meines, und seine eisig kalte Tentakel fuhr in Zeitlupe über meine Scham, meinen Bauch hinauf, zwischen meine Brüste. In Höhe meines Herzzentrums verweilte sie. Quälend langsam ließ er sie in mich hineingleiten. Mein Körper fing an, vor eisiger Kälte zu erzittern, und er sog wieder etwas von meiner kostbaren Lebensenergie aus mir heraus. „Du bist so stark und äußerst lecker." Mein Bewusstsein verabschiedete sich, und das Letzte, was ich vernahm, bevor mich die Ohnmacht umfing, waren seine bösen Worte, die mir ankündigten, dass er mich jetzt genauso mit sciner Tentakel in meinem Herzen bis an den Rand des Todes ficken würde.

Portale und große Mütter

Ein furchtbares, scheußliches Brennen in meinem Unterleib holte mich zurück in die grausame Realität. Benebelt und orientierungslos öffnete ich die Augen. Erleichtert über diesen Vorgang, denn es ließen sich wieder beide öffnen, das rechte ging zwar nur einen Spalt auf, aber immerhin ein Fortschritt. Der Heilungsprozess hatte bereits eingesetzt. Magnus Blut war noch stark in mir. Erschrocken stellte ich fest, dass ich mit gespreizten Beinen bewegungslos auf dem Rücken lag. Meine Arme waren wie zuvor über meinem Kopf festgebunden, aber die Seile waren verlängert worden, so dass ich der Länge nach auf dem harten Fels lag. Eine kratzige Decke bildete die einzige Abtrennung zum kalten Stein. Mühsam hob ich den Kopf und spähte vorsichtig in den Raum, war aber erstaunlicherweise allein. *„Hatte er mich vergewaltigt? Hatte er sich in mich ergossen?* Als mein Blick zwischen meinen Beinen angekommen war, schluckte ich erschüttert und vor Schmerz. Was hatte dieses Scheusal mit mir gemacht? Frisches Blut bedeckte meine Schenkel und meine Scham. Das Brennen kam von den frischen Wunden, die er mir dort zugefügt hatte. Fiese Utensilien, darunter kleine, gebogene Klingen, Klemmen und andere mir unerklärliche Gerätschaften lagen fein säuberlich neben meinen gefesselten Beinen. Der Schmerz durchzuckte mich bei jeder Bewegung. Die Angst umklammerte fest mein Herz. *„Was, wenn er zurückkommt?"* Meine Eingeweide krümmten sich zusammen, bittere Galle drückte sich in meinen Mund. Ich hätte mich am liebsten übergeben, aber in meiner Position würde mir das zum Verhängnis werden. Angewidert schluckte ich den Inhalt in meiner Mundhöhle wieder hinunter. Stattdessen ließ ich meinen Emotionen freien Lauf. Ich weinte hemmungslos vor Wut, vor Schmerz und Erschöpfung. Sollte ich jemals hier loskommen, würde ich dieses erbärmliche Arschloch eigenhändig erwürgen. Außer dem Schmerz in meinem Unterleib und dem verzehrenden Durst spürte ich von meinem tauben Körper nichts mehr. Diese zwei Empfindungen hielten mein Bewusstsein oben. *„Wo* *war er? Wie lange war ich bereits hier? Ich wollte nicht, dass er mich fickte. Niemals, lieber wollte ich sterben. Allein dieser Ausdruck für das Schönste, was zwei Menschen miteinander teilen können!"* Ich wusste, er würde mich dabei bei vollem Bewusstsein halten, denn je mehr ich litt, umso mehr bekam er von meiner Essenz.

Ich hörte Schritte, polternd und laut, sie kamen direkt auf mich zu. „Scheiße, er kommt zurück und hat es eilig."

Die Tür schlug heftig gegen die zerklüftete Felswand, ich erbebte vor Angst, aber nicht mein Peiniger, sondern Magnus stand im Eingang der Kammer. Schäumend vor Wut starrte er mich zugleich entsetzt und zornig an. Sein Gesicht war hart wie der Stein, der mich seit so langer Zeit umgab, seine Kiefer fest aufeinander gepresst. Jede Ader seines Halses und an seinen nackten Unterarmen zeichnete sich deutlich ab. Seine muskulöse Brust senkte, hob und senkte sich im Rhythmus seines schnellen Atems.

Peinlich berührt von seinem abschätzigen Blick schloss ich die Augen. „Bitte", flehte ich innerlich, er darf mich nicht so sehen. So hilflos und zerschunden. Wie ein Kind presste ich die Augen aufeinander in der Hoffnung, wenn ich ihn nicht sehen kann, sieht er mich auch nicht. Tränen der Hilflosigkeit bahnten sich ihren Weg in die Freiheit.

Ein animalisches, ohrenbetäubendes Brüllen ließ die Wände meines Gefängnisses erbeben. Es war, als würde er für uns beide all die erlittene Pein der vergangenen Tage in diesem Schrei freisetzen.

Mit einem einzigen Satz war er bei mir, riss immer noch wütend die Verankerung meiner Fesseln aus der Wand. Er zog sein Messer und schnitt behände meine Fesseln durch. Äußerst behutsam führte er meine geschwächten, tauben Glieder nach vorn an meine Brust und legte sie dort wie in Zeitlupe ab. Allein diese befreiende Bewegung schmerzte erneut höllisch, und ich stöhnte gequält auf. Keiner sprach ein Wort, die Stille schob sich wie eine undurchdringliche Wand zwischen uns. Schnell befreite er meine Beine und rieb zärtlich meine zerschundenen Fußgelenke. Es war eine Wohltat, seine warmen sanften Hände auf meiner Haut zu spüren. Mit einer fließenden Bewegung schälte er sich aus seinem Shirt. Ganz langsam schob er seinen Arm unter meine Schulter und half mir hoch. Das Sitzen bereitete mir wieder einen heftigen Stich in meine Genitalien. Umständlich versuchte er, mir sein Shirt anzuziehen. Meine tauben Glieder wogen Tonnen, und es fiel mir sichtlich schwer, meinen Arm zu heben. Das war zu viel. Ein erneutes Schluchzen schüttelte mich hilflos durch, und die Mauer, die eben noch zwischen uns stand, war gebrochen. Behutsam schlang er seine starken Arme um mich. Dankbar ließ ich mich gegen seine warme Brust fallen. Unaufhaltsam strömten Tränen der Erleichterung aus mir. Sanft wiegte er mich hin und her und hauchte mir einen federleichten Kuss auf die Stirn. Beschwichtigende Worte trösteten mich: „Es ist vorbei. Ich bring dich nach Hause." Kraftlos lehnte ich mich fester an seinen wärmenden Oberkörper. Sein köstlicher, erdiger Duft hielt mich bei Sinnen. Ja, er ist da. Er ist gekommen um mich zu retten. Sein Herzschlag trommelte laut gegen mein Ohr. Ein belebender Rhythmus, der mein Blut in Wallung brachte. Ein mörderischer Hunger und der schreckliche Durst breiteten sich in meinem Bauch aus und tobten wie ein ausgehungerter Wolf nach einem Stück Fleisch. Ohne Aufforderung streckte er mir sein frisch geritztes Handgelenk an meinen Mund. Gierig packte ich zu und genoss die nährende und heilende Stärkung seines Blutes. Augenblicklich durchströmte mich frische, stärkende Energie. Magnus strotzte vor Vitalität und Kraft, die er jetzt mit mir teilte. „Langsam, nicht so hastig", flüsterte er an meinem Ohr. Oh, wie sehr ich diesen Mann liebte.

Ich fühlte, wie mein Körper von dieser Urkraft genährt wurde. Sofort ging die Schwellung an meinem rechten Auge deutlich spürbar zurück. Mein Unterleib fing an, sich zu entspannen. Nach einer Ewigkeit leckte ich zart mit der Zungenspitze über sein Handgelenk, um den Schnitt zu versiegeln. Ein wohliger, kehliger Laut drang aus seinem Mund an mein Ohr. Ich wusste, wie gern er mich nährte und welche körperlichen Reaktionen es ihm entlockte. Unter anderen Umständen

hätte dies ein köstliches Nachspiel. Eifrig streifte er mir sein schwarzes Shirt über. Mit geweiteten Augen blieb ich an den blutverkrusteten Gegenständen hängen, die zuvor mein Heiligstes entweiht hatten. Vorsichtig und mutig tastete ich zwischen meine Schenkel und ließ meinen Blick folgen. Einige frische Krusten und Abschürfungen waren fühlbar. Äußerlich war nicht viel zu erkennen, aber die Wunden in meiner Seele würden hässliche Narben hinterlassen.
Überaus sanft und zärtlich streichelte Magnus über mein verfilztes Haar und meinen Rücken. Seine Berührung war Heilung für meinen zerschundenen Körper und meine verletzte Seele.
„Schau mich bitte an, Lea!"
Schüchtern hob ich den Blick. Ich kam mir so beschmutzt und unter seiner Würde vor.
„Ich liebe dich." Er machte eine kurze Pause, wobei er mich mit seinen saphirblauen Augen genau fixierte. „Ich werde dich durch die dunklen Stunden deines Lebens begleiten, dir bei Leid und Schmerz zur Seite stehen, das habe ich dir versprochen." Wieder entstand eine Pause. „Es tut mir aufrichtig Leid, dass ich nicht früher bei dir war und diese abscheuliche Tat verhindern konnte." Er schluckte schwer, als ihm seine Stimme den Dienst verweigerte. Behutsam, als wäre ich zerbrechlich, zog er mich an sich.
An seiner Brust murmelte ich gerührt: „Das weiß ich. Du warst die ganze Zeit bei mir, du und die Kinder. In meinem Herzen wart ihr bei mir und habt mir Kraft und den Willen zum Überleben gegeben."
Wir weinten beide, trauerten über das, was geschehen war.
Als die Tränen endlich versiegt waren, fragte er mich, ob ich aufstehen könnte. Langsam brachte ich meine wiederbelebten Arme und Beine in eine einigermaßen standhafte Position. Leichter Schwindel stellte sich ein, und ich taumelte in Magnus Richtung. „Lass dir Zeit", mit Schwung hob er mich auf seine starken Arme und verließ mit mir diese abscheuliche Folterkammer. Ich schmiegte meinen Kopf an seine Brust und war froh, nicht selber laufen zu müssen. Bis auf sein weiches

Baumwollshirt war ich nackt, und dies machte die Sache für mich nicht gerade leichter. Er eilte geschwind die verzweigten Gänge entlang, dem Ausgang entgegen. Etwas hatte sich verändert, es dauerte eine Weile, bis ich benennen konnte, was es war. Der Gestank, dämmerte es mir, war fast verschwunden, ein leicht muffiger Geruch hing noch in der Luft. Ich öffnete die Augen und stellte beklommen fest, dass die Nischen bis auf wenige leer waren. „Was zum Teufel hat das zu bedeuten, Magnus? Wo sind alle?" Damit schloss ich auch unsere Feinde mit ein, denn Magnus preschte vorwärts, ohne aufzupassen. „Das Portal öffnet sich in drei Tagen. Die Seelenzehrer haben bereits alle brauchbaren Körper verschleppt und warten selbst auf ihre Rückkehr zu ihrem König." „Verdammt, wie lang war ich hier?"

„Viel zu lange, genau 21 Tage." „Wo ist Andreas?" Es fiel mir ersichtlich schwer, seinen Namen auszusprechen. „Der miese Feigling ist mir entwischt." Ich erzählte ihm meine Beobachtung. „Bei ihm ist es anders als bei den besetzten Menschen, die ich bisher gesehen habe. Es ist, als würde er aus absoluter Dunkelheit bestehen, kein Funken Menschlichkeit oder Liebe waren in ihm. Sein Körper strotzte vor Kraft, keine Verwesung." Magnus antwortete nicht, es schien, als würde er über diese Tatsache intensiv nachdenken. Ich gab eins drauf: „Ich hatte Todesangst vor ihm, seine Augen waren kalt, schwarz, seelenlos, und es vergnügte ihn ersichtlich, mich zu quälen, es belebte ihn zusehends. Ich wurde dabei immer schwächer."

„Deine Beobachtungen würden unsere Befürchtungen bestätigen, und sie wissen bereits, wie der Mensch vollständig besetzt werden kann, ohne dass er ihnen unter der Haut weggammelt." Plötzlich dachte er laut: „Natürlich, sie haben den Kerl, der dir im Wald deine Essenz geraubt hat, erwischt. Andreas stand dir sehr nahe und ist ein brauchbarer Gegner für dich. Er kennt dich und deine Schwächen sehr gut. Ich befürchte, dass deine Mutter dasselbe Schicksal ereilt hat".

„Aber sie, also ich meine ihre Anwesenheit hat mich doch in diese Falle geführt. Ich habe sie aufgespürt, so wie ich die Kinder gefunden habe."

„Da bräuchte nur ein Hauch ihrer Essenz in dieser Höhle verteilt werden und du würdest sie spüren und ihr nachgehen. Andreas wusste das."
Sofort dämmerte es mir. Der Frischluftschacht, es sollte wohl oder übel alles so kommen. Es war von Anfang an eine Falle gewesen.
„Durch deine grausame Folter ist er stärker und gefährlicher geworden, er hat sich von dir die ganze Zeit über aufs Beste genährt."
„Es war die Strafe für meinen Betrug."
„Nein, Lea, es ist ein uralter, widerwärtiger Plan des Seelenzehrerkönigs gegen seine eigene Schöpfung, die er gern vernichtet sehen möchte. Wir müssen jetzt sehr vorsichtig sein. Achtsam, unserer Selbst bewusst und getragen von Liebe. Diese Schlacht gilt nicht nur uns, sondern der gesamten Erde. Ich hoffe, sie wird uns beistehen. Der Feind ist weitaus stärker, als wir gedacht hatten, und er kämpft mit unfairen Mitteln."
Das war mir im Moment alles zu viel Information auf einmal.
„Wie geht's Anna und Leo?" „Die beiden sind wohlauf. Wir nähren sie energetisch, das ist das einzige, was sie aufnehmen können."
„Wie meinst du das?"
„Das zeig ich dir, wenn wir bei ihnen sind." Er erzählte weiter.:
„Wir lesen ihnen abwechselnd schöne Geschichten vor, oder Media singt für sie. Sie bekommen alles mit, spüren die Berührungen auf ihrer Haut. Es ist schön, ihnen ihre Mama heimzubringen."
Ich lächelte und flüsterte ein „Danke dafür."
Als wir unversehrt aus der Dunkelheit der Höhle ans Licht traten, schmerzten meine Augen von dieser blendenden Helligkeit. Die Sonne stand über dem Zenit, was bedeutete, dass wir hier keine Seelenzehrer antreffen würden. Behutsam stellte mich Magnus auf meine nackten Füße und verschwand einige Meter in Richtung eines Felsvorsprungs. Er tastete in eine Spalte und zog seinen schwarzen Rucksack hervor. Er öffnete den Reißverschluss und kramte frische Kleidungsstücke, So-

cken, Schuhe und, ich danke Gott und der Göttin dafür, eine Haarbürste und eine frische Zahnbürste mit Zahnpasta heraus. „Du bist ein Goldschatz." „Komm mit, ich zeig dir was." Langsam folgte ich ihm einen schmalen Pfad den Berg hinab. In der Ferne hörte ich Wasser rauschen. „Geht's oder soll ich dich tragen?", erkundigte er sich besorgt bei mir. „Nein danke, es ist schön, wieder zu laufen und die Erde unter meinen Füßen zu spüren." Ja, das Leben hatte mich wieder. Ich atmete gierig die frische Luft des Waldes ein und bemerkte, dass das Plätschern immer lauter wurde. Als wir einige Minuten dem Rauschen gefolgt waren, zeichnete sich zwischen den Bäumen ein Wildbach ab, der verlockend klares Wasser mit sich führte. Übermütig lief ich los. Lachend zog ich mir Magnus Shirt vom Körper und lief auf das einladende Nass zu. Schnell hatte ich mit der Hilfe von Magnus Lebenssaft meine körperliche Kraft wiedergefunden. Der Bach verbreiterte sich genau an der Stelle und floss hier in ein ruhiges, tieferes Becken ein, bevor er weiter hangabwärts rauschte. Ich ließ das Shirt zu Boden fallen und lächelte Magnus zu, der mich nickend aufforderte, hineinzuspringen. Dazu brauchte ich keine Einladung, und geschmeidig glitt ich einen kurzen Abhang hinunter und stand sogleich knöcheltief im kalten Wasser. Ich watete auf den rutschigen Steinen in die Mitte des Beckens. Dort reichte mir das kalte Wasser leicht bis zur Hüfte. Langsam tauchte ich bis zu den Schultern in das kühle, erfrischende Wasser ein. Bedächtig fing ich an, mir den Schmutz vom Körper zu waschen, aus den Haaren, aus dem Gesicht. Ich spülte mehrmals meinen Mund und spuckte die letzten Überreste der abgestandenen Höhlenluft aus. Geduldig wusch ich meine Arme und Beine, jede einzelne Zehe. Die größte Aufmerksamkeit widmete ich meinen Brüsten und meinem Schoß. Ganz sanft wusch ich mir jede schändliche Berührung von meinem Körper. Ich visualisierte die Kräfte des Wassers durch mich hindurch, es durchspülte mich mit seiner reinigenden Wirkung, Tränen strömten dabei aus meinen Augen, und so säuberte mich das Wasser außen und innen. Es reinigte meine verletzte Seele und meinen verschmutzten Körper.

Als ich mein Reinigungsritual beendet hatte, schielte ich zu Magnus hinüber, der mich bewundernd beobachtete. „Du bist so schön, so wunderschön, mein Engel." Ich watete, während ich ihn nicht aus den Augen ließ, auf ihn zu. „Reichst du mir bitte die Zahnbürste." Sorgfältig bedeckte er sie mit Zahnpasta und hielt sie mir geschickt mit dem Griff zu mir hin. Ich schob sie genüsslich in meinen Mund. Es war eine Wohltat, meine Zähne zu putzen. Ich konnte mich nicht erinnern, jemals solch ein Vergnügen dabei empfunden zu haben. Als ich mich wirklich sauber fühlte, verließ ich lächelnd und erfrischt den Bach. Magnus empfing mich mit einer leichten Decke und wickelte mich behutsam ein. Er zog mich an der Hand auf eine kleine, sonnige Lichtung. Der Boden war mit kleinen, weißen Blümchen bedeckt. Er setzte sich auf den warmen Boden und zog mich mit dem Rücken zu ihm zwischen seine gespreizten Beine. Vorsichtig fing er an, meine verfilzten Harre zu entwirren. Langsam und mit äußerster Geschicklichkeit kämmte er mein nasses, langes Haar. Ich schloss die Augen und genoss erleichtert diese angenehme Behandlung. Sein Körper strahlte eine herrliche Wärme aus, und die Sonne tat ihres dazu. In dieser himmlischen Atmosphäre fiel die Spannung der letzten Tage gänzlich von mir ab. Mit ihm zusammen zu sein war alles, was mein Herz wollte. Er war ein Teil von mir, den ich wiedergefunden hatte. Als er sein Werk vollendet hatte, drehte ich mich langsam zu ihm um. Er nahm meine Hände in seine. Wir sahen uns lange und tief in die Augen. *„Ich wäre fast gestorben ohne dich. Ich wusste, dass er dich hatte, und es war unmöglich für mich, dich zu erreichen. Das war das Schlimmste, ich konnte nichts, absolut nichts tun, bis der richtige Augenblick gekommen war. Ich konnte deinen Schmerz mit dir fühlen, war aber nicht in der Lage einzugreifen. Ich habe dich allein gelassen, obwohl wir zusammenbleiben wollten. Es tut mir Leid, bitte verzeih mir, ich liebe dich!"* Gequält und voller Schmerz erklangen seine Worte in mir wieder. Seine Augen waren dunkel vor Traurigkeit. Trotz der Wärme fing ich an zu zittern. Unsere Herzverbindung leuchtete hell und klar. Ich gab ihm keine Schuld und hatte nicht die geringsten Erwartungen an ihn gestellt. Langsam formten sich meine rasenden Gedanken in Worte.

„*Ich gebe dir keine Schuld. Es ist passiert und es war schrecklich. Jede Sekunde, die ich bei Bewusstsein war, war die reinste Hölle, aber du bist gekommen und hast mich gerettet, ohne dich würde ich nicht mehr hier sein. Du hast mich nicht allein gelassen. Ich weiß nicht, wie lange ich die Qualen noch ausgehalten hätte, aber jetzt ist es vorbei. Wir müssen nach vorne schauen. Ich muss durch dieses Portal reisen und mich dem König der Seelenzehrer stellen. Ich muss mich von seiner Macht entbinden, die er über mich erlangt hat. Ich hab keine Ahnung, wie ich das anstellen soll, aber ich weiß tief in mir, dass die Prophezeiung das meint. Das habe ich aber erst in all den schlimmen Stunden, die ich erlebt habe, verstanden. Es musste sein, Magnus. Sonst bleibe ich immer seine gefangene Seele und so viele andere auch. Ich muss es wagen und bitte dich, mit mir zu gehen, an meiner Seite. Ich danke dir für alles, was du mir in der kurzen Zeit, die ich dich kennenlernen durfte, bereits gegeben hast. Du hast mir unendlich viel Liebe und Kraft geschenkt. Du kümmerst dich um mich, du achtest und ehrst mich mit deiner Präsenz, mit deinem Sein, und das ist so kostbar und wundervoll, dass ich weiß, wenn wir in Liebe vereint zusammenstehen, uns nichts und niemand etwas anhaben kann.*" Mein Körper und mein Energiefeld prickelten heftig bei dieser Botschaft an meinen Geliebten. Ein Schauder nach dem anderen durchzuckte mich. Unaufhörlich schauten wir uns dabei in die Augen. Sein Gesicht entspannte sich zunehmend. Sein verschmitzter Zug um seinen Mund kam zurück.

„*Ich verstehe, was du meinst. Mir wurde ebenso viel Klarheit geschenkt, als du wieder einmal unerreichbar für mich warst. Wir werden gemeinsam durch dieses Portal gehen, und ich verspreche dir, dass ich dich diesmal keine Sekunde aus meinen Augen lasse. Ich will nie mehr ohne dich sein. Nie mehr.*" Seine Lippen senkten sich auf meine und erfüllten mich mit dieser Liebe, die ich zuvor nie für einen Mann empfunden habe. Meine Arme schlangen sich um seinen Nacken,

und ich schob mich ganz nah an ihn heran. Ich fühlte mich an seiner Seite zuhause, angekommen, geborgen und geliebt. Als wir uns voneinander lösten, war diese Unbeschwertheit wieder fühlbar. Ich suchte mit den Augen nach meinen Kleidern und meinte: „Lass uns bitte von hier verschwinden, ich will zu den Kindern." Als ich die Decke von meinem nackten Körper gleiten ließ, sog Magnus hörbar die Luft ein. Ich wusste, er würde mich gern berühren und noch viel mehr „unartige", wunderschöne Dinge mit seinen begabten Fingern anstellen, aber im Moment war ich nicht bereit, mich ihm vollständig zu öffnen, dafür brauchte ich etwas Abstand zu den abscheulichen Erlebnissen, die mir der Dämon angetan hatte. Ich hoffte insgeheim für uns, dass ich das bald überstanden haben würde. Magnus liebt mich und würde mich niemals so niederträchtig behandeln. Grundsätzlich war dies die Absicht des Dämons, schoss es mir durch den Kopf, seine Worte hallten in meiner Erinnerung wieder. *„Genauso werden wir unbesiegbar werden, indem wir euch Frauen das nehmen, was ihr bereits vergessen habt zu besitzen. Wir werden euch schänden und euch eurer weiblichen, nährenden Kraft berauben. Nie mehr werdet ihr Lust auf eure Männer haben und sie mit eurer Liebe nähren."*
Magnus hatte seine Worte in meiner Erinnerung ebenfalls gehört. Prompt fing er zu sprechen an.
„Sie wollen die Frauen und die Erde weiter knechten, schänden und missbrauchen, und wenn die Frauen ihre weibliche Kraft, ihre Lust, ihre lebensspendende Essenz verlieren, können sie sich selbst nicht mehr lieben, geschweige denn ihre Kinder, Partner oder Freunde. Dann haben die Seelenzehrer ein überaus leichtes Spiel, die Herrschaft über diesen Planeten zu erlangen."
„Weitaus schlimmer, Magnus." Ich schüttelte bei der grausigen Erkenntnis den Kopf.
„Sie werden den kraftlosen, wehrlosen Frauen ihren bösen Samen direkt in die Gebärmutter pflanzen und ihre eigene Rasse, ihre eigene dämonische Schöpfung zeugen."
Entsetzt starrte er mich an und meinte im Befehlston.

„Beeil dich, wir verschwinden von hier."
Schnell schlüpfte ich in meinen Slip und meine Hose und kleidete mich mit den restlichen Sachen an. Meine Haare waren fast trocken. Die Sonne hatte ihre Reise Richtung Westen fortgesetzt. Magnus packte den Rucksack und schlüpfte selbst in ein frisches Shirt, das er in weiser Voraussicht eingepackt hatte. Grübelnd erhob ich mich vom Schuhe anziehen, und eilig marschierten wir in westlicher Richtung davon, weg von den Seelenzehrern, weg von dem Berg und meinem Gefängnis. Ein letzter Blick über meine Schulter ließ mich erneut erschaudern, aber als Magnus meine Hand drückte, schüttelte ich mich und sah nach vorn in meine Zukunft. Unserer Zukunft entgegen.
Der Rückweg dauerte zwei Stunden. Unser Ziel war der schwarze Geländewagen, den wir uns am Flughafen ausgeliehen hatten. „Wohin geht's?" fragte ich aufgeregt. „Wir verlassen Zarnesti und werden uns in Alba Julia mit den anderen treffen. Bist du bereit für die Zivilisation?" Ich atmete laut aus. „Ich denke schon, lass uns fahren." Magnus verstaute seinen Rucksack im Kofferraum und nahm eine kleine Stofftasche mit nach vorn. Er reichte sie mir, nachdem er eingestiegen war. Der Duft von frischen Tomaten und Gurken drang in meine Nase. Das Wasser lief mir im Mund zusammen. Essen, gegessen hatte ich lange nichts mehr. Dankend schnappte ich mir die Tasche und machte mich gierig über das belegte Sandwich her. „Iss langsam, Lea, sonst wird dir schlecht, dein Magen muss sich erst wieder an feste Nahrung gewöhnen." Er lenkte den Wagen auf den holprigen Waldweg und wir schaukelten der Straße entgegen. Die Sonne senkte sich immer tiefer, ihrem Untergang entgegen und zauberte den Himmel in leuchtende Rottöne. Wir mussten schnellstens die anderen erreichen, bevor uns einige dieser Wesen zu dicht auf die Fersen kamen. Sie würden verhindern wollen, dass wir gemeinsam das Portal erreichen.
Genüsslich leckte ich mir die Lippen nach dem leckeren Sandwich. Es waren noch mehr in der Tasche, aber eins war genug, es drückte förmlich gegen meinen Bauch. Ich hatte deutlich

abgenommen. Ich bot Magnus eines an, aber dieser schüttelte ablehnend den Kopf. Also ergriff ich sogleich das Wort: „Wie wollt ihr durch das Portal reisen, wenn die Seelenzehrer all die Körper durchschaffen müssen?" Er blickte mich von der Seite an. „Wir werden uns reglos in den Haufen aus Menschen legen ,und sie bringen uns auf die andere Seite." „Bist du verrückt, was ist, wenn sie uns erkennen?" protestierte ich sofort. „Sie warten doch auf uns", warf ich energisch ein, „das ist bescheuert." „Hast du eine bessere Idee?" fragte er herausfordernd. „Außerdem gehen nur Tessa, Caleb, du und ich auf die andere Seite. Media, Belenus, Kristall und Owen bleiben bei den Kindern. Sige, Deidre, Malcom und einige ausgewählte Krieger übernehmen das Ablenkungsmanöver. Sie werden die Seelenzehrer brutal angreifen."

„Wollt ihr euch wirklich nackt unter die seelenlosen Menschen legen? Ich bin während der Flucht in die Nische zu einem gckrabbelt. Es war grauenhaft. Er war kalt, eisig und hilflos und wollte mit seiner letzten Kraft, die ihm geblieben war, von meinem Körper Besitz ergreifen. Er konnte nicht anders, er wollte mit meiner Kraft sterben. Nur mit Mühe und unter größter Anstrengung konnte ich mich aus seinen Fängen lösen, bevor er mich über die Schwelle des Todes gerissen hätte."

Ich fühlte mich nicht wohl bei dem Gedanken, unter all den ausgezehrten Menschen zu liegen und zu warten, bis wir in der anderen Dimension ankamen. „Wie finden wir das Portal überhaupt?" „Kristall und Owen kennen den exakten Ort im Apuseni Gebirge. Wir fahren direkt in ein kleines Dorf am Fuße des Berges, in dem sich auf der anderen Seite eine Grotte befindet, die das Portal beherbergt. Dort besitzen wir seit längerer Zeit ein kleines Gehöft. Alle warten bereits auf deine Rückkehr. Tessa ist fast verrückt vor Sorge um dich. Sie liebt dich sehr." Bei dem Gedanken wurde mir ganz warm ums Herz. „Ich freue mich, alle wiederzusehen und meine Kinder in die Arme zu schließen." So viele Menschen, denen ich was bedeutete! Ein schönes Gefühl! Aber mein Verstand ließ mich nicht in Gefühlen schwelgen und arbeitete sofort an der Tatsache weiter, dass wir ungesehen durch dieses Portal kommen mussten. Ich grübelte, bis mir der Kopf rauchte. „Denk nicht immer so viel nach", ermahnte mich Magnus. „Wir finden gemeinsam eine Lösung, ich kann verstehen, dass dir nach deinem Erlebnis nicht wohl ist, dich unter die lebenden Toten zu mischen. Ruh dich aus, mein Engel. Ich bin so froh, dich wieder an meiner Seite zu spüren." Er strich mit seinen Fingern zärtlich über meinen Handrücken. „Ebenso, mein Geliebter. Ich hab dich so vermisst", hauchte ich sanft. Er hielt meine Hand, und ich genoss die kuschelige Zweisamkeit, die sich im Wagen ausbreitete. Dabei versuchte ich, meinen Körper zu entspannen, atmete ruhig ein und aus und ließ meine Gedanken vorbeiziehen. Ja, das fühlte sich gut an. Richtig gut. Nach all den schrecklichen Erlebnissen war es eine Wohltat, mich wieder in Sicherheit zu wissen. Magnus betätigte das Radio, und die Stimme eines rumänischen Radiomoderators ertönte im Wagen. Ich konnte ihn nicht verstehen, aber die Worte hatten einen Hauch von Normalität und beruhigten mich. Als später ein mir unbekanntes Lied erklang, ließ ich mich von ihm in den Schlaf tragen.

Ich war in einer Höhle, vor mir befand sich eine Art Theaterbühne. Es gab nur einen Stuhl in den Zuschauerrängen und auf dem saß ich. Mein Atem ging schwer. Die Luft war heiß und trocken. Schweiß rann mir über die Stirn und den Rücken hinunter. Hektisch blickte ich in die Runde, ich suchte nach einem Ausgang. Der einzige Weg schien über die Bühne zu führen. Trotzdem hockte ich weiter, wie angeklebt, auf meinem Stuhl. Als ich nach unten blickte, bemerkte ich erst, dass ich an den Stuhl gefesselt war. Gleißendes Licht ließ mich hochschrecken. Der Kegel des Scheinwerfers war jetzt auf mich gerichtet. Die Bühne dahinter lag in undurchdringlicher Finsternis. Eine tiefe, raue Stimme ertönte. „Endlich bist du zu mir gekommen. Ich warte bereits sehr lange auf dich." Mit zusammengekniffenen Augen ergriff ich mutig das Wort. „Wer bist du? Zeig dich, du Feigling!" „Wer wird hier so vorlaut zu seinem Vater sein? Ich werde dir den Respekt noch beibringen, kleine Lea." Kalte Finger strichen über mein Gesicht, ich konnte aber niemanden erkennen. Mein Herz klopfte wie wild. Meine Gedanken überschlugen sich. Was hatte das alles zu bedeuten. „Ich hab dir jemanden mitgebracht, den du bestimmt sehr vermisst hast", triumphierte die körperlose Stimme. Der Lichtkegel wurde Richtung Bühne geschwenkt, ein schwerer, roter Samtvorhang teilte sich. Mir stockte der Atem, als ich meinen grausamen Peiniger erkannte, oder denjenigen, der er einmal gewesen war. Böse grinsend, in schwarze Kleider gehüllt, stand Andreas mit lüsternem Blick vor mir. „Du unartige kleine Schlampe kannst mir nicht entkommen", durchdringend und abgrundtief böse hallten seine Worte in mir wider. Mit aller Kraft und ohne Angst wehrte ich mich heftig gegen meine Fesseln. Dieser Kerl würde nie wieder seine abscheulichen Hände, geschweige denn seinen stinkenden Atem, in meine Nähe bringen. Es war wie ein Versprechen an mich selbst und gab mir Kraft. Ich spürte, wie sich das Seil, das meine Beine gefangen hielt, unter meiner Bemühung lockerte. Meine Handgelenke standen bereits kurz vor ihrer Befreiung. Da veränderte sich die Szene auf der Bühne, eine weitere Person kam hinzu. Verdutzt beobachtete ich das Geschehen. Ein großer, grauhaariger Mann trat zu Andreas. Er trug weiße Gewänder, und sein Haar umspielte offen sein erhabenes Gesicht. „Was willst du von ihr?" fragte er ruhig, aber bestimmt. Andreas grinste herausfordernd, antwortete aber nicht. „Wie rührend", säuselte die körperlose Stimme, „ein Familientreffen. Jetzt fehlt uns noch deine Mutter." Meine Gedanken überschlugen sich, was hatte das alles zu bedeuten? Wer war dieser anmutige, starke Mann? Von welcher Familie sprach die körperlose Stimme? Der grauhaarige Mann durchsuchte mit seinen Augen die Dunkelheit. Er war wirklich eine stattliche Erscheinung. Seine Augen fanden mich trotz der Dunkelheit, und als er mich liebevoll ansah, sprach er ernst und bestimmt: „Liahndra, meine geliebte Tochter. Lass dich nicht von den Dämonen verwirren. Du bist ein Kind der Liebe. Wir haben den Menschen niemals Leid zugefügt. Ich liebe deine Mutter. Ich lie-

be dich!" Bei seinen Worten jaulte die körperlose Stimme um uns herum, ohrenbetäubend laut, so dass ich den Mann fast nicht verstehen konnte. Andreas versuchte, ihn von der Bühne zu drängen. Er blieb standhaft, und seine letzten Worte brannten sich in mein Gehirn, in jede Zelle meines Körpers. „Vertraue der Wahrheit. Vertraue dir selbst!" Meine Fesseln waren getrennt, und mit tränenüberströmtem Gesicht lief ich auf ihn zu. Aber so sehr ich mich auch anstrengte, ich konnte ihn nicht erreichen. Ich konnte meinen vermeintlichen Vater nicht erreichen. Ich mobilisierte all meine Kraft, aber bewegte mich dabei keinen Zentimeter in Richtung Bühne. Verzweifelt und gedemütigt vom höhnischen Gelächter der körperlosen Stimme und der unüberwindlichen Distanz zu dem vertrauenserweckenden Mann, ließ ich mich auf die Knie fallen und weinte bitterlich. Soviel Trauer und Schmerz über den Verlust meines Vaters flossen aus mir. Ich hatte bis jetzt nicht gewusst, wie sehr ich ihn liebte, egal was er getan hatte oder nicht.

Mit einem tiefen Schluchzer schrak ich aus meinem Traum hoch. Tränen rannen über mein Gesicht, ich hatte im Schlaf geweint, der Traum war mir so deutlich in Erinnerung geblieben, als hätte ich es eben selbst wirklich erlebt. Unser Auto stand abseits der Straße, und Magnus hielt meine Hand. „Lea, ich bin da, alles ist gut." Langsam entzog ich ihm meine Hand und wischte mir die Tränen vom Gesicht. Mein Atem ging immer noch stockend, aber ich merkte, wie ich ruhiger wurde. Kurz erzählte ich Magnus, was ich geträumt hatte. „Was wissen wir über meinen Vater? Ich kann mich nur an die grausige Geschichte der Vergewaltigungen erinnern. Ist er einer der Dämonen gewesen oder ein anderes Wesen?" Er überlegte angestrengt, eine kleine Falte bildete sich zwischen seinen Augenbrauen. „Wir kennen nur diese Geschichten und die Worte der Prophezeiung. Dort heißt es, dass der König der Seelenzehrer dein Vater ist. Niemand weiß genau, was wirklich geschah, deine Mutter ist zu früh gestorben, genau wie die Mütter deiner Gefährtinnen. Die Seelenzehrer haben jede einzelne Frau aufgespürt und getötet. Aber du weißt, was ich von Träumen halte, und dieser enthält eine sehr wichtige Botschaft für dich. Du sollst vertrauen. Der Wahrheit und dir selbst. Du hast dich immer für das Erbe deines Vaters geschämt und gegen ihn und dich selbst gekämpft, da du dachtest, er hätte deiner Mutter Schreckliches angetan und du zum Teil von diesem Dämon bist. Wenn dein Vater wirklich anders ist, werden wir die Wahrheit herausfinden. Wer weiß, vielleicht hatten die Seelenzehrer bereits da ihre manipulierenden Finger im Spiel. Schließlich habt ihr sie entlarvt und ihnen den Kampf angesagt. Wir sind die einzigen, die zwischen ihnen und der Herrschaft über die Menschen stehen." Mein Hirn ratterte bei all seinen Worten, ich musste mir eingestehen, dass ich nicht mal die Version meiner leiblichen Mutter kannte, da sie zu früh gestorben war. „Die Prophezeiung enthält den Schlüssel, ich weiß es." Magnus zog etwas aus seiner Tasche, es war eine Kopie der Schriftrolle mit dem Text der Prophezeiung. Er rollte sie auf und fing laut zu lesen an. Jedes Wort bohrte sich in mein Gedächtnis, als wüsste dieses, wie wichtig es ist, sich diese Botschaft exakt einzuprägen.

Prophezeiung des Lichts und der Liebe

Der König der Schatten wird eine Tochter zeugen, sie ist stark, voller Kraft und mächtig wie er. Ihre Mutter wird eine Menschenfrau sein. Von ihr wird sie Liebe, Respekt und Achtung erhalten.

Wenn sie beides lebt, wird sie die Dunkelheit überwinden können. Sie wird die neue Königin sein.

Die Königin muss, um ihr Licht zu finden, in die schwarzen Schatten gehen.

Sie wird lange wandeln und viele sterbliche Leben erfahren, bis sie die Rache und den Hass der sie treibt, überwunden hat und die wahre Liebe ihr Herz, ihre Seele und ihren Geist ausfüllt.

Eine Ewigkeit wird vergehen, bis ihr Gefährte sie wiederfindet und ihrer wahren Bestimmung zuführt.

Durch die innige Liebe und die treuen Mitstreiter an ihrer Seite kann ihnen gemeinsam der Sieg gelingen.

Sie werden dennoch erneut durch Dunkelheit und Schmerz wandern. Sie werden die Zeichen, die am Himmel stehen, zu deuten lernen. Denn dann wissen sie, wann der Tag der Prophezeiung sich erfüllen wird.

Sie werden zweifeln und leiden, müssen gemeinsam die Prüfungen bestehen, um am Ende ihrer Welt die Liebe und das Licht zu bringen.

Das Portal öffnet sich, wenn die Sternenkriegerin und der Sternenkrieger Hand in Hand mit der Kraft der Sonne sich im Zeichen des Königs der Tiere vereinen.

Möget ihr siegreich sein, sonst ist alles verloren. Das Gleichgewicht muss wiederhergestellt werden.

Als er geendet hatte, war ich noch verwirrter als zuvor. „Ist mit „König der Schatten", der König der Seelenzehrer gemeint?" „Das dachten wir zumindest bis heute. Wir werden es herausfinden, lass mich kurz telefonieren, und dann fahren wir weiter." Ich ließ ihn an meinen Gedanken teilhaben und sprach laut: „Die körperlose Stimme in meinem Traum ist gefährlich, ich habe ihre große Kraft und ihre absolute, alles verschlingende Dunkelheit gespürt. Andreas ist für ihn wichtig, es gibt immer noch eine starke Verbindung zwischen uns, und die macht der Dämon sich zunutze. Wenn wir dort sind, um die Seelen der Kinder zu befreien, werde ich mich diesem „König" stellen. Ich muss wissen, ob er mein Vater ist. Der Mann in meinem Traum war gütig und liebevoll und keine Spur dämonisch oder böse. Ich versteh das alles nicht, Magnus." „Da gibt's auch nichts zu verstehen, mein Engel, alles, was zählt ist, dass du lernst, auf dein Herz zu hören und dir selbst zu vertrauen. Die Wahrheit findest du nur in deinem Herzen, nicht in deinem Verstand." Er küsste mich zärtlich auf meine angespannten Lippen. „Bin gleich wieder bei dir." Er zog sein Mobiltelefon aus der Tasche und stieg aus. Ich rieb angespannt über meine Stirn, es war alles so schrecklich verwirrend. Ich hatte alle Puzzleteile vor mir, konnte sie aber nicht zusammensetzen. Was war schon richtig und was falsch? Wer sollte einem eine Antwort auf solch eine Frage geben? Konnte ich mir diese selbst beantworten? Ich spürte in mein Herz hinein, das predigte mir Magnus bereits seit Wochen. Doch ich fühlte nichts, ich spürte Druck und Enge. Meine angestaute Wut stieg hoch, meine Wut auf die Seelenzehrer, meine Wut auf Andreas und meine Wut auf meine Eltern. Was sollte das alles für einen Sinn haben? Am liebsten würde ich auf etwas einschlagen, so verdammt wütend war ich. Ich öffnete die Autotür und stieg aus. Es war bereits dunkel geworden, und die Nacht breitete ihre kühlen Arme um mich. Magnus redete aufgeregt in sein Telefon und sah mich fragend an. Ich streckte meinen Körper und sah mein aufgebrachtes Energiefeld um mich strömen. Magnus beendete sein Gespräch und sein Blick war eindringlich auf mich gerichtet. „Was ist mit dir?" Mit bebender Stimme erklärte ich ihm meine Not. „Magnus, ich spüre nichts, mein Herz ist eng und ein schmerzhafter Druck hält es gefangen. Ich kann keine Herzverbindung herstellen. Ich bin wütend, auf mich, auf alle und alles. Ich weiß nicht mehr, wie ich weitermachen soll. Dieser Traum verwirrt mich, die Seelenzehrer haben Andreas, und es besteht eine starke Verbindung zwischen uns. Er hat eine gefährliche Macht über mich, und die Folter hat ihm noch mehr Macht über mich gegeben. Ich würde sie am liebsten alle zerstören, aber genau dort wollen sie mich haben. Ich weiß das, aber kann nichts dagegen unternehmen. Ich fühle mich schlecht und schuldig, weil ich nicht auf dich und Media gehört habe. Ich habe mich selbst ins Aus bugsiert. Ich bin meinen Widersachern in die Falle gelaufen, und wenn ich nicht aufpasse, werden sie mich wieder kriegen, und dann bin ich für immer verloren. Du hast mich erneut gerettet und würdest es wieder tun, weil du mich bedingungslos liebst. Das kann ich nicht zulassen. Ich will nicht, dass dir ein Leid geschieht, bloß weil ich unfähig bin, meine Gaben zu leben. Meine Angst, dich oder die Kinder zu verlieren, macht mich so wütend." Ich stand dirckt vor ihm und fing an auf seine Brust einzutrommeln. Meine Selbstbeherrschung war dahin, meine Wut brach aus mir heraus und richtete sich gegen den Mann, den ich so sehr liebte. Ich schlug mit den Fäusten auf ihn ein, bis mir die Knöchel schmerzten. Er stand wie ein Fels und ließ mich gewähren. Als der Ansturm vorüber war, sank ich kraftlos in seinen Armen zusammen. Er hielt mich fest und gab mir den Halt und die Liebe, die ich so dringend brauchte.

Nach einer Ewigkeit fand er seine Sprache wieder. „Alles wird gut, mein Engel. Nach allem, was dir die letzten Wochen passiert ist, ist es verständlich, dass du verzweifelt und wütend bist. Wie fühlst du dich jetzt?" „Besser", meinte ich aufrichtig. „Danke." Ich sah ihm in seine klaren saphirblauen Augen, und wie immer strahlte aus ihnen die Liebe zu mir. Mit belegter Stimme bedankte ich mich aufrichtig bei ihm. „Du bist ein so unglaublich liebevoller Mann. Egal was kommt, egal was ich dir von mir zeige, du liebst mich bedingungslos. Nichts kann deine Liebe zu mir erschüttern, das ist ein so wunderschönes Geschenk. Du hast mir seit einer Ewigkeit einen Platz in deinem Herzen geschenkt. Ich danke dir dafür und wisse, dass auch du diesen Platz in meinem Herzen hast. Ich brauche dich." Mein Herz öffnete sich bei meinen ehrlichen Worten. Die Enge und der Druck waren einer unbeschreiblichen Weite gewichen. Die Liebe strömte sichtbar aus mir heraus. Ein erhabenes, prickelndes Gefühl pulsierte durch meinen Körper. Es belebte und erfrischte mich. Ganz sachte näherte ich mich Magnus Lippen und küsste ihn sanft. Ich legte all meine Liebe in diesen zärtlichen Kuss, der von ihm mit der gleichen Zuneigung erwidert wurde. So standen wir eine geraume Zeit, eingehüllt in unsere Verbundenheit der Liebe, die uns niemand nehmen konnte, denn sie wirkte und spann ihre Verknüpfung weit über den irdischen Tod hinaus.

„Lass uns weiterfahren. Deine Kinder und die anderen erwarten uns." Ich nickte und wir lösten uns aus unserer Umarmung. Eilig stiegen wir ein und setzten unsere Fahrt fort. Nach etlichen Kilometern meinte Magnus:„Wir müssen jetzt in westlicher Richtung durch die Stadt fahren. Außerhalb in absoluter Alleinlage befindet sich unser Gehöft." Mein Bauch zog sich vor Aufregung zusammen. Endlich würde ich wieder bei meinen Kindern sein. Die Vorfreude war riesig. Unruhig rutschte ich auf dem Stuhl hin und her. Ich legte meine linke Hand auf Magnus Oberschenkel. „Ich bin so aufgeregt." Er strich mit seiner Hand zärtlich darüber. „Bitte, erzähl mir mehr von diesem Ort, warum habt ihr hier ein Domizil?" „Die Seelenzehrer sind seit einigen Jahrzehnten sehr aktiv in dieser Gegend. Es muss an den vielen unentdeckten Höhlen und Möglichkeiten, die sie in diesen Bergen haben, liegen. Der Tourismus ist schwach, das kommt ihrem verschwiegenen Treiben sehr entgegen." „Warum konntet ihr den besetzten Menschen nicht schon früher helfen?" „Wir müssen auf die Öffnung des Portals warten, um in die andere Dimension zu gelangen, um dort die Seelen zu befreien." „Richtig, hatte ich vergessen. Wie retten wir die Seelen?" „Du und ich, wir sind ausschließlich für die Seelenessenz deiner Kinder verantwortlich, alles andere überlassen wir Caleb und Tessa. Wir werden ihre Seelenessenz für den Transport in einen Mondstein bannen. Wenn wir wieder zurück sind, werden wir alle gemeinsam ein Ritual abhalten, um ihre Seelenessenz wieder mit ihrem Körper zu verbinden." „Oh, das hört sich schön an. Aber all die anderen Menschen, wir können sie doch nicht sterben lassen?" „Wir haben nicht die Möglichkeit, allen zu helfen, das ist aussichtslos. Wenn deine Kinder nicht schon halb dort drüben wären, würden wir das Portal zerstören und keinen Fuß dort hinübersetzen. Keiner von uns war jemals in der Welt der Dämonen, und wenn, dann kam er nicht zurück." Er fuhr aufgebracht fort: „Sie warten auf uns, sie wissen, dass wir die Essenz der Kinder brauchen, das Ganze ist eine Falle, und wir haben keine andere Wahl als direkt hineinzutappen." „Verdammt, so hab ich das noch nicht gesehen. Es gibt keinen anderen Weg, oder?" „Nein, du bekommst deine Gegenüberstellung mit dem König der Seelenzehrer, da führt kein Weg vorbei." Er drückte meine Hand. „Aber ich weiß, dass du ihm gewachsen bist, ich spüre es. Es soll genauso geschehen, vertrau dir und vertrau mir. Wir werden deine Kinder zurück ins Leben holen." Seine Worte machten mir Mut, und ich spürte meine große Kraft durch meinen Körper fließen. Mein Traum, den ich vor einigen Wochen gehabt hatte, fiel mir wieder ein. Ich war ganz mit meinem Herzen verbunden, spürte die Liebe und Kraft aus ihm herausströmen und mit dieser Energie konnte ich es mit den Seelenzehrern aufnehmen. „Wir sind gleich da", erwähnte Magnus und erzählte weiter: „Auf dem Hof lebt ein nettes Ehepaar. Sie bewirtschaften die Felder und halten sich ein paar Schweine, Kühe und Hühner. Sie pflegen unser Haus und halten alles in Schuss. Es wird dir dort gefallen." „Mir gefällt dieses Land sehr, mit seinen dichten Wäldern, den tiefen Schluchten und den mächtigen Bergen. Es ist einfach und ursprünglich. Ich fühle mich hier sehr mit der Erde verbunden." Er lächelte bei meinen Worten und steuerte direkt auf ein Anwesen zu. Mein Herz fing an, laut in meiner Brust zu trommeln. „Lea, bitte sei achtsam, wenn du deine Kinder berührst, sie stehen mit den Seelenzehrern in Verbindung, solange diese ihre Seelen haben. Lass dich nicht in deine Angst oder deinen Kummer ziehen. Alles wird gut, vertraue darauf. Das Portal öffnet sich bald und wir werden sie befreien." Ich sah ihn von der Seite an und nickte. Ein schwaches „Ja" kam über meine Lippen. Als Magnus den Wagen parkte, stieg ich sofort aus und ging auf die schwere Holztür zu. Bevor ich sie öffnen konnte, ging die Tür auf, und Tessa strahlte mich an. „Schön, dass du wieder da bist." Wir umarmten uns herzlich. „Du bist so dünn, du musst sofort was essen." „Hallo Süße, gerne später, bring mich bitte zu Anna und Leo." Caleb und Sige kamen in dem Moment ebenfalls dazu und begrüßten mich überschwänglich. Magnus stand bereits hinter mir, und ich schälte mich aus der Umarmung von Sige. „Komm, ich bring dich zu den Kindern. Ihr anderen bleibt bitte hier, ich finde es besser, wenn Lea erst einmal allein bei ihnen ist." Mein Herz pochte wieder wie wild, und mein Atem beschleunigte sich. Ich folgte Magnus eine knarzende Holztreppe nach oben. Gleich rechts war eine Tür angelehnt. Als er sie öffnete, blickte er mich aufmunternd an und ließ mich hineingehen. Zwei Betten standen von einem kleinen Nachttisch getrennt nebeneinander, und darin schliefen sie. Rechts die kleine Anna und links Leo. Leise ging ich auf die beiden zu und erschrak fürchterlich, als plötzlich Media zu mir sagte: „Hallo, Lea." Ich wandte mich zu ihr um, und sie saß auf einem Stuhl in der Ecke des Zimmers. Schnell stand sie auf und kam zu mir. Ich umarmte sie hilflos und musste ein Schluchzen unterdrücken. „Sie sehen so leblos aus." „Sie sind sehr stark, sie schaffen das", beruhigte mich Media. Ich drehte mich wieder zu ihnen um und ging direkt auf Anna zu. Ich bemerkte die schwarze Wolke, die sie immer noch einhüllte. „Darf ich sie berühren?" „Ja, unbedingt und sprich mit ihnen. Ich lass euch jetzt allein." „Bitte schick mir Magnus, ich…" Meine Stimme versagte. „Ja gerne, lass dir Zeit mit ihnen, sie freuen sich, dass du kommst." Kaum hatte ich von Magnus gesprochen, stand er bereits im Zimmer. Allein seine Anwesenheit genügte, dass ich ruhiger wurde. „Danke", flüsterte ich ihm zu, „ich setz mich hier auf den Stuhl." Ich schickte ihm einen Handkuss und wandte mich wieder meiner Tochter zu. Ganz vorsichtig schob ich meine Hand unter der schwarzen Schicht durch und streichelte ihr über die kalte Stirn und ihr weiches Haar. Ihre Haut war blass und wächsern. Meine Freunde hatten beide gewaschen und ihnen die Kleider angezogen, die Media besorgt hatte. Leise teilte ich ihr mit, dass ich jetzt da sei und bei ihr bleiben werde. Ich nahm ihre kleine Hand in meine und wandte mich Leo zu. Er lag genauso bleich und starr wie seine Schwester da. Ich streichelte über sein versteinertes, eingefallenes Gesicht. Das einzige Zeichen, dass sie am Leben waren, war ihre kaum sichtbare Atmung. Aber sein Brustkorb hob und senkte sich. Zwar unendlich langsam, aber immerhin. Ich redete auf die beiden ein, erzählte ihnen ihre Lieblingseinschlafgeschichte „Vom kleinen Hasen Hoppel" und bemerkte erstaunt, wie mein Herzzentrum zu strahlen anfing. Das Licht wurde so intensiv, dass es uns drei vollständig einhüllte. Als die Geschichte zu Ende war, verweilte ich still sitzend bei meinen Kindern. Ich war so glücklich, dass wir wieder zusammen waren. Als nach einiger Zeit meine Schultern zu schmerzen anfingen, ließ ich ihre kleinen, kalten Händchen los und streckte und reckte mich. Ich stand auf und hauchte jedem einen Kuss auf die Stirn. Das strahlende Licht hüllte sie fortwährend ein und befand sich sogar unter der schwarzen Wolke. Erfreut über diese Entwicklung, beschloss ich kurz mit Media zu sprechen, da Magnus mir was von Lichtnahrung und Heilenergie erzählt hatte. Als ich mich zum Gehen anschickte, stand Magnus plötzlich neben mir. Er breitete einladend seine Arme aus, und ich lehnte mich freudig an seine Brust. Es fühlte sich herrlich an, ganz nah bei ihm zu sein. Er drückte mir einen Kuss auf den Scheitel, und ich veränderte die Lage meines Kopfes so, dass sich unsere Lippen berühren konnten. Wir küssten uns zärtlich und voller Liebe. Mein Körper zuckte bis in meinen Unterleib. Oh, seine Wirkung auf mich war wieder wie früher. Sein festgewordenes Glied drückte gegen meine Hüfte. Wir lächelten beide, ohne ein Wort zu sagen. Langsam brachte ich etwas Abstand zwischen uns. Mit belegter Stimme flüsterte Magnus: „Ich möchte sehr gerne mit meiner Frau schlafen." Ich nickte und raunte ihm zu, „ich würde gern meinen Mann in mir spüren." Er lächelte wieder und meinte: „Schön, dass wir beide das Gleiche wollen." „Bevor du mich entführst, möchte ich bitte Media sprechen, ich hätte ein paar wichtige Fragen an sie."

„Selbstverständlich, obwohl ich dich nur ungern gehen lasse, meine Liebe", neckte er mich. Seine Augen hatten bereits diesen dunklen, lüsternen Ausdruck, der ihn fast unwiderstehlich machte. Ich schaute nochmal zu meinen Kindern und bat Magnus, mir ein Bett in ihr Zimmer zu stellen, damit ich heute bei ihnen schlafen konnte, denn Schlaf brauchte ich, das spürte ich allzu deutlich. Als wir gemeinsam das Zimmer verließen, folgte ich der Treppe nach unten und suchte die

Räume nach Media ab. In einer geräumigen Küche angekommen, fand ich sie gemeinsam mit Tessa, Caleb und Sige über einen Tisch gebeugt. Sie betrachteten verschiedene Schriften und redeten aufgeregt durcheinander. Als Media mich sah, lächelte sie mich freudig an. „Wie geht's dir?" wollte sie wissen. „Alles gut, die Kinder haben mich erkannt, hoffe ich. Ich wollte dich was fragen, da mir Magnus irgendetwas von Lichtnahrung und Heilenergie erzählt hat. Wie ernähren wir die Kinder, wenn sie in diesem komatösen Zustand sind?" fragte ich geradeheraus. Media richtete sich auf und bot mir an, mich zu setzen. „Ich schicke ihnen lichtvolle Energie aus unserer Nahrung, eine andere Möglichkeit haben wir im Moment nicht. Natürlich bestünde die Möglichkeit, sie in ein Krankenhaus zu bringen und medizinisch versorgen zu lassen, mit Nahrungssonde, Katheder und Windeln. Aber erstens würden die Seelenzehrer sie sofort finden und zweitens könnten sich die Menschen dieses abnormale Körperverhalten nicht erklären. Hier sind wir geschützt und in zwei Tagen öffnet sich das Portal, bis dahin reicht ihnen das, was ich ihnen geben kann. Auf Dauer wäre es keine Lösung, aber sie stecken in der schwarzen Wolke, und solange sie da drin sind, funktionieren ihre Körper- und Organfunktionen nicht natürlich. Erst wenn sie wieder mit ihrer Seelenessenz verbunden sind, werden sich alle menschlichen Funktionen wieder einstellen, und sie werden erwachen. Sie werden sich die verlorenen Kilos schnell wieder holen. Mach dir darüber keine Sorgen!" „Gut, sie leiden also jetzt keinen Hunger?" „Nein, alles ist sehr verlangsamt, mit Hunger müssen sie sich nicht rumschlagen." Erleichtert atmete ich aus. „Wie ist es möglich, dass du mit Energie heilen kannst?" „So wie du die Aura, also unser leuchtendes Energiefeld, sehen kannst, so kann ich Krankheiten, traumatische Erlebnisse, negative Denkmuster und so weiter aufspüren und gemeinsam mit dem zu Behandelnden verändern oder löschen. Dies wiederum wirkt sich heilend auf den gesamten Organismus aus. Der Mensch, das Tier oder die Pflanze, die behandelt werden, können wieder ganz gesund werden, da der vorherige Zustand das natürliche kraftvolle Fließen der

Lebensenergie blockiert hatte." „Ich wünsche mir so sehr, dass sie bald wieder so unbeschwert lachen und spielen können wie früher. Ich hoffe, sie verlieren durch dieses Erlebnis nicht ihre Lebensfreude!" „Ich muss dir gestehen, wir haben bis heute keine Seele aus dem dämonischen Reich zurückgeholt, aber ich denke, sie werden sich an nichts erinnern. Ich hoffe es." „Aber wie können wir dann ihre Seelenessenz wieder mit ihrem Körper verbinden?" „Wir heilen ständig mit der Kraft und Energie unserer Erde und allen sonstigen Kräften und Geistern, die sich uns zur Verfügung stellen. Wir kennen Rituale, wie wir Seelenanteile wieder in den Körper integrieren können. Das ist nicht das Problem. Es passiert oft, dass Menschen oder Tiere durch Schock, Trauer oder andere heftige emotionale Ereignisse Anteile ihrer Seele verlieren. Diese zu holen und wieder mit ihnen zu verbinden ist uns geläufig, aber aus der Dimension der Seelenzehrer haben wir noch keine Seele zurückgeholt, denn sie besitzen einen sehr großen Teil, wenn nicht sogar die komplette Seele. Es wird neu, eine Premiere, aber Kristall hat eine Botschaft von der großen Mutter erhalten, wie wir vorgehen sollen. Darum bannen wir die Seele zum Schutz in einen Mondstein, und erst hier in einem geschützten, heiligen Ritual wird sie wieder mit ihrem Körper und Geist verbunden." „Aber wie werden wir genau die Seelen von Anna und Leo finden?" „Du wirst sie finden, genauso wie du ihre Körper gefunden hast." „Aber können wir überhaupt in der Dimension der Seelenzehrer so handeln wie hier?" „Das wird sich rausstellen. Außerdem machen uns deine neuen Träume sehr zu schaffen. Bis jetzt waren wir der festen Überzeugung, dass du die Tochter des Königs der Seelenzehrer bist, aber wir sollten uns alles offen lassen. Wer weiß schon nach all den Jahrhunderten, was wahr ist. Es ist von größter Wichtigkeit, dass ihr vier in eurer Kraft seid und euch nichts erschüttern kann. Magnus darf sich von Andreas auf keinen Fall reizen lassen, und du, Lea, bleibst in deinem Herzen und konzentrierst dich auf die Seelen deiner Kinder. Caleb darf seiner früheren Gefährtin keine Angriffsfläche bieten, und Tessa ist dabei, um euch drei zusammenzuhalten.

Sie bekommt von mir das Kommando und wird euch sicher führen." Da Media ebenso in Fahrt war, uns auf unsere Reise einzuschwören, schlug ich ihr meinen neuen Einfall vor: „Ich hätte da eine Idee, wie wir sicher durch das Portal kommen, ohne uns nackt unter die Menschen zu schmuggeln." Alle fünf starrten mich neugierig an. Ich musste grinsen, da sie meine Gedanken nicht lesen konnten. Welche Fortschritte ich doch bereits gemacht hatte! „Na, sag schon", forderte mich Caleb auf. „Könnt ihr zwei die Gestalt von besetzten Menschen annehmen und so tun, als wäret ihr Seelenzehrer?" Tessa grinste verschmitzt. „Das müsste ich hinbekommen, fragt sich nur, wie lange ich das schaffe." „Das ist eine hervorragende Idee, warum bin ich da nicht selbst draufgekommen?", stimmte mir Caleb grübelnd zu. Schneller als ich etwas erwidern konnte, zischte es leise, und ein zerlumpter verfaulender Kerl stand in der Küche und meinte neugierig. „Und wie sehe ich aus?" „Genial", triumphierte Magnus. „So sind wir schneller drüben als gedacht." Sofort hatte sich auch Tessa mit diesem unverkennbaren Schnalzlaut in einen muffigen, hinkenden Typ verwandelt, der über das ganze verwesende Gesicht grinste. „Wenn ihr euer Lachen aufhört und etwas grimmig und böse dreinschaut, dann kaufen euch die Seelenzehrer eure Erscheinung ab", meinte Media anerkennend und fügte hinzu: „Gute Idee, vielleicht könnt ihr, wenn ihr durch das Portal gegangen seid, die Verwandlung noch etwas aufrecht halten und so tiefer in das Dämonenreich vordringen. Das würde euch sicherlich helfen. Vielleicht seht ihr, wie sie die Menschen mit ihrer Seelenessenz verbinden, oder was auch immer uns nützlich ist, um mehr über ihr krankes Spiel zu erfahren." Mit diesem speziellen, schnalzigen Zischen verwandelten sich Tessa und Caleb wieder zurück. „Und wie lange, meinst du, kannst du in dieser Gestalt bleiben?" fragte Caleb seine Frau. „Ich denke, zwei bis drei Stunden schaff ich gut." „Das muss reichen, je schneller wir von dort zurückkommen, desto besser", warf Magnus ein. „Ich bin erleichtert, dass euch dieser Plan gefällt, die andere Version hat mir sehr zugesetzt. Aber ich brauche dort drüben Zeit, soviel Zeit, bis wir die Seelen der Kinder gefunden haben und ich ihrem König gegenübergetreten bin. Es ist sehr wichtig für mich, ein für alle Mal zu klären, was wirklich geschehen ist. Laut der Prophezeiung könnte er mein Vater sein, aber mein letzter Traum sagt mir etwas anderes. Irgendwie passt das alles nicht zusammen, und ich muss herausfinden, was es ist. Außerdem hab ich mit Andreas noch eine Rechnung offen." Schnell sah ich Media fest in die Augen und sprach weiter: „Ich weiß, dass wir uns nicht ablenken lassen dürfen, aber so schnell öffnet sich das Portal nicht wieder. Diese Gelegenheit dürfen wir nicht ungenutzt lassen. Ich kann mich erinnern, dass das Portal zwei Wochen geöffnet bleibt. Ich bitte euch, gebt uns drei Tage in der Dimension der Seelenzehrer. Wir brauchen alle Lichtkrieger und Lichtkriegerinnen die wir in den nächsten zwei Tagen mobilisieren können. Wir greifen sie an. Nicht zur Ablenkung, sondern mit solch einer Wucht, wie sie es seit Jahrhunderten nicht mehr erlebt haben. Wir holen uns all die Kräfte und verbündeten Wesen der Erde und des Himmels und verbinden uns zu einer Armee aus Licht und Liebe. Wir werden ihnen mit unseren Herzen begegnen und alle, die nicht dabei vor Ort sein können, sollen sich mit ihren Herzen und ihrer Kraft mit uns vereinigen. Dies ist die einzige Möglichkeit, die wir haben, und wir sollten sie nutzen. Wir vier werden so viele Seelen zurückholen, wie wir tragen können, auch wenn die Menschen jetzt nicht wieder lebendig sein können, so sind ihre Seelen befreit, und sie werden hier auf der Erde wiedergeboren. Macht euch an die Arbeit, das ist mein Plan und wenn ich eure Königin bin, dann bitte ich euch aus ganzem Herzen um eure bereitwillige Mithilfe. Habt Vertrauen, jetzt bringen wir es zu Ende."

Stille. Alle starrten mich an. Ich blieb standhaft, obwohl ich selbst etwas verwundert über meine eigenen Worte war, die direkt aus meinem Herzen kamen. Ich sah jedem einzelnen fest in die Augen und nickte jedem zu. So sollte es sein, dies war der richtige Weg, wir müssen uns in Liebe vereinen, wenn wir wirklich Frieden wollen. Als ich Magnus ansah, wie er mich zuversichtlich anlächelte und mir anerkennend zunickte, beendete Media ihr Schweigen. „So soll es geschehen, ihr habt gehört, was Lea befohlen hat. An die Arbeit, ich werde sofort den anderen Bescheid geben und eine Konferenz einberufen, damit alle unsere Verbündeten rechtzeitig hier sein können." Etwas verdutzt über die sofortige Bereitschaft meiner Mitstreiter erhob ich abermals das Wort: „Das soll kein unwiderruflicher Befehl sein, Media. Die Worte kamen eben gerade so aus mir heraus und, wenn ihr irgendwelche Einwände habt, dann bin ich gern bereit, mit euch dies zu besprechen oder etwas zu ändern." „Lea, es ist dein Kampf, und wir sind hier, dich zu unterstützen. Es ist so schön, wenn du einfach auf dein Herz hörst und wir dir folgen dürfen, darum sind wir zusammen. Leg jetzt alle Zweifel ab und verbinde dich mit deinem Herzen, dann wird alles gut. Magnus, nimm deine Frau und macht euch einen wunderschönen Abend. Wir sehen uns morgen, dann kann ich dir sagen wie groß unsere Lichtarmee sein wird. Es wurde Zeit, dass du das Zepter wieder in die Hand nimmst." Ein befreiendes Lächeln huschte über ihr Gesicht, und sie rauschte aus der Küche. Sige, Caleb und Tessa waren ebenfalls verschwunden. Irritiert blickte ich zu Magnus auf. „Sie warten nur auf deine Anweisungen, verstehst du das?" Ich schüttelte den Kopf, aber die Verantwortung zu übernehmen fühlte sich genial an. „Verstehen tu ich schon länger nichts mehr, aber diese Worte, dieser Plan beflügeln mich und erfüllen mich mit großer Kraft. Also mein Geliebter, wir brauchen handgroße Mondsteine. Als mir die Idee kam, so viele Seelen wie nur möglich mitzunehmen, hatte ich ein genaues Bild vor meinem inneren Auge, wie wir all die verlorenen Seelen vorübergehend in diese Steine bannten." „Jetzt bist du mit deiner magischen Kraft verbunden. Sehr schön. Ich hab dich vorher bei den Kindern beobachtet, da hast du deine Zauberkraft bereits eingesetzt, und du kannst noch mehr, mein Engel." „Langsam, du stresst mich. Ich bin spürbar verwirrt über meine Worte und die folgenden Reaktionen von euch, also immer ruhig bleiben." „Wenn du auf deine Intuition hörst, egal wie seltsam es dir erscheinen mag, genau dann bist du in deiner Kraft und alles wird gut." „Warum ging es dann in der Höhle schief und ich bin direkt in die Arme meines Peinigers gelaufen?" „Hast du auf deine Eingebung gehört oder bist du deinem Verstand gefolgt?" „Das weiß ich nicht mehr genau, aber du hast recht, ich hab die Reaktionen meines Körpers missachtet und bin nicht aus der Höhle hinaus gegangen, sondern weiter hinein, weil ich meine Mutter gespürt hatte, und ich ihr helfen wollte." „Und was hatte ich dir über deine Mutter gesagt?" „Dass sie besetzt ist wie Andreas und ich ihr nicht helfen kann." Er sah mich herausfordernd an. „Ja ist gut, ich hab nicht auf meine innere Stimme gehört und nicht auf dich, wie schon so oft in den vergangenen Wochen. Danke für die Blumen. Blöde Selbstverantwortung, da komm ich nicht raus, ich weiß." Ich zog ein beleidigtes Gesicht, und wir mussten beide lachen. „Da wir uns einen schönen Abend machen sollen und ich Media bestimmt nicht widersprechen möchte, will ich wissen, auf was du so richtig Lust hast." „Magst du mir den Hof und die Tiere zeigen?" „Sehr gerne." „Ich schau kurz zu den Kindern, hol meine Jacke, und dann gehöre ich diesen Abend dir." Ein begehrender Ausdruck huschte über sein schönes Gesicht. Er zog mich in seine Arme und küsste mich ganz behutsam, als wäre ich zerbrechlich, auf meine leicht geöffneten Lippen. Ein wohliger Schauder zog über meinen Rücken. Ich erwiderte seinen Kuss fordernder, war mir aber noch nicht sicher, wie weit ich bereit war, mich ihm zu öffnen. Andreas stand wie ein diffuser Schatten zwischen uns. Ich atmete in mein Herz und küsste ihn weiter. Ich wusste, dass er meine Gedanken kannte, trotzdem ließ er sich nicht beirren und strich weiter zärtlich meinen Rücken hinab. In meinem Tempo tanzten unsere Zungen und Lippen einen lustvollen Tango. Die Zeit schien still zu stehen, und ich genoss jede Sekunde. Als wir uns wieder voneinander lösen konnten, sah ich ihm innig in die Augen und ließ von ihm ab. Es war kein Wort nötig, und ich huschte aus der Küche nach oben zu den Kindern.

Unverändert lagen sie auf ihren Betten, aber das weiße Licht, das vorher entstanden war, trennte sie immer noch von der dunklen Wolke. Freudig strich ich ihnen liebevoll über die kalten Köpfe. „Bald sind wir wieder zusammen. Mami hat euch lieb." Das Licht fing bei meinen Worten an, heller zu strahlen, die Verbindung der Liebe zwischen Mutter und Kind war eindeutig stärker als die Macht der Seelenzehrer. Diese Erinnerung, die tief aus meiner Seele emporstieg, war wichtig, das war mir plötzlich sehr klar. Mein Erlebnis in der Nacht meiner zweiten Verwandlung fiel mir ein. Als Tochter der Erde und des Himmels hatte ich sehr mächtige Eltern, und alle Lebewesen der Erde waren deren Kinder. Natürlich, so brechen wir die Macht der Dämonen. Bald werden sie sich eine andere Nahrungsquelle suchen müssen, und der Planet Erde wird frei sein von ihnen. Die Menschen werden befreit sein, wir dürfen diesmal nicht scheitern und nicht dieselben Fehler begehen wie damals. Der Schlüssel zum Sieg lag in der Magie unserer Herzenskraft, und dort sollte sie verweilen bis es soweit war. Durchströmt von Freude und Kraft über diese wunderbare Erkenntnis eilte ich die Treppe hinunter zurück zu Magnus. Als ich in den Hof hinaustrat, stand Sige bei ihm. An ihrer Tonlage konnte ich erkennen, dass sie in ein intensives Gespräch verwickelt waren. Die Tatsache, dass ich Jahrhunderte verschollen war, und sie beide eine Affäre hatten, die anscheinend nicht so leicht in der Vergangenheit bleiben konnte, legte sich wieder wie eine kalte Hand um mein Herz. Ich liebte Magnus und ich mochte Sige sehr, aber die Situation, in der wir drei jetzt steckten, musste ein Ende finden, damit wir in zwei Tagen ohne Ballast und Misstrauen durch das Portal gehen konnten. Wir mussten uns ehrlich der Gegenwart stellen. „Na, ihr zwei, warum so aufgeregt?" Magnus sah mich mit kopfschüttelnder Verzweiflung an, und Sige hatte ihre ruhige Art über Bord geworfen. Sie funkelte mich geradezu wütend an. „Ich will nicht mehr darüber reden, denn die Sache ist für mich klar", meinte Magnus, stand wütend auf und ging davon. „Bleib hier, du kannst mich jetzt nicht stehen lassen", tobte Sige hinter ihm her. „Warte, Sige, lass uns ein Stück spazieren gehen." Abrupt hielt sie inne und funkelte mich erneut abschätzig an. Sie atmete kräftig aus und erwiderte: „Na schön, komm mit, ich weiß einen befestigten Weg." Hastig ging sie voran, und ich hatte Mühe, mit ihr Schritt zu halten, aber ich sagte nichts und folgte ihr schweigend quer über den Hof. Den Abend hatte ich mir anders vorgestellt. Als wir nach einiger Zeit das Anwesen hinter uns gelassen hatten, wurde sie langsamer. Die Nacht war sternenklar, und der Mond erhellte ausreichend unseren Weg. Die Luft schmeckte köstlich frisch, und ich atmete sie achtsam ein und wieder aus. Der Gestank der Höhle und der Geruch meines Peinigers gehörten endlich der Vergangenheit an, ich fühlte mich wohl und frei. „Sige, bitte bleib stehen, das reicht, lass uns ehrlich und offen miteinander reden." Endlich blieb sie stehen, drehte sich um und musterte mich aus einer Mischung von tiefer Verachtung und Zuneigung. Ich spürte eindeutig ihre zwei unterschiedlichen Gefühlslagen, die sie mir gegenüber hegte. „Es gibt nichts, was wir bereden könnten", meinte Sige, „Magnus hat sich entschieden, oder besser gesagt, er liebt nur dich und will nur mit dir zusammen sein. Für mich ist hier kein Platz mehr, verstehst du das nicht, ich liebe ihn und will nur mit ihm zusammen sein, das wollte ich schon immer. Aber er wollte von Anfang an dich. Das muss ich wohl oder übel akzeptieren." Ein eiskalter Schauder kroch meinen Rücken hinauf und herunter, und meine Nackenhaare stellten sich auf. Ich schirmte meine Gedanken ab, so gut ich eben konnte, und ließ mir meine plötzliche warnende Wahrnehmung nicht anmerken. Irgendetwas stimmte hier ganz und gar nicht, aber noch wusste ich nicht, was es war. „Ich werde euch verlassen, dieser Krieg ist schon lange nicht mehr meiner, ich kann gut untertauchen und für mich selbst sorgen." „Sige, bitte, wir brauchen dich und allein bist du den Seelenzehrern ein leichtes Opfer. Ich möchte nicht, dass sie dich in ihre Fänge bekommen." „Das wird nicht passieren, denn ich habe mit ihnen bereits mein Leben ausgehandelt." *Verdammter Mist, was geht hier vor? Was hatte Sige getan?* Mir blieb keine Zeit, über das Gesagte nachzudenken, alle Alarmglocken schrillten, mein Körper wollte hier weg und zwar auf der Stelle. Ich drehte mich, ohne ein weiteres Wort zu sagen, um und lief, so schnell ich konnte, zum Anwesen zurück. Er befand sich etwa einen halben Kilometer von mir entfernt. Ich musste ihn erreichen, bevor mich das erwischte, was hinter Sige von dem Felsen herunter kroch. Dieses Wesen löste in mir pure Todesangst aus. Konnte es sein, dass Sige mit den Dämonen einen Pakt geschlossen hatte? „Nicht denken, lauf um dein Leben", mit diesem Gedanken spornte ich mich selber an. Der Hof kam immer näher, und wieder war ich überaus dankbar für diese hervorragenden, körperlichen Leistungen. Hinter mir hörte ich ein unheimliches Geknurre und abartige Zischlaute, die mir bereits näher waren, als mir lieb war. Solche abscheulichen Laute hatte ich bisher von keinem Seelenzehrer gehört. In meiner Kehle sammelte sich ein gellender Schrei, den ich mit aller Kraft ausstieß. Das Ungetüm hinter mir jaulte zornig auf, und ich spürte, wie etwas meine Hüfte streifte, aber verfehlte. Sofort setzte ich zum Endspurt an, mobilisierte all meine Kraft und stolperte völlig außer Atem in den Innenhof, wo die anderen mir bereits mit sorgenvollen Blicken entgegenkamen. Das Wesen war verschwunden, aber es konnte nicht weit sein. In Gedanken übermittelte ich ihnen, was geschehen war, und Caleb stürzte mit Belenus in die Richtung, aus der ich gekommen war. Ich stützte meine Hände auf den Oberschenkeln ab, und mein Atem beruhigte sich schnell. Magnus sah mich betroffen an, Tessa strich mir über den Rücken, und Media starrte in die Ferne. „Was hat sie getan?", murmelte Media düster, „dieses Wesen, das dich eben verfolgt hat, ist sehr gefährlich. Seit Jahrhunderten war keines mehr auf der Erde. Es ist ein Wolfsjäger. Er hat nur eine Aufgabe, das Wesen zu jagen, zu fangen und zu töten, dessen Fährte er einmal aufgenommen hat. Das ist seine einzige Bestimmung. Irgendetwas stimmt hier nicht mehr zusammen. Der König der Seelenzehrer braucht dich lebend, aber wieso dann dieser Wolfsjäger?" Mein Atem hatte sich wieder beruhigt. Als ich zum Sprechen ansetzen wollte, hörten wir Schritte und hielten kurz inne. „Wir sind es", kündigte Belenus die Rückkehr von Caleb und ihm an. „Sie sind verschwunden, Sige und dieser stinkende Köter. Keine Spur, als hätten sie sich in Luft aufgelöst." „Entschuldige, wenn ich dich unterbreche, aber dieses Wesen war schon einmal hinter mir her." Ich blickte zu Magnus, der immer noch zur Salzsäule erstarrt dastand und kein Wort herausbrachte. „Als du mich damals bei mir zuhause besucht hast, war ich danach so verwirrt, dass ich zu Tessa gefahren bin. Am Parkplatz spürte ich die Anwesenheit von etwas völlig Unheimlichem, im Nachhinein dachte ich, es wären die Seelenzehrer gewesen, aber jetzt kann ich mit Gewissheit sagen, dass es dieser Wolfsjäger war. Allein seine Anwesenheit löst in mir höchste Alarmbereitschaft aus. Da geht's um Leben und Verdammnis, der Tod wäre eine Befreiung." „Euer Schutzschild wird sie nicht mehr lange vom Hof fernhalten, außerdem kennt Sige unseren Plan, sie hat alles ausspioniert. Wie konnten wir nur so etwas übersehen?" meinte Magnus zerknirscht. „Über das Schutzschild mach dir keinen Kopf, das ist soweit aktiv und hat auch den Wolfsjäger draußen gehalten. Aber ich stimme dir zu, sie werden nicht warten bis wir Verstärkung haben, und wir sie angreifen, wir müssen jetzt jederzeit mit einem Angriff rechnen."

„Media, was sollen wir tun?" Verzweiflung machte sich in mir breit. Jetzt hatte ich auch noch einen überaus gefährlichen Dämonenhund auf den Fersen.

„Lasst uns hineingehen, wir treffen uns in dreißig Minuten in der Höhle, wir brauchen dringend Verstärkung. Magnus, ich möchte, dass ihr die Kinder zu uns holt, damit wir alle gemeinsam besprechen können, wie es weitergeht. Kristall wird euch helfen, sie ist oben bei ihnen. Wir lassen sie nicht gerne allein im Zimmer, jetzt weiß ich, warum. Beeilt euch, schnell." Wenn Media Anweisungen austeilte, gab es so gut wie keinen Widerspruch, und jeder war erleichtert, zu wissen, was er zu tun hatte. Zu uns Frauen sagte sie: „Kommt mit, ihr zwei, jetzt lernt ihr eure weibliche Zauberkraft kennen." Ich sah Tessa an, die von dem Erlebnis sehr geschockt zu sein schien.

Wir folgten Media in das schwach beleuchtete Haus, direkt in die Küche. Mir war kalt geworden und mich fröstelte. Mitten im Raum blieb sie stehen, zog einen Teppich zur Seite und öffnete auf Knopfdruck eine Klappe, die im Boden eingelassen war. Eine hell erleuchte Treppe kam zum Vorschein, die in die Tiefe führte. „Nach euch", äußerte sie und vollführte mit der Hand eine einladende Geste. Ich ging sogleich voran, Tessa war dicht hinter mir, und ich hörte, wie Media die Öffnung wieder verschloss, nachdem sie zu uns getreten war. Die Wände waren aus grobem Gestein und mit Erdschichten vermischt, die Luft roch feucht, aber erstaunlich frisch. Geschätzte hundert Stufen führten uns unter die Erde. Ein großes silbernes Tor erwartete uns. Rechts an der Wand war ein Schalter angebracht, den ich spontan drückte. Vor uns öffnete sich geräuschlos das gewaltige Tor und ließ den Blick in eine riesige, dämmrige Höhle frei werden. Mich erpackte die Ehrfurcht, denn diese Grotte war von einer besonderen Ausstrahlung. Überall funkelte und glitzerte es, und am hinteren Ende gab es einen weitläufigen See, dessen Ende ich nicht erblicken konnte. Behutsam setzte ich einen Fuß über die Schwelle und trat ein. Tessa stöhnte laut auf und hauchte ein „Wow" in die Höhle, das sofort von den Wänden widerhallte. Je weiter ich voranging, desto kraftvoller fühlte ich mich, dieser Ort war unbeschreiblich magisch. Ich drehte mich zu Media um, denn ich hatte plötzlich viele Fragen. Das Tor war bereits wieder verschlossen, und sie schaute mir tief in die Augen. „Was spürst du, Lea?" „Kraft, eine unbeschreibliche, starke Energie." „Wo in deinem Körper sammelt sich diese Energie?" Ich hielt kurz inne und spürte in meinen Körper hinein. „Mein ganzer Unterbauch pulsiert und fühlt sich heiß an. So ähnlich, als wäre ich sexuell erregt. Aber doch anders.", erklärte ich ihr mein Empfinden. Tessa stöhnte erneut auf und eröffnete uns ihre Wahrnehmung. „Ich stimme Lea zu, es ist wie eine höchst erfreuliche Erregung tief in mir, aber sie öffnet mich gleichzeitig nach unten und oben, durchströmt mich aus meinem Bauch heraus. Es fühlt sich sehr angenehm und kräftigend an." „Dieser heilige Ort aktiviert eure Kraftzentren, die ihr braucht, um eure außersinnlichen Fähigkeiten ganz gezielt einzusetzen, um zu zaubern, um bewusst Dinge zu verändern. Diese Höhle ist Mutter Erde geweiht. Die Seelenzehrer können sie nicht betreten, so verhält es sich mit diesem ganzen Ort hier, sonst wäre dir der Wolfsjäger weiter gefolgt. Der Schutzschild, von dem die Männer vorher sprachen, wird durch den See aktiviert und von ihm gespeist. Dieser See mit seinem silbernen Wasser ist mit der tiefen Kraft der weisen Mondgöttin aufgeladen. Bei bestimmten Vollmondnächten scheint durch eine kleine Öffnung das Mondlicht in den See und belebt ihn jedes Mal aufs Neue. Die Legende besagt, dass die Mondgöttin selbst hier gebadet haben soll. Mit all ihren Sternenschwestern war sie auf die Erde gekommen, um diese Stelle zu besuchen, hier haben sie sich getroffen und gefeiert. Der Ort ist gesegnet mit ihrer weiblichen Kraft und Liebe." „Aber warum erfahren wir erst jetzt davon?" fragte ich Media. „Wir Frauen haben bereits für den morgigen Abend ein wundervolles Ritual für euch vorbereitet. Es sollte eine Überraschung werden. Ich ahnte nicht, dass Sige Magnus, dir und uns solche Schwierigkeiten machen würde und zur Verräterin wird. Es wird ihr ihre Seele kosten, außer wir vernichten diesen Wolfsjäger bevor, er dich oder sie verschlingt. Vorerst ist er nur hinter dir her, aber sollte er sein Ziel nicht erreichen, richtet er seine Blutrünstigkeit auf seinen Befehlshaber. Sobald du durch das Portal gehst, wird er deine Spur verlieren und dann ist Sige verloren. Sie wird uns bald angreifen, lasst uns keine Zeit verlieren. Ich werde euch zu Mutter Erde und der Göttin des Mondes führen, damit sie sich mit euch vereinen mögen, so kann eure weibliche Kraft direkt von ihnen gespeist werden. Gemeinsam wollen wir der Erde Freiheit und Frieden schenken. Habt ihr Fragen dazu?" Wir schweigen. „Bitte sprecht ab jetzt kein Wort mehr, außer ihr werdet dazu aufgefordert. Dort drüben könnt ihr eure Kleider, Schmuck, alles, was ihr am Körper habt ablegen und danach kommt ihr zu mir." Media deutete auf einen Felsvorsprung und verschwand in Richtung See. Schweigend befolgten wir ihre Anweisung und zogen uns aus. Es war erstaunlich warm in dieser Höhle, oder kam die Wärme aus meinem Inneren? Ich konnte es nicht genau feststellen. Ich war sehr aufgeregt, da es mich erneut an meinen Traum erinnerte, den ich bei meiner Verwandlung hatte. Mit Mutter Erde verbinden, dann konnte ich den Seelenzehrern kraftvoll und geschützt gegenübertreten. Tessa war längst fertig und verschwunden. Bedächtig faltete ich meine Kleidung und legte sie sorgfältig am Felsen ab. Als ich nackt und irgendwie schutzlos zu den anderen ging, fühlte ich mich dennoch geborgen und getragen. Bei den zwei Frauen angekommen, reichte mir Media ein weißes, luftiges Kleid, das ich mir überstreifte. Tessa und sie trugen bereits diesen Hauch von transparenter Schlichtheit. Als ich mich umsah, flackerten um den See viele Kerzen. Ihr Schein spielte mit den Schatten der Felsen an der Wand und gaukelte Erscheinungen hervor, die nicht da waren. Media reichte jeder einen silbernen Kelch mit einer mir unbekannten Flüssigkeit. „Trinkt, sprecht kein Wort und wartet auf meine Anweisung." Gerne wollte ich wissen, was ich da zu mir nahm, aber Fragen war nicht mehr erlaubt, also trank ich mit einem Zug den Becher leer. Es schmeckte scheußlich, extrem bitter und scharf. Ich schüttelte mich und gab Media den Becher zurück. Sie lächelte wissend und nahm uns bei den Händen. Ihr Gesichtsausdruck nahm feierliche Züge an, als sie zu sprechen begann: „Nehmt euch an den Händen, damit sich der Kreis aus Frauen schließen kann." Tessas warme Hand schmiegte sich in meine. Ich lächelte ihr zu und Media sprach weiter: „Liebe Lea, liebe Tessa, es ist mir eine Freude euch hier mit den großen Muttergöttinnen zu verbinden. Ich bitte euch, mir jetzt zu folgen, um jede einzelne von euch auf ihre ganz eigene Art und Weise mit ihnen zu verbinden. Vor langer Zeit haben die Göttinnen der Erde und des Mondes Kontakt mit uns aufgenommen, damit wir lernen, den Seelenzehrern zu widerstehen und die Kräfte in uns wiederbeleben, um sie besiegen zu können. Ich sehe, wie sie jeden Tag stärker werden und unsere besten Frauen und Männer mit ihren niederen, erbärmlichen Gedanken sich zu Eigen machen. Wir müssen voller Vertrauen sein, voller Kraft und Liebe, dann sind wir unantastbar für ihre dämonische Magie. Sobald ihr durch das Portal geht, befindet ihr euch in ihrer Welt, umso wichtiger ist eure Anbindung an die Erde, euren Heimatplaneten und an die Mondin, die durch alle Dimensionen wirkt. Die Verbindung mit der großen Erdenmutter garantiert eure Rückkehr, außerdem versorgt sie euch mit

überaus vitaler, kraftvoller Erdenergie, die euch stärkt, führt und beschützt. Die magische Kraft der Mondin lässt euch die Dinge sehen, wie sie wirklich sind. Außerdem ist sie für die Seelen der Menschen verantwortlich. Allein sie besitzt die Fähigkeit, diese von der dämonischen Energie zu heilen. Mit ihrem silbernen Licht umhüllt und schützt sie euch." Media ließ unsere Hände los. Sie sah mir fest und tief in die Augen. „Vertraust du?" „Ich vertraue", gab ich ihr fest zur Antwort. Ich spürte es deutlich in meinem Herzen. An Tessa gewandt sagte sie laut und kräftig: „Liebst du?" Tessa zögerte einen kurzen Moment, aber antwortete dann ebenso kraftvoll: „ich liebe." „Folgt mir." Wir verließen den See und folgten einem schmalen Pfad tiefer in die Höhle hinein. Die Luft war warm. Sie streichelte meine nackte Haut. Meine Sinne waren extrem geschärft, als hätte ich eben von Magnus Blut getrunken. Meine Wahrnehmung weitete sich, dehnte sich aus. Ich sah alles in gigantisch bunten Farben. Tessa und Media bestanden aus grünen, blauen und rosa Schichten, mit sonnigem Gelb verwoben. Der Höhlenabschnitt, der sich jetzt auftat, erstrahlte in herrlich sattem, grünem Licht. Als ich näherkam, erkannte ich in der Mitte der Grotte einen hell funkelnden Smaragd, der fast meine Körpergröße hatte. Von diesem Stein ging eine Ausstrahlung aus, die körperlich fast unerträglich war. „Lasst die Energie in euch hinein, nehmt sie auf und wehrt euch nicht dagegen! Lasst Mutter Erde mit euch Kontakt aufnehmen! Sie wird sich in jede Zelle eures Körpers schwingen. Sie wird euch tief mit ihrem Herzen verbinden, damit sie euch zurückholen kann, egal was geschieht, damit sie euch nähren kann auf eurer Reise. Sucht euch eine Stelle am Stein und setzt euch bequem davor, schließt eure Augen, atmet bewusst ein und aus. Lasst geschehen!"
Ich tat, wie mir geheißen. Der felsige Boden machte eine bequeme Haltung fast unmöglich, aber ich fand eine halbwegs aushaltbare Position. Ich konzentrierte mich vorerst auf meine Atmung und zog bei jedem Einströmen des Atems die Energie des Smaragds tief in mich hinein. Es fühlte sich an, als würden sich Partikel aus strahlendem, grünem Licht in jeder

Faser meines Körpers verteilen. Mein Herz trommelte freudig in meiner Brust. Die erfrischende Atmung und der beständige Herzschlag trugen mich fort. Ich spürte den felsigen Boden unter meinem Hintern nicht mehr und ließ mich in den Schoß der großen Mutter fallen.

Ich befand mich in einer großen Höhle. Es war feurig heiß. Ich fühlte mich wohl und geborgen. Aus dem Hintergrund trat eine wunderschöne Frau auf mich zu. Sie trug ein grünes Kleid, ihr Haar war rötlich braun und fiel ihr in wilden Locken bis zur Hüfte. Sie lächelte freundlich und schien etwas in ihren Händen zu halten. „Meine geliebte Tochter, Tochter der Erde, es freut mich sehr, dass du endlich zu mir kommst. Ich brauche deine Hilfe, ich brauche die Hilfe der Frauen, damit wir jetzt alle gemeinsam heilen können. Wir dürfen in Liebe vereint zusammenstehen, Seite an Seite, Götter und Menschen, Männer und Frauen, Tiere und Pflanzen, Lichtwesen und Naturgeister, damit der Planet wieder ins Gleichgewicht kommt. Meine Kraft ist sehr groß, aber wenn die Menschen, getrieben von Macht und Habgier, mich weiter so lieblos behandeln, sich von mir abwenden, werden die Seelenzehrer in Zukunft die Herrschaft übernehmen. Gemeinsam mit euch, mit der Kraft der Frauen können wir siegen und die Harmonie wiederherstellen. Du hast eine irdische Mutter, aber du hast auch eine göttliche Mutter. Erinnere dich an dein göttliches Erbe, dein göttlicher Vater ist der Himmel, die unendliche Weite des Kosmos, und ich bin deine Mutter. Egal welches Wesen dich einst gezeugt hat und welche Frau dich geboren hat, alles, was zählt, ist, dass du weißt, wer du tief in deinem Inneren wirklich bist. Du bist meine Tochter, geboren aus dem magischen Schoß des Anfangs und Endes. Ganz gleich welche Gaben und Fähigkeiten du besitzt, einzig und allein wofür du sie einsetzt ist entscheidend. Für das Leben und zum Wohl aller oder allein nur für deine Macht und dein Wohlergehen. Mich interessiert nicht, was du in deiner Vergangenheit geleistet oder unterlassen hast. Für mich zählt, ob du jetzt bereit bist, für meine Heilung und die Heilung

*all meiner Kinder deinem Vater gegenüberzutreten. Kannst du jetzt Opfer bringen, die erbracht werden müssen? Dein vermeintlicher Vater wird dir die verlockendsten Angebote machen, aber du wirst die Wahrheit erkennen und nicht auf die Illusionen der Dämonen hereinfallen." Ich musste heftig schlucken, mein Hals war bei den Worten dieser anmutigen, warmherzigen Frau ganz trocken geworden. Der König der Seelenzehrer war doch mein Vater, wie schrecklich. Aber die Worte meiner göttlichen Mutter überzeugten mich. Sie fühlten sich richtig an, und ich hatte mich bereits vor langer Zeit entschieden. „Ja, ich bin bereit, ihm gegenüberzutreten. Aber was kann ich gegen einen Dämonenkönig schon ausrichten, ich konnte mich nicht mal gegen einen seiner fiesen Handlanger erwehren." „Du wirst im richtigen Moment wissen, was zu tun ist. Hab Mut und Vertrauen in dich selbst und in meine überirdische Kraft. Nur darfst du ihm nicht glauben, egal was er dir erzählt. Er ist ein Meister der Lüge und ein Verdreher der Wahrheit. Du bist seine Tochter, und du besitzt die Fähigkeit, ihn zu besiegen. Danach verschließen wir das Portal, damit kein Dämon mehr in unsere Dimension Zugang findet." Ich nickte und sie trat näher.
Tochter der Erde, ja das bin ich, das sind wir alle, Töchter und Söhne der Erde. Wir sollten uns daran erinnern und wieder danach leben. Sie hielt einen handtellergroßen Smaragd in ihren Händen.
„Bist du bereit dein göttliches, weibliches Erbe anzutreten? Bist du bereit, dich mit mir zu verbinden? Bist du bereit, dich durch mich führen zu lassen?" „Ja, ich bin bereit."
„Tochter der Erde und des Himmels, ich segne dich, ich schenke dir meine urweibliche Kraft, damit du zum Wohle aller wirken kannst. Ich heile deinen geschändeten Schoß und lösche alle schmerzvollen Erinnerungen der vergangenen, grausamen Taten aus dir. Mögest du heil und ganz sein."
Sie summte dabei sanfte Töne und strich mit ihren heißen Händen über meinen gesamten Bauchraum, über meine Vagina und meinen unteren Rücken entlang. Es fühlte sich*

an, als hätte ich Knoten und schwere Klumpen in mir. Sie schmerzten, drückten und quälten mich heftig. Mein gesamter Unterleib wurde von heftigen Krämpfen geschüttelt. Währenddessen wurde ihr Gesang lauter und kraftvoller. Es fühlte sich an, als würde etwas meinen Körper verlassen und tatsächlich, sie zog etwas schwarzes Klebriges durch meinen Nabel nach draußen. Nach und nach löste sich jeglicher Schmerz, jede Blockade in Luft auf.

Weiterhin wurde ich von ihren heilenden Händen achtsam, zart und liebevoll massiert. Ihre reine Stimme hüllte mich in einen schützenden Kokon. Ich schloss die Augen und genoss diese zärtlichen Berührungen. Ich spürte, wie sie mir immer näher kam und mich ihre mütterlichen Arme schützend umfingen. Sie wiegte mich sachte. Es tat so unendlich gut in diesen Armen zu liegen, sich geliebt, gehalten und angenommen zu fühlen.

„Handle weise und in Liebe, meine Lea. Nimm nun mein Geschenk an. So sei es mein Kind." Sie führte den grünen, leuchtenden Stein an meinen Bauchnabel. Erst war er fest, aber nach und nach fühlte er sich immer weicher an, so als ob er sich auflösen und in mich eindringen würde. Das Leuchten wurde so intensiv, dass ich die Augen schließen musste. Ich fühlte wieder diese tiefe Wärme und Erregung in meinem Bauch und in meinem gesamten Unterleib. Die Kraft des Steines verankerte mich in mir und mit der Erde. Mein Herz öffnete sich weit und verwob sich mit dem Herzen meiner großen Mutter, mit dem Herzschlag der Erde. Ich fühlte diesen massiven Halt und diese unerschöpfliche Liebe fließen.

Es war, als würden mir von der Hüfte abwärts dicke Wurzeln wachsen, die sich tief mit dem Planeten verbanden. Ich sah mich ähnlich wie einen Baum, gehalten und genährt von meinen festen, dicken Wurzeln, aber mit einem Unterschied, ich war beweglich und frei. Mein Sein folgte den Wurzeln in die Tiefe hinab, tiefer und immer tiefer in den rotglühenden, heißen Kern der Erde.

Unten angekommen traf ich auf ein Wesen. Zuerst war

ich mir nicht sicher. Saß dort eine große Schlange mit Flügeln oder war es ein Drache? „Wer bist du?", fragte ich erstaunt. Unverzüglich bekam ich eine Antwort. „Ich bin deine Erddrachin. Ich stehe dir ab heute mit meiner Kraft und meinem Wissen zur Verfügung. Bitte erlöse mich von meinen Fesseln, damit ich bei dir sein kann." Erst jetzt bemerkte ich eine dicke Eisenfessel um ihr Fußgelenk. „Wer hat dich hier festgemacht?"

„Du selbst warst es, deine Angst vor deiner eigenen dynamischen Feuerkraft, aber jetzt ist der Zeitpunkt gekommen, wo du mit mir fliegen kannst und ich dich ständig begleiten werde." Die Drachin war riesig. Von ihr ging eine wärmend, angenehme Ausstrahlung aus. Langsam ging ich auf sie zu, da erstaunlicherweise meine Wurzeln verschwunden waren und meine Beine mich wieder trugen. Als ich direkt vor ihr stand und die Fessel berührte, um sie ihr irgendwie abzumachen, löste sich diese in Nichts auf. Überrascht stöhnte ich auf und blickte zu der Drachin auf, direkt in ihre Augen. Sie waren wie flüssiges Gold. Wunderschön. Unsere Blicke trafen sich, und sie sah mich liebevoll an. „Komm, setz dich auf meinen Rücken und lass uns fliegen, spüre unsere unerschöpfliche, gemeinsame Kraft." Wir flogen durch eine Öffnung in der Höhle nach draußen, in die sternenklare Nacht hinein. Wir flogen in die Weite des Himmels. Es war ein herrliches Gefühl von unbändiger Kraft und Freiheit, die mich gleichzeitig durchströmten. Ich jubelte laut auf. Ich konnte zufrieden lächeln und fühlte mich in diesem Moment sehr glücklich. Ein unbeschreiblicher Ritt auf meiner Erddrachin. „Kommst du mit mir, wenn ich in die andere Dimension reise?" wollte ich von ihr wissen. Selbstverständlich funktionierte hier wieder wie üblich die telepathische Verbindung. Bei ihrer Fluggeschwindigkeit waren Worte auch unaussprechlich. „Ich bin ab jetzt bei dir und begleite dich auf deinem Weg, egal wo du dich befindest. Rufe mich, wenn du mich brauchst, und ich stehe dir mit all meiner feurigen Erdenkraft zur Verfügung. Vertraue auf dein Gefühl, du wirst wissen, wann du mich brauchst. Jetzt brin-

ge ich dich zu deinen Gefährtinnen zurück." „Danke." Ich drückte mich noch einmal fest an ihren Hals und genoss ihren warmen, weichen, schuppigen Körper auf meiner Haut. Ich stellte fest, dass dieses weiße, durchsichtige Hemdchen mich immer noch kleidete.
Als ich die Augen öffnete, saß ich vor dem großen Smaragd in der Grotte. Was für eine wundervolle Vision. Mein Hintern schmerzte fürchterlich, aber ansonsten fühlte ich mich blendend. Vorsichtig, ohne mich an dem Stein hochzuziehen, stand ich auf. Ich drehte mich um und suchte Media oder Tessa. Ich war allein.

„Ich danke dir, du wundervoller grüner Stein für diese herrlichen Erlebnisse, für diese kraftvollen Verbindungen, die ich mit deiner Hilfe eingegangen bin. Ich danke dir, Mutter Erde. Ich danke dir, Drachin. Wie du wohl heißen magst?" Ich schloss die Augen und stellte meine Verbindung zur Erddrachin her. Sofort bekam ich eine Antwort. *„Ich habe viele Namen aus vielen Zeiten. Mein Name ist völlig unwichtig, aber wenn du willst, suche dir einen aus."*
„Danke, das werde ich." Spontan fiel mir nichts ein, aber ich war mir sicher, es würde sich ein passender Name für dieses herrliche Geschöpf finden. Ich verließ die Grotte und schritt beschwingt den engen Pfad zurück an den silbernen See. Media und Tessa knieten dort bereits andächtig am Ufer. Beide hatten die Augen geschlossen. Leise und sachte ließ ich mich neben Tessa nieder. Mein Po war nicht erfreut, aber diesmal lag eine Decke auf dem Boden, die ein halbwegs bequemeres Sitzen ermöglichte. Media öffnete die Augen und übermittelte mir ohne Worte, mich genauso, wie vorher mit dem Smaragd, jetzt mit dem See zu verbinden. Noch völlig überwältigt von meinem Erlebnis konzentrierte ich mich vorerst auf meine Atmung. Schnell erreichte ich wieder diesen Zustand, in dem ich außer meinem Atem und meinem stetigen Herzrhythmus nichts anderes mehr wahrnahm. Statt ständigen, vorüberziehenden Gedanken, stellte sich das Bild des still daliegenden Sees vor meinem inneren Auge ein.

„Ich stand am Ufer. Das Wasser säuselte und flüsterte mir

unverständliche Worte zu. Ich ging näher an das Wasser heran, gleich würden meine Zehen das Nass berühren. „Komm, bade in mir. Komm in meine Mitte. Siehst du das Leuchten? Komm herein." Die Stimmen lockten mich. Mutig stieg ich mit dem linken Fuß voran in das silberne Wasser. Ich zuckte kurz zurück, denn es verhielt sich anders, als ich erwartet hatte. Dieses Wasser war weich, als würde es über meine Haut streicheln, als würden mich sanfte Hände berühren. Ich setzte den anderen Fuß ebenfalls vorsichtig hinein. Langsam schritt ich voran. Zentimeter für Zentimeter schob ich mich durch die sanften Wogen. Als mein Kleid vom Wasser bedeckt wurde, erkannte ich erst das Unglaubliche. Es tauchte zwar völlig ein, wurde aber nicht nass. Ich fasste mit der Hand nach und zog den feinen Stoff heraus, der eigentlich an meinem Körper kleben müsste, aber dieser war trocken. Ich ließ die Grübelei und folgte den singenden Frauenstimmen in die Mitte des Sees, wo ein silberner Strahl eine Stelle besonders hell erleuchtete. Das magische Wasser reichte mir bereits unter die Brust. Als ich die besagte Stelle fast erreicht hatte, verstummten plötzlich die Stimmen. Stille. Ich drehte meinen Kopf und stellte fest, dass die Höhle und der See in absoluter Dunkelheit lagen. Allein der leuchtende Kegel spendete Licht. Dort, wo das Licht auf die Wasseroberfläche traf und in die tiefen Unterwasserschichten strahlte, nahm ich plötzlich eine schemenhafte Gestalt war. Ich erschrak. Etwas tauchte von weit unten direkt zu mir herauf. Ich atmete ruhig ein und aus. Mir kann hier nichts passieren, ich bin geschützt, beruhigte ich mich selbst. Vor mir teilte sich das Wasser, das ja kein Wasser in herkömmlichem Sinn war, sondern eine schillernde, silberne Substanz. Sie gab den Blick auf einen schlanken hellhäutigen Frauenkörper frei, die den Kopf gesenkt hielt. Ihre Haare waren hüftlang, schneeweiß und mit silbernen Strähnen durchzogen. Langsam hob sie ihren Kopf und streckte ihre Arme in meine Richtung. Als mich ihr Blick traf, fühlte ich mich durchschaut. Diese hellblauen, klaren Augen schienen mich zu durchdringen und bis auf den Grund meiner Seele zu blicken. Ich hob meine Arme und streckte sie ihr entgegen. Als sie mich berührte, fingen wir an, uns zu drehen. Erst langsam und dann immer schneller kreisten wir den Lichtkegel spiralförmig nach oben hinauf. Ich verlor jegliches Zeit- und Raumgefühl. Ich hielt ihrem festen Blick stand. Sie schien meine Seele zu durchleuchten und zu prüfen. Ich wusste nicht, wofür oder wozu dies gut sein sollte, aber je länger wir uns kreisend bewegten, umso weiter entfernten wir uns von meiner mir bekannten Welt. Viele Erlebnisse aus meiner Kindheit bahnten sich in meine Erinnerung, sie waren nicht alle aus dem Leben der Lea, die ich kannte. Ich hatte vermutlich schon viele Leben hinter mir. Ich sah mich mal als kleinen Jungen, dann als kleines Mädchen. Immer sah ich, wie ich geboren wurde, heranwuchs, älter und älter wurde, bis ich schließlich starb. Dies wiederholte sich einige Male. Ich sah mich in diesem Leben, stehengeblieben in der Zeit. Das Reifen und Altern verwehrt durch das Erbe meines dämonischen Vaters. Jetzt und hier sollte sich meine weitere Zukunft entscheiden. Soviel verstand ich, ohne nachzufragen. Plötzlich lachte die junge, schöne Frau laut auf. Die Drehgeschwindigkeit nahm enorm zu, dabei verwandelte sie sich in ein kleines Mädchen, um bei jeder Umdrehung älter zu werden. Mit einem heftigen Ruck stoppten wir. Ich befand mich in einem hellen, freundlichen, aber ungewöhnlichen Raum. In der Mitte des Raumes stand ein kleiner, runder Tisch mit zwei Stühlen. „Setz dich, Lea. Ich komme gleich zu dir." Ich blickte mich erneut um, da ich feststellen wollte, woher die Stimme kam. Dabei fiel mir auf, dass ich von Holz umgeben war. Behutsam legte ich meine Hand an die Wand und konnte mit Sicherheit sagen, dass es pulsierendes, lebendiges Holz war. Vorsichtig setzte ich mich auf einen Stuhl und verschränkte meine unruhigen Hände nervös in meinem Schoß. Ich wartete, wusste aber nicht worauf. Wo war ich überhaupt? Als sich an der Wand eine unsichtbare Tür öffnete, erschrak ich erneut. Eine uralte, runzelige Frau betrat den Raum. Sie war für ihre greisenhafte Erscheinung quietschfidel und lachte mich aus.

"Du bist aber ein schreckhaftes Drachenmädchen", meinte *sie amüsiert und setzte sich freudig lächelnd zu mir an den Tisch. Als ich ihr in die hellblauen, klaren Augen sah, wusste ich sofort, wer vor mir saß. "Du hast mich eben in der Höhle abgeholt. Aber wie, oder warum bist du so schnell alt geworden?" fragte ich mutig. "Es spielt keine Rolle, in welcher Erscheinungsform ich in dein Leben trete, entscheidend ist, welchen Weg du zukünftig einschlägst. Du warst eine junge Frau, ein Mädchen. Jetzt bist du eine fruchtbare Frau und selbst Mutter. Willst du ewig jung und nahezu unsterblich, oder alt und weise werden? Wie willst du in deine Zukunft gehen? Du allein hast die Wahl. Du entscheidest in diesem Augenblick über deine Zukunft. Handle weise, Tochter der Erde." Ich fing an, ihre verwirrenden Worte in mir wirken zu lassen. Sie musterte mich weiterhin ungeniert mit ihrem durchdringenden, tiefen Blick. Laut Magnus alterten die Baobhan-Sith nicht mehr, von dem Tag meiner Menstruation an hatte ich mich damals nicht verändert. Aber jetzt war ich zuvor ein ganz normal-sterblicher Mensch gewesen. Sollte es nun anders sein? Ich war verwirrt. Mit dem Sterben und dem Tod hatte ich mich zuvor nie beschäftigt. Mit meinen neuen, übersinnlichen Kräften und der vermeintlichen Unsterblichkeit fürchtete ich mich nicht. Aber musste ich vorm Tod überhaupt Angst haben, fragte ich mich, wenn ich doch jetzt mit Gewissheit sagen konnte, dass es möglich war, wiedergeboren zu werden? Damals hatte ich aus freiem Willen den Tod gewählt, um die Prophezeiung zu erfüllen. Plötzlich erkannte ich die Notwendigkeit des Sterbens. Ich hatte etwas Natürliches begonnen, das meiner Gattung bislang verwehrt war: den Zyklus von Werden und Vergehen. Hier im Haus der Mondmutter wurde mir bewusst, wie es sich seit allen Zeiten verhielt. Ich räusperte mich und blickte meinerseits der alten Frau fest in die Augen. Ich erblickte den Ozean, den Himmel, hohe Berge und weite Wälder, ein neugeborenes Kind und einen sterbenden greisen Mann. "Große Mutter, Großmutter, Frau Mond." Ich wusste nicht, wie ich sie ansprechen sollte. "Darf ich dir*

meine Antwort auf deine Fragen geben?" „Ich warte", setzte sie fordernd nach, lehnte sich geruhsam zurück und schloss ihre Augen.
Ich räusperte mich. Mein Herz klopfte aufgeregt in meiner Brust, dies war eine weitere Prüfung, und von meiner Antwort hing ab, ob ich ihrer Verbindung würdig war. „Jetzt bin ich jung und nahezu unsterblich, dafür zahlt meine Seele einen hohen Preis, da sie sich nicht entwickeln kann, da sie nicht wachsen kann, wie es ihr gefällt. Ich sehe es als Erbe meines dämonischen Vaters, dass dem so ist. Ich würde gern alt, runzlig, seltsam und weise werden, tief aus dem uralten Wissen meiner Seele schöpfen, aus der Erinnerung meiner langen Seelenreise weise und liebevoll mein Leben solange genießen, bis ich sterben werde. Eines bestimmten Tages ist meine Lebenszeit abgelaufen, und ich werde wissen, werde es in meinen Knochen spüren, wann es heißt, Abschied zu nehmen von diesem Leben. Ich habe es schon einmal gewusst und für manch einen furchtbar gehandelt. Am Tag der Tage werde ich loslassen und gehen. Jeder weiß, wann seine Zeit gekommen ist, aber wir Frauen sind es, die die Magie besitzen, zu gebären und zu zerstören, immer wieder und immer fort. Ich werde alles sein, wenn du es mir ermöglichst, über mich selbst hinauszuwachsen, und mir erlaubst, mein zyklisches, menschliches Erbe anzunehmen. Ich weiß, dass meine Seele unsterblich ist, darum brauche ich keine unsterbliche Hülle. Ich möchte wieder eingebunden sein in den natürlichen Kreislauf von Werden und Vergehen." Ich senkte den Kopf, mein Herz hüpfte fast aus meiner Brust. Was handelte ich mir hier überhaupt aus? Magnus wird völlig ausflippen, aber dies war meine alleinige Entscheidung. Meine Kinder würden altern und eines Tages sterben, da wollte ich keine Ausnahme machen. Ganz im Gegenteil, es war mein Recht, mich wieder einzubinden in das Rad des Lebens und Sterbens. Ich saß hier und verhandelte über meinen Tod. Ich hielt den Blick immer noch gesenkt, was würde sie dazu sagen? „Schau mich an, Lea!", forderte mich die Mondgöttin auf. Langsam hob

*ich den Blick. Die Alte war verschwunden und die schlanke, hellhäutige Frau mit dem langen, Silbersträhnen durchzogenem Haar stand vor mir. „Das ist eine erstaunliche Bitte für ein unsterbliches Wesen, aber bis in die Tiefen weise und ehrlich. Bist du dir sicher, dass ich das für dich veranlassen soll?" „Ja, das bin ich." „So sei es, mein geliebtes Kind. Deine Worte entsprechen der Wahrheit. Wenn eines Tages deine Zeit gekommen ist, werde ich bei dir sein, dich bei der Hand nehmen und mit mir führen. Dann hast du nicht das Geringste zu befürchten, denn ich kenne den einfachen, heilsamen Weg über die Schwelle. Ich beschütze und führe diejenigen, die sich mit mir verbinden."
„Folge mir nun, Tochter der Erde und der Mondin. Ich zeige dir den Rückweg." „Warte, ich bitte dich, kannst du mir helfen, wenn ich meinem Dämonenvater gegenüberstehe?" „Das habe ich bereits, du wirst sehen. Vertraue auf deine Gefühle und deine Intelligenz. Alles wird gut werden. Komm jetzt, die anderen warten bereits auf deine Rückkehr." Die Tür in der Wand tat sich erneut auf, und eine Treppe führte nach unten. Ich folgte der Frau. Unten angekommen stand ich am Fuße eines mächtigen Baumes und staunte nicht schlecht, dass ich soeben in ihm gewesen war. Der Umfang seines Stammes betrug etliche Meter, seine dicken, mächtigen Wurzeln wölbten sich sogar über dem Waldboden. Seine Krone konnte ich von hier unten nur erahnen. Dieser Gigant von Baum stand hier nicht allein, wir standen inmitten eines uralten Waldes. „Siehst du den Weg, der sich dort zwischen den Bäumen hindurchschlängelt?" fragte mich die Mondgöttin. „Ja", gab ich ihr zu Antwort. „Folge ihm, weiche auf keinen Fall von ihm ab. Am Ende wirst du auf einen See treffen. Nimm dort ein erfrischendes Bad. Sogleich wirst du wieder in der Höhle sein, dort, wo ich dich abgeholt habe. Bevor ich es vergesse. Hier, den brauchst du, damit du die Seelen sicher zurückholen kannst." Sie überreichte mir einen faustgroßen Mondstein, den ich dankend annahm. Ich verabschiedete mich und folgte schnurstracks dem verschlungenen Weg. Sollte das erneut eine Prüfung*

sein? Mir fiel das Märchen vom Rotkäppchen ein, das mir meine Mutter immer vorgelesen hatte. Das naive Mädchen kam damals vom Weg ab, rettete am Ende aber die Großmutter und sich selbst. Der Stein in meiner Hand holte mich aus meinen Gedanken zurück. Er war weiß wie die Haut der Mondin und schillerte, bei bestimmtem Lichteinfall, in den Farben des Regenbogens. Der Weg schien kein Ende zu nehmen, aber ich ließ mich nicht abbringen. Mein Ziel war der See, damit ich wieder nach Hause kam. Im Unterholz rechts von mir vernahm ich plötzlich ein Rascheln. Ich blickte angestrengt durch das Astwerk, konnte aber nichts entdecken. Ein glockenhelles Lachen erklang. „Wer ist da?" rief ich ins Dickicht, bekam aber keine Antwort. Am Weg vor mir tauchte soeben ein kleines Mädchen auf. „Hallo. Wo kommst du denn her?", fragte ich neugierig. Die Kleine lächelte freundlich. „Ich wohne in diesem Wald und frage mich, was du hier treibst." „Ich bin auf dem Weg zum See. Weißt du, wie weit es dahin noch ist?" „In die Richtung dauert es noch lange, aber ich kenne eine Abkürzung. Komm mit!" „Oh nein danke, ich gehe hier weiter." „Aber so brauchst du Stunden. Folge mir und du bist schneller dort." Was sollte das jetzt wieder? Das Mädchen machte einen freundlichen Eindruck, aber an dieser Situation stimmte etwas ganz und gar nicht. Meine Nackenhaare stellten sich auf, und mich überzog ein unheimlicher Schauder. „Nein, danke, mach dir keine Umstände, ich gehe hier weiter. Du kannst mich ja begleiten, wenn du willst. Ich bin gern in Gesellschaft." Das Mädchen blickte mir fest in die Augen. Sie fing wieder an, glockenhell zu lachen. „Was findest du so lustig?" So schnell sie aufgetaucht war, so schnell verschwand sie wieder in den Büschen. Ich schüttelte den Kopf und marschierte weiter. Dieser Wald war ungewöhnlich still. Kein Vogelgezwitscher, kein Blätterrauschen, kein Insekt kreuzte meinen Weg. Aber mittlerweile hatte ich schon einiges mir völlig Unbekanntes erlebt, da war der Wald der Mondin eben wieder ein neues Erlebnis in der Reihe anderer Welten und seltsamer Geschöpfe. Als ich um eine Bie-

gung kam, stand ein älterer Mann in einfache Kleidung gehüllt vor mir. Er stützte sein Gewicht auf einem Stock ab und ergriff sogleich das Wort: „Da bist du ja endlich, ich warte bereits auf dich." „So, kennen wir uns?", fragte ich bescheuert, denn ich hatte diesen Mann nie zuvor gesehen. „Ich kenne dich, aber du mich vermutlich nicht. Ich bin auf den Wunsch der Mondin hier, denn ich darf dir heute ihr treues Gefolge vorstellen. Dieser Wald wird sicher gehütet und beschützt, in jeder Himmelsrichtung von einem Rudel Mondhunde. Ich bin ihr Hüter. Komm jetzt, sie haben sich bereits dort vorne am Weg für dich versammelt. Sie sind sehr wild und folgen ihrem eigenen Willen. Sie freuen sich, auf Geheiß ihrer Gebieterin, deine Seelenkraft zu prüfen. Folge mir, bleib in deiner Kraft, egal was passiert. Verstanden?" „Ja." Ich folgte dem Hüter dicht auf den Fersen. Völlig unerwartet waren vor uns unzählige Hunde versammelt. Sie hatten unterschiedliche Körperformen, aber letztendlich waren alle schneeweiß mit silbernen Augen. Sie jaulten, knurrten, winselten, bellten und stoben durcheinander. Ein beklemmendes Gefühl der Angst stieg in mir hoch. Am liebsten wäre ich stehengeblieben und weggelaufen. Ihr ohrenbetäubendes Hundegehabe war absolut nicht einschätzbar. Der Hüter sprach erneut mit fester Stimme zu mir: „Bleib in deiner Kraft und folge mir." Ich gehorchte, da ich, soeben an den ersten Hunden vorbei gekommen, mich inmitten des wilden Gewimmels befand. Ihr ungezähmtes, gefährliches Gebaren galt allein mir. Der Hüter schritt locker vorwärts und tätschelte immerfort die Köpfe, die sich seiner freien Hand entgegenstreckten. Ich kam sehr langsam voran, da ich auf keinen Fall einem auf die Pfote treten wollte. Sie kreuzten und drückten sich um meine Beine, so dass ich immer wieder taumelte. Aus jeder Richtung schnappten sie nach meinen Händen und knurrten mich unaufhörlich an. Unvermittelt blieb ich stocksteif stehen. In diesem Moment blieb der Mann ebenso stehen, drehte sich in meine Richtung, schimpfte zuerst los, sprach mir aber dann Mut zu: „Bleib in Bewegung, geh sofort weiter. Sei in deiner Herzenskraft, vertraue dir, Lea. Komm schon, vorwärts." Vorsichtig mit neuem Mut schob ich mich weiter durch das Rudel nach vorn. Als ich einen Moment unachtsam war, schnappte einer der Mondhunde nach meinem kleinen Finger. Erschrocken schrie ich auf, blieb aber diesmal in Bewegung. Drei kleine Blutstropfen sammelten sich dort, wo seine spitzen Zähne meine Haut durchbohrt hatten. Mein Überlebenswille und meine kämpferische Natur gewannen endlich die Oberhand. Zügig und resolut schob ich die kläffende Meute beiseite und erreichte erleichtert nach wenigen Metern den Hüter der wilden Rotte. „Gut gemacht, Lea." Er tätschelte mir anerkennend die Schulter. „Dreh dich um, sie heißen dich herzlich willkommen." Neugierig drehte ich mich um, denn der Lärm, den sie vorher veranstaltet hatten, war verstummt. Alle Hunde saßen, mit den Köpfen in unsere Richtung gewandt, das Kerlchen, das mich gezwickt hatte, direkt vor mir. Sie stimmten ein lautes Gejaule an, das mir angenehm durch und durch ging. Die Mondhunde, welch wundersames Gefolge. Als ihr Ständchen verklungen war, ergriff der alte Mann abermals das Wort: „Du hast die Prüfung bestanden, du bist bereit, die Seelen nach Hause zu holen." Ich verbeugte mich in seine Richtung und bedankte mich ehrlich bei ihm. „Danke, ohne deine Hilfe hätte ich das nicht geschafft." „Darum bekommst du Verstärkung. Der freundliche Hund von vorhin, der dich gebissen hat, möchte dich begleiten. Er hat dich ausgewählt. Wenn du magst, folgt er dir in die Dimension der Seelenzehrer. Er weiß alles über die Seelen und ihre Bestimmung." Schwanzwedelnd leckte mir der absolut friedliche Mondhund über meine verletzte Hand. Ich streichelte seinen Kopf. „Ja, wenn das so ist, darf er mich sehr gerne begleiten. Ich bin für jede Unterstützung froh." „Er wird wissen, wenn du seine Hilfe brauchst und dir unverzüglich zur Seite stehen." Lächelnd streichelte ich weiterhin dieses hundeartige Wesen, das mich mit seinen silbernen Augen freundlich anblickte. „Es wird Zeit, dich zu verabschieden. Komm in meine Arme. Du bist wahrhaftig eine außergewöhnliche Frau.

Schon lange hatten wir keinen Besuch mehr, der die Prüfung bestand. Ich wünsche dir das Beste auf deiner Reise. Vergiss nicht, er wird bei dir sein." "Vielen herzlichen Dank. Auf Wiedersehen, alle zusammen." Bevor ich weitere Wörter sprechen konnte, stob das Rudel in die vier Himmelsrichtungen davon. Der Mann war ebenso spurlos verschwunden. Ich streckte mich durch und folgte in aufwühlende Gedanken versunken der festgelegten Route. Als der Weg breiter wurde und eine erneute Biegung vollführte, legte ich an Tempo zu. Mittlerweile hatte ich jegliches Zeitgefühl bereits verloren, und mein Ziel galt meinen zurückgelassenen Gefährten. Als ich um eine unübersichtliche Kurve bog, breitete sich der See vor mir aus. Er war ein identisches Abbild des Sees in der Höhle. Ich stöhnte erleichtert auf und musste zu meiner Verwunderung feststellen, dass ich nicht alleine war. Das junge Mädchen von vorhin, die hellhäutige, strahlende Frau und die strengdreinschauende Greisin erwarteten mich bereits. Eine jede lächelte auf ihre eigene, bezaubernde Art. Das Mädchen trug ein weißes Kleid, die Frau ein blutrotes und die Alte ein tiefschwarzes. Sie war es, die das Wort erhob: „Ich bin erfreut über deine rasche Entwicklung, Drachenmädchen. Meine Schwester Erde sollte wohl Recht behalten. Du bist die Königin aus der Prophezeiung. Du hast alle Prüfungen bestanden, bist im Vertrauen in dich selbst bis hierhergekommen. Du lässt dich nicht beirren und bist bereit, deine unsterbliche Hülle zu opfern, um wieder in den Kreis der weisen Frauen aufgenommen werden zu können. Ist dem so, Lea?" Ich erwiderte bestimmt: „Ja, dem ist so. Ich bin bereit."

„Die Welt deines Vaters ist wunderschön. Es braucht dort keiner Mühen oder Beschwerlichkeiten auf sich nehmen. Einzig und allein der Wille zum Töten und Ausbeuten muss vorhanden sein, um es sich dort für immer und ewig gut gehen zu lassen. Es gibt kein Werden und Vergehen, nur immer fortwährendes Dasein. Er hat Großes vor mit seiner Tochter, er wird dir die Herrschaft über die Erde anbieten, damit hier dasselbe Spiel der Knechtschaft geführt werden

kann wie in seiner Welt. Es liegt jetzt an dir, deine endgültige, unwiderrufliche Entscheidung zu treffen. Zwei Wege führen zurück zu deiner Familie. Dieser rechts am See vorbei lässt alles beim Alten. Du bleibst die, die du bist. Wählst du den Weg durch den Mondsee, wirst du dich unwiderruflich in eine sterbliche Frau verwandeln. Gewiss mit besonderen Fähigkeiten, aber sterblich. Deine Seele aber wird frei sein und sich wandeln dürfen, wann immer du soweit bist. Wähle weise, Tochter der Erde." Sie kam auf mich zu und umarmte mich herzlich. Ich mochte diese alte, kluge Frau mit ihren himmelblauen, klaren Augen und ihrem langen, silbernen Haar. „Danke, ich danke euch allen." Wir umarmten uns der Reihe nach. So viel Liebe und Wärme strömte aus diesen Frauen. „Mein Entschluss steht fest. Ich habe gewählt. Ich trage euch in meinem Herzen und fühle mich zutiefst verbunden mit jeder einzelnen von euch. Danke. Auf ein baldiges Wiedersehen." Bevor mir die Tränen des Abschieds in die Augen schossen, senkte ich den Blick, atmete tief ein und ging geradewegs in den See hinein. Zügig und ohne mich noch einmal umzudrehen tauchte ich unter die Wasseroberfläche. Ich hörte noch, wie mir die Mondin zurief: „Behalte deine Erlebnisse für dich. Du wirst wissen, wann es an der Zeit ist, dein Geheimnis zu lüften."

Der König der Seelenzehrer

Als ich zurück war, galt mein erstes Gefühl meinem schmerzenden Hinterteil. Den Mondstein hielt ich fest in der Hand, also war ich wirklich dort gewesen. Diese Steine und Seen, alles Portale. Nur, dass der Körper zurück blieb, das wird sich auf der Reise in die Dämonendimension ändern. Mit Haut und Haar. Ahhh. Ich reckte und streckte mich, öffnete langsam die Augen und blinzelte benommen in die hell erleuchtete Höhle. Ich saß allein am Ufer des Sees, ein Kreis aus brennenden Kerzen umschloss mich. Im vorderen Teil der Höhle drang Stimmengewirr zu mir herüber. Steif stand ich auf, löschte die Kerzen und verließ den Kreis. Mit meinem durchsichtigen Kleid wollte ich nicht auf die anderen treffen. Bevor ich weiter grübeln konnte, bog Media um den Felsen, mit meinen Kleidern auf dem Arm. „Hallo Lea, endlich wieder zurück, wir dachten schon, die Mondin behält dich." „Hi, wieso, wie lange war ich weg?" Sie überlegte kurz und meinte dann schmunzelnd: „Sechsundzwanzig Stunden." Mein Magen knurrte laut und wir mussten beide lachen. Ich nahm die Kleider entgegen und fing an mich anzuziehen. „Verstehe, wie lang braucht man normalerweise für so eine Begegnung?" fragte ich Media. „Es gibt dafür keine Norm, aber Tessa war nach drei Stunden zurück." Ich legte den Mondstein ab und zog hastig meine Kleider über. „Erzähl mir, wie ist es dir ergangen, was sagen die alten Göttinnen?" „Sei mir nicht böse, Media, aber ich will jetzt nicht darüber sprechen. Ich hab einen Riesenhunger, möchte gern die Kinder und Magnus sehen." „Ja, klar, kannst mir auch später berichten. Komm, wir haben dort drüben unser Lager aufgeschlagen, denn der Wolfsjäger schleicht immer noch um den Hof, um dich zu schnappen. Die Männer haben keine Chance, ihn zu erlegen, er ist ihnen immer eine Spur voraus."

„Was ist mit Sige? Habt ihr sie gefunden?" „Nein, leider ebenso keine Spur, aber sie muss hier in der Nähe sein, der Wolfsjäger bleibt bei seiner Herrin. Sie nährt seine Lebenskraft."

„Auch ich bin immer bei meiner Herrin und ich liebe Wolfsjäger, die schmecken fantastisch, habe schon lang keinen mehr verspeist." Ein amüsiertes Lächeln huschte über mein Gesicht. Meine Drachin. Ich wollte nicht, dass Media jetzt schon von ihr erfuhr, oder sollte ich es ihnen doch gleich sagen? Nein, vorerst würde ich alles für mich behalten. „Ich komm gleich zu euch. Gibt's was zu essen?" „Natürlich, kennst ja die Männer, wenn die nichts zu futtern bekommen, werden sie mürrisch. Lass dir Zeit." „Danke, bis gleich." Schnell steckte ich den weißen Stein in meine Tasche, er war ganz schön schwer. Abermals streckte ich meine verspannten Muskeln und massierte meine Pobacken. Als Media verschwunden war, stellte ich Kontakt zu meiner Drachin her. *„Hallo Drachin, schön, dass du da bist. Ich hab übrigens einen Namen für dich. Was hältst du von Liandhra. So nannte mich mein kosmischer Vater im Traum."*

Als Antwort bekam ich ein tiefes Schnurren. *„Liandhra, gefällt mir. So kannst du mich rufen, Drachin hört sich sowieso seltsam an."*

„Finde ich auch. Wie meintest du das vorher, dass du schon lange keinen Wolfsjäger mehr gefressen hast? Kannst du es mit ihm aufnehmen?" Liandhra schnurrte noch kehliger. *„Selbstverständlich, wann soll es losgehen?"*

„Ich weiß nicht. Würdest du mich auf dem Weg zum Portal begleiten?" Ich denke, dass sie mich da angreifen werden."

„Hast du schon wieder alles vergessen? Ich bin immer bei dir, du brauchst mich nur rufen, jetzt bei meinem schönen neuen Namen. Ich werde da sein und für dich den Wolfsjäger erledigen."

„Danke, du bist ein wahres Geschenk, Liandhra." Sie schnurrte erneut auf. *„Ich würde dich gern sehen, ist das möglich?"*

„Schau doch genau hin, ich bin neben dir."

Tatsächlich. Sie lag neben mir auf dem Boden, ihr Kopf war direkt vor meinen Füßen. Sie war nicht fest, sondern ein durchscheinender Körper aus rotoranger Energie. Ich senkte meine Hand und fing an, ihr zärtlich über den Kopf zu streicheln.

Genüsslich verzog sie ihr Gesicht, kniff die Augen aufeinander und schnurrte wie eine Katze. *„Das gefällt dir wohl?"* Ich kraulte sie noch eine Weile hinter den Ohren. Als mein Magen sich wieder vor Hunger verkrampfte, beendete ich meine Streicheleinheit. *„Lass uns essen gehen!"*
Als ich zu den anderen ging, spürte ich die Drachin in meinem Energiefeld, es war seltsam, nicht mehr allein zu sein. Das mussten wir für die Zukunft nochmal besprechen. Etwas Privatsphäre brauchten wir beide, ich auf jeden Fall. Alle waren an einem großen, runden Tisch versammelt: Magnus, Tessa, Caleb, Kristall, Owen, Belenus und Media. Die Betten der Kinder standen etwas abseits in einer Nische. Sie ruhten unverändert in ihrem Dämmerzustand. „Hallo zusammen", begrüßte ich die Runde. Kristall pfiff anerkennend in meine Richtung. „Schaut euch Lea an, verschwindet einen Tag und kommt mit einer Erddrachin zurück. Dich kann man wegschicken." Ich lächelte ihr zu, soviel zum Geheimhalten. Bei all diesen begabten Wesen kann man überhaupt nichts mehr verbergen. Magnus erhob sich und kam strahlend auf mich zu. „Hallo, mein Engel." Zur Begrüßung küssten und umarmten wir uns. „Setz dich. Du musst deinen wölfischen Hunger stillen, oder ist der jetzt drachisch?" „Spaßvogel, auf jeden Fall ist er riesig, aber vorher möchte ich die Kinder begrüßen." Ich ging an dem Tisch vorbei in die Nische zu den Betten. Ich küsste meine Kleinen zur Begrüßung auf die Wangen und streichelte ihnen zärtlich über die kalten Köpfe. Sie magerten immer mehr ab. Wir hatten nicht mehr viel Zeit. Ich kehrte an den Tisch zurück, nahm zwischen Magnus und Tessa Platz. Bevor ich mich setzte, umarmte ich meine Schwester herzlich. Sie strahlte über das ganze Gesicht, sie hatte sich ebenfalls verändert. „Wie geht's dir, Süße?" fragte ich sie. „Mir geht es soweit sehr gut, lass uns später darüber sprechen. Jetzt wird es ernst." „Wieso?" Ich musterte jeden einzelnen. Magnus schöpfte mir heiße Suppe auf meinen Teller und reichte mir frisches Brot. „Dank dir." „Lass es dir schmecken." Sofort fing ich zu essen an. Nuschelte abermals in die Runde, dass sie bitte erzählen sollten, was es für Neuigkeiten gibt. Kristall

ergriff das Wort. Sie erklärte, dass sich das Portal genau in drei Stunden und einundvierzig Minuten öffnen würde. Danach hätten wir zweiundsiebzig Stunden Zeit, unsere Mission zu erfüllen, denn nach Ablauf dieser Zeit musste das Portal zerstört werden. Der Stein in meiner Hosentasche wurde ganz warm und schwer. Ja, dieses Zeitfenster musste reichen. „Wann brechen wir auf?" fragte ich zwischen zwei Löffeln dieser köstlichen Suppe. „Wenn du mit Essen fertig bist, geht es los", meinte Magnus und deutete mit der Hand Richtung Ausgang. Dort standen bereits vier gepackte Rucksäcke samt Wanderstiefeln in Reih und Glied. Ich hatte wieder mal einiges verpasst, aber was soll´s.
„Ihr vier, besser gesagt fünf, müsst äußerst wachsam sein. Sobald ihr den Hof und das sichere Schutzfeld verlassen habt, werden euch Sige und ihr Wolfsjäger angreifen. Gut, dass wir uns jetzt darüber keine Sorgen mehr machen müssen. Deine Drachin wird euch alle beschützen und den Köter verputzen", erklärte Belenus grinsend. Ich holte mir eben Nachschlag von der Suppe, als Media ihrem Gefährten erleichtert zustimmte.
„Wir werden alle wieder ruhiger, wenn die Bestie vernichtet ist. Sag deiner Drachin bitte, sie soll Sige am Leben lassen. Ich werde mich persönlich um sie kümmern." Ich nickte, wusste aber, dass meine Drachin jedes Wort verstand, was hier gesprochen wurde. *Mir schmeckt sowieso nur der Wolf. Die Frau kann sie haben*", war sogleich ihre Antwort.
Als ich mit Essen fertig war, lehnte ich mich entspannt zurück. „Ein Dank an den Koch oder die Köchin. Hat sehr lecker geschmeckt. Entschuldigt mich jetzt bitte, ich würde gern einige Minuten allein sein und mich etwas sammeln, bevor wir losziehen." Ich schob meinen Stuhl zurück, strich Magnus über seine ruhig da liegende Hand und erhob mich. Als ich den Teller nehmen wollte, wiegelte Media ab. „Lass stehen, wir räumen auf. Ihr vier zieht euch zurück, wir sehen uns in dreißig Minuten im Hof." Tessa, Caleb und Magnus erhoben sich ebenfalls. Magnus legte seinen Arm um mich und fragte, ob ich allein sein wolle oder er mir Gesellschaft leisten dürfe. Ich schmiegte mich an seine Brust. „Bitte leiste mir Gesell-

schaft. Ich will nur nicht hier sitzen und Däumchen drehen." Meine kostbare Zeit wollte ich mit den Kindern und Magnus verbringen. Bei den schlafenden Kleinen angekommen, holte Magnus Decken und Kissen und stapelte sie an der Wand zu einer bequemen Sitz- und Liegefläche aufeinander. Genüsslich und etwas erschöpft ließ ich mich nieder. Mein Schatz legte sich neben mich. Wir kuschelten schweigend aneinander. Magnus streichelte zärtlich meinen Rücken. Ich machte mich leer und genoss seine Zuneigung so eng an seinem warmen Körper. Sollte ich ihm sagen, was ich bei der Mondin entschieden hatte? Ich fühlte in mich hinein, unsere Verbindung durfte jetzt nichts erschüttern, wir mussten zusammenhalten. Ich setzte mich auf. Egal was er dazu sagen würde, ich hatte meine unwiderrufliche Wahl bereits getroffen. Ich betrachtete den Mann, den ich einst verwandelt, dann für lange Zeit verloren und vergessen hatte. Hatte ich ihn jetzt verraten? „Magnus, du weißt hoffentlich, wie viel du mir bedeutest, ich liebe dich sehr, aber würdest du mich frei lassen? Bist du bereit, mich loszulassen für ein Leben, das ich heute selbst wähle?" Er hob seinen Oberkörper und stützte seinen Kopf auf dem Ellenbogen ab. „Wie meinst du das jetzt wieder? Du sprichst in Rätseln. Erklär mir, was dich bedrückt." „Ich habe in den vergangenen Stunden eine weitreichende Entscheidung getroffen, ich weiß nicht genau, wie sie sich auswirken wird, aber eines möchte ich dir sagen, bevor wir durch das Portal gehen. Ich bin jetzt sterblich wie zuvor. Ich bin keine Baobhan-Sith mehr, ich habe mich für mein weibliches Erbe entschieden. Ich werde nicht meinem Vater dienen und das würde ich, wenn ich weiter als Baobhan-Sith für die Ewigkeit mein Dasein hier friste. Nie würde Ruhe einkehren auf der Erde, die Verbindung wäre zu stark. Mein Blut wäre zu bedeutungsvoll für ihn. Er würde mich ewig jagen. Neue Portale würden sich öffnen, es gäbe keinen Frieden für meine Familie und meine Seele. Ich will alt werden und sterben, wenn meine Zeit gekommen ist." Er starrte mich versteinert an und sagte kein Wort. „Magnus, bitte, sag etwas." Er schluckte. Sein Gesicht wurde düster. „Wie stellst du dir das vor? Es gibt viele Baobhan-Sith, du bist

eben als ihre Königin zurückgekehrt, und sie warten, dass du sie anführst. Ich möchte, dass du mit mir so lebst wie zuvor." „Wie gesagt, ich weiß nicht, wie sich diese Entscheidung jetzt auf mich, auf dich und unsere Beziehung auswirken wird. Ich wollte es dir diesmal ehrlich sagen, bevor ich vielleicht sterbe und dich erneut für immer zurücklasse. Wir wissen nicht, wie es in wenigen Stunden für uns ausgehen wird, aber ich würde gern mit dir zusammenleben, wenn du das willst. Ich bin des Kampfes mit meinem Vater und seinen Schergen müde. Jeder von uns sollte ein Leben führen dürfen, wie er will." „All unsere Bemühungen sollen umsonst gewesen sein. Jahrhunderte des Versteckens, der Täuschung, des Verzichts! Für was, für die Sterblichkeit?" „Ich weiß, es hört sich verrückt an, aber nur so werde ich ihn besiegen können, verstehst du? Jetzt bin ich nutzlos für ihn. Mein Blut ist nichts mehr wert und das meiner Kinder ebenfalls. Ich bin endlich frei, und du wirst es auch sein, wenn du willst. Vertrau mir." „Ich weiß nicht, wie du das angestellt hast, aber du bist mutiger und mächtiger als du glaubst. Ich habe dir schon immer vertraut, deshalb werde ich diesen Weg mit dir gehen. Ich bin im Moment sehr wütend auf dich, da du immer Alleingänge unternimmst, aber ich verspreche dir eins, mein Engel. Ich werde dich wieder gesund und lebend zu deinen Kindern zurückzubringen." Mittlerweile hatte er sich vollständig aufgerichtet und saß direkt vor mir. „Eine Bitte hab ich noch, sag den anderen jetzt kein Wort darüber. Sie würden es nicht verstehen."
„Danke für dein Verständnis. Ich möchte dir auch etwas mit auf den Weg geben. Ein jeder sollte sich selbst heil nach Hause bringen, keiner braucht den anderen mit seinem Leben beschützen, denn jeder ist für sich selbst verantwortlich." Wieder schaute er mich etwas irritiert an. Ich ergriff die Initiative und schlang meine Arme um seinen Hals. Meine Hände vergruben sich in seinem dichten Haar am Nacken. „Ich habe noch ein Versprechen für dich", raunte ich dicht an seinem Ohr. Sofort spürte ich das erregte Pulsieren in seinem Körper. Langsam verströmte sich sein unwiderstehlicher Geruch des Waldes. Mit belegter Stimme wollte er neugierig wissen: „Was

wäre das denn für ein Versprechen?" „Sobald wir diese Mission beendet haben, werde ich dich eine Woche ans Bett fesseln und nicht mehr von deiner Seite weichen." „Ohh, welche Töne du spuckst, wilde Lea. Wir werden sehen, wer hier wen nicht mehr aus dem Bett lässt." Wir lachten beide erleichtert auf. Es war ein befreiendes Lachen. Dann küssten wir uns lange und zärtlich. Ich war erleichtert, dass er diese Tatsache so verständnisvoll und einigermaßen ruhig aufgenommen hatte. Ich spürte zwar seine Wut und Verzweiflung, aber jetzt war nicht der richtige Zeitpunkt genauer darauf einzugehen. Bevor wir unser Lager verließen, um endlich aufzubrechen, verabschiedete ich mich von meinen Kindern. Sie waren einer meiner wichtigsten Ankerpunkte in meinem Leben auf der Erde. Magnus wartete etwas abseits. Als ich bei ihm war, bemerkte er sofort meine Tränen. Er legte den Arm um mich. „Wir schaffen das, ich hab´s dir versprochen." Als wir bei den Rucksäcken am Tor angekommen waren, standen unsere zwei bereits verwaist da. Eilig schlüpften wir in die Wanderstiefel, zogen warme Jacken an und schnürten unser Gepäck auf den Rücken. Ich prüfte meine Hosentasche, der Mondstein schmiegte sich angenehm an mein Bein. Ohne ihn würde die Reise in einer Katastrophe enden. Das Tor öffnete sich bereits, und Magnus ließ mir den Vortritt. Zügig marschierten wir die Treppen hoch, durch die Küche, hinaus in den nächtlichen Innenhof. Die Luft war kühl und roch nach Regen. Die anderen warteten bereits. Kristall und Owen kamen sogleich auf uns zu, umarmten uns und wünschten uns viel Erfolg. Sie wollten gleich wieder zurück in die Höhle zu den Kindern gehen. Ich musste feststellen, dass ich mit Owen noch keine fünf Worte gewechselt hatte. Das mussten wir dringend nachholen. Wir gingen auf unsere verbleibende kleine Gruppe zu. Media hatte Tränen in den Augen, und Tessa versuchte vergeblich, nicht loszuheulen. Belenus zog mich in seine starken Arme: "Ich hasse Abschiede. Komm gesund wieder." „Auf Wiedersehen", murmelte ich, ebenfalls den Tränen nahe. Medias Tränen sprudelten hervor, als wir uns umarmten. Zwischen Schniefen und Schnäuzen redete sie: „Pass auf dich auf. Mach dir wegen der

Kinder keine Sorgen, die sind hier sicher. Die Armee, die du haben wolltest, steht bereit, Caleb weiß über alles Bescheid. Bitte deine Drachin, sie soll mir Sige lebend bringen." „Media, beruhige dich, alles wird gut. Nur mit Sige im Haus hab ich kein gutes Gefühl." „Deine Drachin könnte sie ja bewachen, wenn dir das hilft." „Ich möchte jetzt nicht über Sige diskutieren. Wir versuchen, heil zum Portal zu kommen. Wenn ihr Wolfsjäger angreift, lass ich meine Drachin los, und um Sige kümmern wir uns später. Sobald wir zurück sind, kannst du sie gern mit Hilfe meiner Drachin suchen, aber vorher versprich mir bitte, dass du sie auf keinen Fall ins Haus lässt."
Media schnäuzte erneut: „Ich verspreche es dir. Du hast ja Recht, das ist zu gefährlich. Wer weiß, wozu sie fähig ist, und kurz vorm Ziel sollten wir kein weiteres Risiko eingehen."
„Danke, ich muss die Kinder in Sicherheit wissen."
„Ich wünsche euch allen eine erfolgreiche Reise. Achtet auf die Zeit! 72 Stunden nach Portalöffnung zerstören wir es. Kristall und ich werden alles für die Seelenzusammenführung vorbereiten. Beeilt euch, je eher ihr zurück seid, umso besser." Belenus trat zu seiner Frau und legte ihr den Arm um die Schulter. Dies stoppte ihren Redefluss, und er spornte uns sogleich an. „Los jetzt, viel Glück." „Bis bald", erwiderten wir im Chor. Wir verließen den Hof.
Jetzt befanden wir uns abseits des schützenden Feldes von Mutter Erde und der Mondgöttin. Ich wollte eben Liandhra rufen, da spürte ich bereits ihre Präsenz. Sie befand sich direkt hinter mir und überragte mich um einiges. Rechts von mir ging Tessa, links Caleb und vor mir Magnus. Sie umschlossen mich wie ein schützendes Schild. Sollte der Wolfsjäger doch kommen, wir würden ihn erledigen. Da fiel mir auf, dass keiner eine Waffe bei sich trug, zumindest nicht sichtbar. Ich wollte eben Caleb fragen, da hörten wir vor uns scharrende Geräusche. Magnus blieb stehen, wir ebenso. Meine Nackenhaare reagierten prompt auf die Bedrohung, die sich uns näherte. Angst stieg in mir auf.
„Lea, bleib immer bei den anderen, ich kümmere mich um diesen Dämonenhund. Lass die Angst los, du bist beschützt."

Liandhra war so tief mit mir verbunden, dass sie sofort meine Not spürte. Ich atmete tief ein und aus. „Wir sollen alle zusammenbleiben. Die Drachin kümmert sich allein um den Wolfsjäger." „Geht in Ordnung, lasst uns aufmerksam weitergehen", bestimmte Magnus. Ich spürte, wie die Drachin größer und größer wurde. Sie löste sich aus meinem Energiefeld und war doch mit mir verbunden. Sie strahlte in den Farben orange und rot. Ihre goldenen Augen durchleuchteten die Dunkelheit und blieben an einer grauenvollen Erscheinung hängen. Ein Hund, dreimal so groß wie ein Pferd, versperrte uns in fünfzig Metern den Weg, der hinauf zum Bergkamm führte. Seine Augen glühten rot, von seinen Lefzen tropfte klebriger Speichel. Er schob einen Buckel, an dem sich spitze Dornen durch sein Fleisch nach außen bohrten. Er knurrte böse und duckte sich, zum Sprung bereit. Sein Gestank nach Verwesung verpestete die Luft im Umkreis von fünfhundert Metern. Tessa musste den gleichen Gedanken gehabt haben, denn sie spottete: „Eure Nasen sind nicht gerade die Besten, Männer, der stinkt ja so gewaltig, den hättet ihr meilenweit riechen müssen." „Danke, Tessa, für dein Kompliment", giftete Caleb zurück. „Konzentriert euch gefälligst auf unseren Gegner. Er will Lea, wir werden ihn nicht in ihre Nähe lassen. Verstanden!" „Ich bin nicht blöd, Magnus", beschwerte sich Tessa. Was war auf einmal mit denen los? Sie fingen an, sich zu streiten. „Hört auf, euch anzukeifen. Was soll das?" Bevor wir unaufmerksam wurden, bat ich meine Drachin um Hilfe.

„Liandhra, mächtige Erddrachin, ich rufe dich, ich brauche dich, steh mir bei mit all deiner Kraft, um gemeinsam mit uns diesem Wolfsjäger die Stirn zu bieten! Los, du hast das Kommando!" Mit Staunen beobachteten mich die drei. Die Übernahme des Geschehens durch Liandhra vollzog sich in Windeseile. Die Drachin flog aus meinem Kronenchakra, das sich am Scheitelpunkt meines Kopfes auftat. Es fühlte sich gigantisch an. Unsere ganze gemeinsame Kraft pulsierte durch unsere beiden Körper und setzte sich frei. Sie war um einiges größer als der Wolfsjäger. Dieser knurrte erneut tief und

sprang zum Angriff direkt in unsere Richtung. Er krachte mit solch heftiger Wucht mit Liandhra zusammen, dass lautes Donnergrollen ertönte, als sich ihre Körper berührten. Wir hielten uns die Ohren zu und zogen uns schleunigst einige Meter aus dem Kampfgetümmel zurück. Der Hund hatte absolut keine Chance, denn er konnte sie nicht berühren. Es war, als würde er mit einem unsichtbaren Geist kämpfen, jeder Biss ging ins Leere. Die Erddrachin dagegen umschlängelte ihn mit ihrem langen Drachenkörper und presste dabei etwas Schwarzes, Diffuses aus ihm heraus. Diese schwarze, wabernde Substanz atmete sie ein. Der Wolfsjäger kämpfte, schnappte, knurrte, aber es war vergebens. Mit jeder Sekunde wurde er mehr zu dem, was er ursprünglich war: ein ganz gewöhnlicher Hund. Liandhra hatte ihn bereits komplett umschlungen. Die schwarze Wolke wurde immer heller und schwächer. Entsetzt erkannte ich in diesem Moment, welcher Hund in den Windungen meiner Drachin mittlerweile um sein Leben winselte. Ein schriller Schrei entwich meiner Kehle. „Halt, sofort aufhören!" Ich rannte zu Liandhra, um ihr sofort Einhalt zu gebieten. Ich erkannte unseren Hund, fast zur Unkenntlichkeit verbrannt. Aber es bestand kein Zweifel, es war unser Sam. „Lea, bleib stehen." Magnus erwischte mich gerade noch rechtzeitig am Arm, bevor ich die beiden Gegner erreichen konnte. Der Hund blickte in meine Richtung, seine Augen glühten hellrot und vollkommen mörderisch in meine Richtung.
Etwas Furchtbares steckte im Körper von Sam. Warum hatte Sige ihm das angetan? Liandhra atmete tief die letzten dunklen Schwaden ein, löste in enormer Geschwindigkeit ihre Umklammerung, erhob sich in die Luft und atmete einen heißen Feuerball auf die Überreste des Wolfsjägers. Mit einem gigantischen Knall verbrannten das Wesen und Sams Überreste zu Asche. Weiße Ascheflocken, die wie Schnee auf die Erde rieselten, waren das Einzige, was von den beiden übrigblieb. Magnus lockerte seinen stählernen Griff und ließ mich schließlich los. Die Drachin erhob sich weiter in den Himmel und steuerte direkt auf mich zu. Ganz dicht vor meinem Gesicht

hielt sie inne. Ihre goldenen Augen durchbohrten mich. Mit lauter Stimme maßregelte sie mich: „Störe nie wieder meine Arbeit. Ein kleiner Fehler meinerseits, und deine Asche würde hier vom Himmel rieseln. Prüfe immer genau, bevor du reagierst. Du kannst sie nicht alle retten, vergiss das nie." „Entschuldige, ich…", mehr konnte ich zu meinem unprofessionellen Verhalten nicht sagen. Sam war bereits tot, ich hätte nichts mehr für ihn tun können. Dieses absolute Vertrauen in meine Kraft und meine Gefährten fiel mir immer noch schwer. „Sieh es als Prüfung, du hast diesmal knapp bestanden. In der Welt der Seelenzehrer darf dir das auf keinen Fall passieren. Rette deine Kinder, dann rettest du deine Welt. Mehr wird von dir nicht verlangt, Lea." Ich nickte, legte meine Hände an mein Herz. Respektvoll verneigte ich mich vor meiner Drachin und bedankte mich aufrichtig bei ihr. Sie erhob sich weit über meinen Körper hinaus und glitt durch mein Kronenchakra wieder in mich hinein. Wir waren beide eins und doch zwei. Ich drehte mich zu den anderen um, die mich wieder oder immer noch staunend ansahen. Caleb ergriff als erster das Wort: „Keiner hat in all den Jahrhunderten die Drachen gesehen. Sie leben in den Legenden und Mythen über die besondere, feurige Erdenkraft. Mich macht dieses zauberhafte Geschöpf sprachlos." Tessa lachte: „Schön, dass ich das erleben darf. Sprachlos und staunend. Herrlich." Sie stupste ihn in die Seite. Magnus Blick verriet nicht, was er dachte. Er meinte nur: „Sige war nicht hier. Ich hätte ihre Anwesenheit gespürt. Lasst uns jetzt weiter ziehen, das Portal öffnet sich in", er zog eine Uhr aus seiner Hosentasche, „exakten eineinhalb Stunden. Bleibt weiterhin aufmerksam, Sige kennt unsere Pläne. Ich möchte keine weiteren Überraschungen mehr erleben."
Wir schritten in der bewährten Formation zügig voran. Magnus leuchtete uns den dunklen Pfad aus. Als wir den Bergkamm überquerten, fiel das Gelände sehr steil ab. Wir verlangsamten unser Tempo und passten es dem Berg an.
„Wir müssen ab jetzt mit der Dunkelheit zurechtkommen, das Licht würde unser Kommen verraten."
Als wir erneut zwei schwierige Biegungen in völliger Finster-

nis überstanden hatten, waren in der Nähe Stimmen zu vernehmen. Jemand gab lautstark Kommandos von sich.
„*Haltet an. Wir kommunizieren ab jetzt ausschließlich nonverbal. Verstaut eure Rucksäcke sicher in einer Felsspalte. Danach verwandelt ihr euch in zwei hübsche verwesende Seelenzehrer und bringt uns dadurch.*" Magnus deutete mit dem Kopf in die Richtung, von wo die Stimmen herüberhallten. Erst konnte ich nichts erkennen, aber als ich zu ihm vorkam, sah ich die schreckliche Szenerie, die sich unweit von uns abspielte. Hunderte von menschlichen, bewusstlosen, teils nackten Körpern lagen in großen Haufen vor einem Eingang, der in eine schwach beleuchtetet Höhle führte. Am Einlass der Höhle standen zwei riesige Kerle, die lauthals brüllten: „Schneller, die nächsten, beeilt euch, ihr lahmen Ärsche." Eine gebeugte Gestalt nach der anderen schleifte die Körper über den felsigen Boden in die Höhle hinein und kam auf der anderen Seite wieder heraus, um sich die nächste lebendige Leiche zu holen. Abgrundtiefe Wut kochte in mir auf. Am liebsten hätte ich laut geschrien. Wie konnte man so entsetzlich grausam sein? Diese Männer, Frauen und Kinder litten fürchterliche Schmerzen und waren der Willkür ihrer Peiniger hilflos ausgesetzt. Mich erinnerte es an meine eigene Folter, und wie entsetzlich diese Hilflosigkeit war. Als ich Magnus sanfte Hand im Rücken spürte, zuckte ich leicht zusammen. Er wusste bereits, wie ich mich fühlte, deshalb konnte ich mir jegliche Erklärung sparen. Ich wendete mich von dem Geschehen ab und suchte ein regensicheres Versteck für meinen Rucksack. Als ich eine geeignete Felsspalte fand, verstaute ich mein Gepäck, war mir aber nicht sicher, ob ich dieses wieder finden würde. Warum hatten wir überhaupt dieses Zeug dabei? Ich prüfte abermals meine Tasche, der Mondstein schmiegte sich fest und sicher an meine Seite. Liandhra hatte sich vollständig in mich zurückgezogen, damit sie niemand in meinem Energiefeld sehen konnte. Tessa war plötzlich neben mir. „Bist du bereit?"
„*Ja und wie.*"
„*Ich werde dich jetzt in eine halbwegs annehmbare, willen-*

lose Frau verwandeln." Ich sah sie verdutzt an. Sie grinste, griff auf den steinigen Boden in den Staub und verrieb diesen vorsichtig in ihren Händen, so dass alle Steinchen heraus fielen. Damit beschmutzte sie nacheinander meine Kleider, meine Haare, mein Gesicht. Caleb unterzog Magnus der gleichen Prozedur, er riss ihm zusätzlich die Hosenbeine ab und verschmierte ihm sein Gesicht fast zur Unkenntlichkeit. Als ich sie so beobachtete, keimte Hoffnung in mir auf. Tessa ließ von mir ab, als meine Haare verfilzt und in schmutzigen Strähnen abstanden. Die zwei stellten sich uns gegenüber und prüften ihr Werk. *„Gut seht ihr aus. Wir pirschen uns soweit an sie heran, wie es möglich ist, und dann überlasst ihr Tessa und mir das Kommando. Viel Glück."* Wir umarmten uns. Der unverkennbare, schnalzende Laut ertönte und verwandelte die beiden in unsere Feinde. Lautlos schlichen wir uns bis an einen Menschenhaufen heran, ohne bemerkt zu werden. Der Gestank meines Gefängnisses hing schwer in der Luft. Ich konnte kaum Luft holen. Magnus und ich ließen uns zu Boden gleiten. Tessa übernahm mit mir im Schlepptau die Führung, und die Männer befanden sich direkt hinter uns. Mein Körper schleifte über den felsigen Boden, dies war höchst unangenehm. Ich wandte mein Gesicht etwas zur Seite, dass mein Arm es vor den spitzen Steinen und dem Staub schützte, der dabei nach oben wirbelte. Ich musste jegliches Geräusch unterdrücken und meine Atmung flach halten. Tessa hatte enorme Kräfte, denn sie zog mich mit einer beachtlichen Geschwindigkeit vorwärts. Der Gestank, den die Seelenzehrer in den verwesenden Menschen verbreiteten war, hier direkt unter ihnen abscheulich. Ich betete, wir würden schleunigst hindurchgelangen. Ich vernahm bereits die hetzenden Stimmen der Eingangswächter: „Beeilt euch, ihr Schnecken." „Ihr da, schneller, nicht stehenbleiben." „Na, wird's bald. Rein in die gute Stube." Die zwei dachten wohl, sie wären besonders witzig, aber Tessa und ich hatten sie bereits passiert. Da schrie der eine: „Halt." „Stopp." Tessa blieb wie angewurzelt stehen. Ich spürte ihre Anspannung. Der stinkende Riese hatte aber nicht uns gemeint, sondern Caleb und Magnus. „Du

Blödmann." Es klatschte laut. Ich blinzelte vorsichtig unter meinem Arm hervor. Der verdammte Wächter hatte tatsächlich Caleb eine Ohrfeige gegeben. „Zieh dem Mann die Stiefel aus, die könnten mir passen. Schneller, du Wicht, sonst gibt's noch eine." Die zwei Kerle lachten erneut über ihre Grobheit. Caleb zog eilig Magnus die Stiefel aus und reichte sie seinem Vorgesetzten. Der grinste blöde, grunzte vergnügt und fing erneut an, seine Kommandos in die Menge zu brüllen. „Setzt euch in Bewegung. Schneller." Tessa zerrte wieder an mir. Ich spürte, wie sich der Weg neigte und es bergab ging. Die erste Hürde war geschafft. Jetzt mussten wir nur in der Schlange bleiben bis zum Portal. Der Weg nahm kein Ende. Es gab für uns kein Zurück mehr. Hier waren Hunderte dieser besetzten Menschen im Einsatz und weitere Tausende in dem bewusstlosen Zustand. Luft war mittlerweile kaum mehr vorhanden, die Hitze nahm extrem zu. Ich hoffte, Tessa könnte unter diesen Bedingungen ihre Verwandlung aufrecht halten. Unermüdlich schleifte sie mich tiefer und tiefer in diesen Berg hinein. Ich öffnete die Augen, um mich etwas zu orientieren. Caleb ging dicht hinter mir. Er sah furchterregend, einem Seelenzehrer gleich, aus. Als er bemerkte, dass ich die Augen auf hatte und ihn sah, zwinkerte er mir zu. *„Dort vorne ist unser Ziel. Es strahlt bereits hell. Das Portal ist geöffnet. Die Reise kann beginnen."*
Am liebsten hätte ich meine Position verändert, aber das war unmöglich. Ich war froh, dass wir bald hindurch waren, denn langsam ging mir die Kraft aus, und ich konnte die Körperspannung nicht mehr lange aufrecht halten. Außerdem war meine Hose am Po bereits durchgewetzt, denn mein Fleisch fing höllisch zu brennen an. Ich verlagerte ein letztes Mal mein Gewicht auf die andere Seite. Da blieb Tessa ruckartig stehen. Jetzt bemerkte ich dieses blaue Leuchten um uns herum. *„Wie sieht's aus, Tessa?"*, fragte ich sie.
„Drei sind noch vor uns, dann sind wir an der Reihe, halt still. Dort vorne ist wieder ein Wachposten errichtet. Wenn wir drüben sind, bleiben wir eine Weile in dieser Schlange, bis sich uns Gelegenheit bietet, anderweitig voranzukom-

men. Gleich sind wir dran, Lea."
"Jetzt."
Sie zog wieder kräftig an meinen Handgelenken. Ich spürte, wie wir in eine weiche Substanz eintauchten, ähnlich dem Mondsee. Die gleißende Helligkeit war durch meine geschlossenen Lider wahrzunehmen. Mein Körper fühlte sich an, als würde er in alle einzelnen Bestandteile auseinanderlaufen, um sogleich wieder zusammenzufließen. Ein andauerndes Gefühl von Ausdehnung und Zusammenziehung. Als die Helligkeit nachließ, öffnete ich vorsichtig die Augen. Blaue Wirbel und Strudel drehten sich um Tessa und mich. Wir wurden soeben in eine andere Dimension katapultiert. Ich gab mich vollends diesem Geschehen hin.

Die Zeit verlor wie so oft bei diesen Reisen ihre Bedeutung. Ich konnte nicht sagen, wie lange wir uns letztendlich in diesem Raum aufhielten. Es könnten wenige Sekunde oder viele Stunden gewesen sein. Es zog uns vorwärts, und wir schienen uns aber nicht von der Stelle zu bewegen. Am Ende ergriff Tessa wieder meine Hände über dem Kopf und schleifte mich durch einen dunklen Tunnel nach draußen. Sogleich folgten auch Caleb mit Magnus. Wir waren durch, wir hatten es geschafft. Ich atmete langsam tief ein und aus. Die Luft schmeckte wie unsere. Einzig die Stille, die ich vernahm, irritierte mich.

"Tessa, kannst du mich bitte umdrehen, ich halte keinen weiteren Schritt in dieser zermürbenden Position mehr aus."

"Aber Lea, davon wird es nicht weniger erträglicher. Im Gegenteil von vorn gibst du eine bessere Reibefläche ab. Wir halten sowieso gleich an. Dort vorn ist eine große Halle zu erkennen. Da bringen sie alle hinein und kommen", sie hielt kurz inne, "ohne Menschen wieder raus. Caleb, was machen wir? Hier gibt es weit und breit keine Möglichkeit diese Formation zu verlassen."

"Geh langsam weiter, ich denk mir was aus."
"Ich steh jetzt auf, sollen sie doch wissen, dass wir da sind, dann bringen sie uns gleich zum König."
"Liegen bleiben!" herrschte mich Caleb an." *Geh einfach wei-*

ter, Tessa, diese Halle ist für uns ein wichtiger Hinweis, die Seelen der Menschen müssen dort ebenfalls gelagert sein."
An Calebs Vermutung konnte was dran sein. Deshalb kniff ich die Augen zu und konzentrierte mich auf meine Atmung. Die Luft roch hier bei weitem nicht so streng nach Verwesung wie eben auf der anderen Seite. Der Boden unter mir veränderte sich in eine glatte, geflieste, kühlende Fläche. Wie angenehm. Meinen zerschundenen Po konnte ich etwas lockern. Eine geschäftige Stimme erteilte Tessa einen strengen Befehl und schickte uns weiter hinein in dieses unbekannte Gebäude. Plötzlich ertönte Tessas Stimme in meinem Kopf. *„Schnell, steh auf!"* Sie reichte mir die Hand und half mir beim Hochkommen. Mein Gesäß hatte die letzten zwei Tage Höchstleistungen vollbracht. Es brauchte dringend Urlaub. *„Mein Hintern braucht Urlaub"*, jammerte ich. *„Würdest du dich bitte konzentrieren?"* Wir befanden uns hinter einer trennenden Wand, die fast die ganze Halle in zwei Hälften teilte. Ich erkannte die Männer auf der anderen Seite. Magnus deutete uns, dass wir zu ihnen kommen sollten. Das rege Treiben der schwer arbeitenden Seelenzehrer ließ uns unbemerkt zu den anderen gelangen. Sie stapelten die zerschundenen, teilweise zerfetzten Körper in die uns bekannten Nischen, die sie in Rumänien in den Berg geschlagen hatten. Hier hatten sie eigens dafür gebaute Regale, die bis unter die Decke reichten. Ein großer Lastenaufzug zu unserer Linken führte in die Tiefe. Dort schleppten sie die Kinder hinein. Bei diesem Anblick wurde mir entsetzlich übel. Wir mussten schleunigst den Bastard finden, der für diese Taten verantwortlich war. *„Die Seelen sind nicht hier oben. Dass wir alle vier nach unten fahren, ist zu riskant. Ich würde vorschlagen, Caleb, du schaust dir das untere Stockwerk an. Wir versuchen, dir über diese Treppe zu folgen. Sie lagern die Menschen nicht umsonst hier."*
„Wartet einen Augenblick, ich versuche etwas." Sofort nahm ich Kontakt mit meinem Mondhund auf: *„Mein treuer Seelensucher, kannst du mir helfen, hier die Seelen meiner Kinder aufzuspüren?"* Ich wartete. Magnus schaute mich erwar-

tungsvoll an. *„Geduld, gleich weiß ich mehr."*
Ich faltete die Hände über meinem Herzen. *„Sie sind hier, ich kann dich zu ihnen führen. Folge meiner Anweisung."* Schnell teilte ich den anderen meine Neuigkeiten mit. *„Sie sind hier. Ich freue mich so. Wir müssen zusammenbleiben. Lasst es uns versuchen."* Ich übersetzte direkt die Anweisung des Mondhundes an die anderen.
„Im hinteren Bereich dieses Gebäudes gibt es zusätzliche Treppen, die euch zu den Seelenkammern führen." Ich ging meinem Gefühl folgend der Anweisung nach. Wir fanden das Treppenhaus, das absolut verwaist schien. Eilig spurteten wir die Stufen hinab. *„Die nächste Tür müsst ihr raus, lass Caleb und Magnus vorangehen. Dort stehen zwei Wachposten, die ihr überrumpeln müsst. Folgt dem Korridor bis ihr auf eine rote Tür trefft. Wartet dort auf mich."*
Wieder übermittelte ich meine Information. *„Würdest du uns bitte verraten, wer dich da begleitet? Ist es deine Drachin?"*
„Nein, es ist ein Mondhund. Er ist ein Seelenführer und hat mir seine Hilfe angeboten. Ich wusste selbst nicht, ob das klappen würde. Er wird bei der roten Tür zu uns stoßen."
„Hast du sonst noch ein Wesen bei dir?" wollte Magnus wissen. *„Nein, nur den Stein für die Seelen."*
Die Männer überraschten die zwei gelangweilten Seelenzehrer mit einem hellen Blitz aus ihren Händen. Ein Häufchen Asche war alles, was an sie erinnerte. Die Dämonen hatten hier ihre ursprüngliche Gestalt, und die war unserer menschlichen sehr ähnlich. Sie waren größer, schlaksiger, und ihre Haut hatte einen grünlichen Schimmer, aber ansonsten sahen sie verdammt menschlich aus. Als wir an der roten Tür ankamen, saß der Mondhund bereits davor und erwartete uns.
„Dort drinnen bewahren sie die Seelen der Kinder auf. Lea und ich gehen hinein. Ihr haltet Wache, bis jetzt hat niemand Verdacht geschöpft. Alles ist ruhig." „Da irrst du dich, mein Freund, Lea geht ohne mich hier nirgends hin. Ich bestehe darauf mitzukommen." Ich sah dem durchscheinenden Hund in die silbernen Augen und zuckte mit den Schultern.

„Dann folgt mir, meine Zeit hier ist begrenzt und mein Aufenthalt gefährlich."
Magnus ließ mich hinter dem Hund gehen, er bildete somit das Schlusslicht. Die rote Tür war nicht verschlossen, sie führte in einen weiteren, verzweigten Korridor. Der Mondhund witterte ständig, indem er seine Schnauze in die Luft steckte. Keine Ahnung, wie er das vollbrachte, aber er folgte einer uns unsichtbaren Spur. Nach etlichen Biegungen blieb er stehen. Eine zweite rote Tür trennte uns von einem unbekannten Raum. Zaghaft drückte ich die Klinke, auch diesmal sprang die Tür ohne weiteres auf. Kein Wachposten war zu sehen. Seltsam. Magnus Sinne waren aufs Äußerte geschärft, er rechnete jeden Moment mit dem Schlimmsten. Ich musste mich an seine Worte erinnern. Wir befanden uns auf dem Weg in die Falle. Der Mondhund schlüpfte als erster in den kleinen Raum, der hell erleuchtet war. Rechts und links an den Wänden befanden sich lauter gleiche Glasbehälter, die unterschiedliche farbige, wolkige, runde Gebilde in ihrem Inneren gefangen hielten. Der Raum war nicht breit, so dass man bequem durchgehen konnte. Aber er schien sich endlos in die Länge zu ziehen. *„Nimm deinen Mondstein aus der Tasche Lea. Halte dich bereit. Mach dich auch nützlich, Mann, und zerstöre mit deinem Blitz die Gläser, aber ohne deine Frau oder dich zu verletzen."*
„Was du nicht sagst, Hund." Geschickt führte Magnus sein Licht aus den Händen die Glasflakons entlang, so dass sie, ohne zu zerspringen, in zwei Teile fielen. Die bunten freigelassenen Seelen schwebten wie kleine, heliumgefüllte Luftballons durch den Raum.
„Konzentriere dich auf die Macht des Mondsteines. Bitte ihn, alle verlorenen, umherirrenden Seelen zu sich zu holen. Er soll sie für dich aufbewahren, festhalten, bis wir wieder zurück auf der Erde sind." Sofort hielt ich den Stein auf meinen flachausgebreiteten Händen vor meinen Körper.
*„Stein der großen Mondgöttin. Bitte nimm diese verlorenen, verirrten Seelen in dich auf. Bewahre und beschütze sie, bis wir wieder auf der Erde sind. Ruf sie zu dir, mögen sie in dir

vorübergehend Schutz finden!" Kaum hatte ich die Worte ausgesprochen, fing der Mondstein in den Farben des Regenbogens zu leuchten an. Alle freischwebenden Seelengebilde steuerten direkt auf ihn zu. Kaum waren sie in seinem Licht- und Energiefeld angekommen, verschwanden sie in seinem Inneren. „*Wie soll ich aus diesen vielen Seelen, die meiner Kinder finden?*", fragte ich eben den Mondhund, als die rote Tür aufgerissen wurde und Andreas grinsend hereintrat. Ich sprang instinktiv weiter in Magnus Richtung, um Abstand zwischen mich und meinen Exmann zu bringen. Der Stein hatte fast seine Arbeit beendet, einige wenige Wölkchen steuerten direkt auf mich und sein Licht zu. Magnus umgriff meine Hüfte und schob mich hinter sich. Der Mondhund war augenblicklich verschwunden. Ein letztes Seelengebilde hatte uns noch nicht erreicht, aber ich wollte es unbedingt mitnehmen. Weitere Dämonenkrieger eilten in den engen Raum. Ich stürzte mich der kleinen, feinen Seelenwolke entgegen. Geschafft! Schnell verstaute ich den schweren Stein, der soeben sein Leuchten beendete, in meine Tasche. Ich murmelte ihm ein leises „Dankeschön" hinterher. Andreas und Magnus fixierten sich böse. „Du hast mir etwas entwendet, was allein mir gehört", richtete Andreas das Wort gegen Magnus. „Du weißt gar nicht, wie sehr sie meine Zuwendung und Anwesenheit in der Höhle genossen hat. Sie liebt diese schmutzigen Spielchen, musst du wissen. Aber vielleicht werde ich dich so lange am Leben lassen, dass du bei unserer zweiten Hochzeitsnacht dabei sein kannst." Bei seinen absurden Worten stellten sich mir sämtliche Nackenhaare auf. Er lachte sein böses, verachtendes Lachen. Meine Erddrachin war bereit, auf Befehl anzugreifen. Hinter Andreas standen sechs weitere schwer bewaffnete Dämonenkrieger. Magnus blieb ruhig und verbiss sich jeden Kommentar. Er ließ sich absolut nicht das Geringste anmerken. Sein Kiefer presste sich fest aufeinander, sein Blick verriet seine aufbrausenden Gefühle nicht. Ich wusste, dass er ihm nicht glaubte, spürte aber seine schier unbändige Wut gegen diesen Mann. „*Jetzt!*" lautete sein unwiderruflicher Befehl, der meine Erddrachin durch mein Kronenchakra heraus direkt auf die sechs Krieger stürmen ließ. Sie nutzte ihren Überraschungsmoment, umwickelte die Kerle, ehe sie eine Hand bewegen konnten, presste ihnen ihre schwarze Seele heraus, atmete sie ein und veraschte ihre Körper mit einem einzigen Feuerstrahl. Alles ging so unglaublich schnell. Magnus hatte in der Zwischenzeit Andreas in die Mangel genommen und ihm die Arme auf den Rücken gefesselt. Er hatte ihm zuerst mit voller Wucht mit der rechten Faust eine aufs Auge gegeben. Zum Schluss knebelte er ihn. „Du wirst uns jetzt zu deinem König bringen, du Feigling. Gegen Frauen magst du dich ja überlegen fühlen, aber so einen Schwächling hatte ich schon lange nicht mehr unter meinen Fäusten." Die Drachin hatte Andreas völlig aus seinem Konzept gebracht. Sie war wirklich eine unschlagbare Größe. *„Liandhra, du bist die Beste. Danke dir".*

„Gern geschehen!"

Sie blieb in meinem Energiefeld, so dass ich sie nah bei mir hatte, dafür war ich ihr sehr dankbar. Eilig verließen wir mit Andreas voran die verwüstete Seelenkammer. Caleb und Tessa hetzten uns auf dem Flur bereits entgegen. „Sie kommen und ich denke, ihr König ist dabei." Andreas lachte trotz seines Knebels hämisch. Magnus versetzte ihm sogleich einen Schlag auf den Hinterkopf. Er verstummte. „Wir bleiben und warten hier auf seine Ankunft. Jetzt wird sich die Prophezeiung erfüllen", sagte ich zu meinen Gefährten. *„Dein Mondhund hat uns zu den anderen Seelenkammern geführt, und wir konnten alle Seelen in unsere Mondsteine bannen."*

„Das ist eine sehr erfreuliche Nachricht. Ich hab die Seelen von vielen Kindern, die der König in seiner Gewalt hatte. Auch die von Leo und Anna, hoffe ich."

Tessa umarmte mich. „Beim Leben der großen Mutter. Ich bin erleichtert."

Am Ende des Korridors ertönten schwere Schritte. Ein Kampftrupp dämonischer Soldaten unter der Führung eines jungaussehenden Mannes steuerte direkt auf uns zu.

Magnus trat neben mich und Caleb zu Tessa, so dass wir Frauen innen standen. Andreas lag vor uns am Boden im Staub.

Meine Drachin breitete hinter uns ihre Flügel aus, jederzeit bereit anzugreifen. Sie wusste, dass sie auf meinen Befehl zu warten hatte. Ich verband mich innerlich mit den großen Müttern, den wahren Göttinnen. Sofort durchdrang mich dieser Strom an unerschöpflicher Kraft. Die Worte der greisen Mondin drangen in mein Gedächtnis.
„*Magnus, nimm bitte du den Mondstein in deine Obhut, ich...*"
„*Du behältst ihn schön bei dir und bringst deine Kinder selbst nach Hause. Jeder ist für sich selbst verantwortlich, deine Worte, mein Engel. Du bist für das Leben deiner Kinder ebenso verantwortlich.*"
Ich konnte nicht anders, aber ich musste über seine Feststellung schmunzeln. Sterben ist nicht drin, Lea. Nicht heute, sagte ich zu mir selbst. Als die Truppe vor uns zum Stehen kam, teilten sie sich auf Kommando nach rechts und links, so dass eine schmale Gasse frei wurde, die ein hochgewachsener, stattlicher Mann zügig durchschritt. In geringem Abstand blieb er vor mir stehen. Sein Gesicht war hager, scharfkantig und ernst. Seine Augen waren kälter als die Winter in Sibirien. Seine Stimme versuchte er freundlich klingen zu lassen. „Da bist du endlich. Lass dich anschauen, meine Tochter." Er wollte seine behandschuhten Finger an mein Kinn führen. Ich konnte sie ihm aber gerade noch wegschlagen. „Fass mich nicht an!" „Ich sehe, du freust dich sehr, mich zu sehen. Und wie gehst du überhaupt mit deinem Ehemann um? Hat dir das deine Mutter beigebracht?" Er gab einem seiner jungen Gefolgsmänner ein Zeichen, Andreas von Magnus Füßen wegzuziehen. Magnus packte aber Andreas im Nacken und zog ihn grob zurück. Er sagte kein Wort und schüttelte nur grimmig den Kopf. „Wenn ihr nicht kooperativ seid, werde ich euch festnehmen lassen."
„Wie lautet denn dein Angebot, Vater?" erwiderte ich so ruhig, wie es meine Aufregung zuließ.
„Mein Angebot, du einfältiges Mädchen, ich lege dir ein Königreich zu Füßen. Du wirst die neue Herrscherin über den Planet Erde sein. Wie gefällt dir das? Außerdem bekommen

meine beiden Enkel ihre Seelen zurück." Er öffnete gemächlich die Knöpfe seines schwarzen Hemdes, bis zwei runde, gläserne Anhänger mit kleinen, wolkigen Seelenteilen zum Vorschein kamen. Ich schrie entsetzt auf. Er lachte siegessicher. „Dachtest du wirklich, ich würde diese Seelen unbeaufsichtigt in der Kammer der Seelen aufbewahren?" Er knöpfte sein Hemd mit aller Ruhe gemächlich zu und kam mir wieder näher. Nicht mit seinem Körper, den ließ er schön auf Abstand. Aber er konnte seine Präsenz ebenso ausweiten wie ich. „Was denkst du, willst du dein rechtmäßiges Erbe an meiner Seite einnehmen? Diese armseligen Gestalten müsstest du selbstverständlich vorerst unter meine Obhut stellen, damit richtige Krieger aus ihnen werden." „Du sprichst von armselig, Vater. Aber ich habe mich bereits entschieden und meinen Platz eingenommen. Weißt du eigentlich, wen du vor dir hast?" forderte nun ich ihn heraus. „Ja, eine törichte Frau, die es mit einem Dämonenkönig aufnehmen möchte." „Falsch." Er lachte überlegen. „Eine Handbewegung von mir und ihr seid alle Staub und Rauch." „Du willst mein Blut, um deine Dämonen in unsere Dimension schicken zu können. Um aus den vielen Menschen, die ihr herüberschleppt, deine neuen, unsterblichen Sklaven zu formen, um sie alle weiter zu knechten, auszubeuten und in ein Dasein der ewigen Verdammnis zu stürzen, damit du hier in Saus und Braus leben und dich an ihren Qualen laben kannst." „Sei doch nicht so dramatisch, mein Kind. Du hast die Wahl, entweder gehst du freiwillig in meinen Dienst oder ich stecke dich für die Ewigkeit in den Kerker. Ich hole mir eigenhändig und wann ich will das, was ich brauche. Überspanne den Bogen nicht, Mädchen." Magnus knurrte böse bei seinen Worten. Meine Drachin ebenso.
Mit einer geschmeidigen Bewegung ließ ich mich in die Hocke gleiten und setzte mit aller Kraft zum Sprung an. Ich erreichte meinen Vater genau an der Stelle, wo ich ihn haben wollte, riss ihm sein Hemd samt Anhänger der Kinderseelen von der Brust und krachte laut mit ihm zu Boden. Schnell stopfte ich mir die Glasanhänger in meine Tasche. Dann brach das Kampfgetümmel über unseren Köpfen los. Diese Gelegenheit

nutzte der Dämon, um mich grob von sich zu stoßen. Ich taumelte, aber bevor ich zu Boden fiel, packte er mich erneut, zog mich an sich und biss in meine Halsschlagader. Mein verändertes Blut schien nicht für einen seiner reinen Art geeignet zu sein. Er starrte mir entsetzt in die Augen. „Was hast du getan, Tochter? Dein Blut ist verdorben. Es ist sterblich. Du bringst mir den Tod in mein Reich." Er tobte erzürnt. „Mein Heer an dämonischen Kriegern, das Portal, alles war vergeblich, du verdammtes Miststück. Dafür wirst du bezahlen, du nutzloses Weibsbild." Schimpfend zog er einen Dolch aus seiner Scheide und stach mit abgrundtiefem Hass in mein Herz hinein.

Bevor sein Stich in die Tiefe ging, fegte ihn meine Erddrachin zur Seite. Sie umwand ihn mit ihren blitzschnellen Umdrehungen und schnürte ihn zu einem festen Paket zusammen. Er tobte und veränderte seine Gestalt in ein schwarzes, glatzköpfiges, geflügeltes Wesen. So entkam er ihrem Körper wieder. Sie rangen miteinander und kurz sah es so aus als würde er Liandhra bezwingen. Aber sie war unglaublich wendig und schnell. Erneut umschlang sie, in Windeseile, seine furchterregende Erscheinung. Wie immer presste Liandhra ohne Mühe ihrem Opfer, das lauthals schrie, seine schwarze Seele heraus, atmete sie zügig ein, um ihn dann genauso schnell wieder aus ihrer Umklammerung zu lösen. Mit einer heftigen, heißen Flamme veraschte sie seine dunkle Seele und seinen Körper. In der Zwischenzeit hatten Magnus, Caleb und Tessa die restliche Gruppe der Seelenzehrer kampfunfähig gemacht. Liandhra saugte ihnen nach und nach ihre schwarzen Seelen aus den Körpern und verbrannte sie. Zum Schluss blieb Andreas übrig, der zusammengekrümmt am Boden kauerte. Magnus packte ihn eben am Kragen und zog ihn zu sich hoch. „Du gehörst mir ganz allein, mein Freund. Ich werde dich erst windelweich prügeln, bevor ich dir deine Eier röste. Danach…", ich legte meine Hand auf Magnus Arm, um seiner abscheulichen Fantasie, und seinem Redeschwall Einhalt zu gebieten. „Lass diese erbärmliche Gestalt hier. Wir verschwinden." „Du glaubst doch nicht im Ernst, dass ich diesen feigen

Wurm ungestraft davonkommen lasse." „Das musst du auch nicht. Liandhra übernimmt das. Lass uns schleunigst von hier verschwinden. Unser Zeitfenster schwindet."

Das Erwachen

Wir benutzten dieselben Treppen hinauf, die wir vorher hinabgelaufen waren. Oben angekommen hörten wir wildes Kampfgeschrei. Wir schauten uns verdutzt an. Magnus und Caleb schlichen voran. In dem Moment kam Liandhra zurück und vereinte sich wieder mit mir. *„Danke, du hast mir das Leben gerettet." „Ich hab uns beide gerettet. Auch ich will leben."*
Ich nickte wissend. *„Weißt du, was sich da vorne abspielt?" „Eure Freunde sind gekommen. Es sind sehr viele. Der König der Dämonen hat sein fieses Spiel endgültig verloren."*
Erleichtert atmete ich auf und zupfte Magnus am Arm. „Unsere Leute sind da, wir haben es geschafft", sagte ich laut, damit es alle hören konnten. Wir eilten nach vorn, um uns selbst von Liandhras Worten zu überzeugen. Tatsächlich hatten die Lichtkrieger es schon bis hierher geschafft. Sie packten bereits die menschlichen Körper in Tücher und schafften sie zum Portal zurück. Media hatte wieder einmal hervorragende Arbeit geleistet. Wir hatten die Seelen, sie die Körper. Caleb grüßte im Vorbeigehen eben einen hochgewachsenen, blonden Mann und fragte, wie es vorne am Portal aussah. „Der Rückweg ist frei, beeilt euch, wir holen eben die letzten Körper. In zwei Stunden verschließen wir diesen Übergang." Eine Truppe von Männern und Frauen hatte in der einen Hälfte der Halle die Seelenzehrer zusammengetrieben und hielt diese mit einer Art Lichtwolke in Schach. Wir verließen schleunigst dieses wilde Durcheinander. Wir durften keine Zeit verlieren, der Rückweg war lang, aber in unserer Hand. Hastig eilten wir den Abhang hinauf und hinein in den dunklen Berg. Das blaue Strahlen des Übergangs erwartete uns bereits. Zwei Lichtkrieger standen am Tor und begrüßten uns freundlich. „Gute Reise!" wünschte uns der eine, bevor wir nacheinander mit zielstrebigen Schritten hindurchglitten. Diesmal kam mir alles bedeutend schneller vor als bei der Hinreise. Im Nu stand ich in diesem schwarzen Tunnel, der mich von meiner Familie trennte. Zügig ging ich hindurch und spürte sofort

die vertraute Erde unter meinen Füßen. Jeder Schritt gab mir ein Gefühl, nach Hause zu kommen, und tiefe Geborgenheit und Tränen der Erleichterung überkamen mich. Ich war erfolgreich zurückgekehrt. Wir hatten es geschafft. Ich wischte mir die Tränen fort, und sogleich formte sich mein Mund zu einem Lächeln.
Nach Tessa kam Caleb, und zuletzt betrat Magnus unsere Welt. Sie sahen alle völlig fertig, aber erleichtert aus. Wir starrten vor Staub, Schmutz und Resten von angetrocknetem Blut. Ich konnte nicht anders und umarmte sie alle reihum. „Ich danke euch für eure Hilfe und euer Vertrauen." Caleb ergriff das Wort: „Würdest du mir bitte erklären, wieso dein Blut sterblich ist?" Ich sah ihm fest in die Augen und entschied mich, ihnen mein Erlebnis, das ich bei der Mondin erlebt hatte, zu erzählen. Während wir weiter Richtung Ausgang gingen, staunten die drei nicht schlecht und verstanden, warum ich so lange gebraucht hatte. „Was macht ihr jetzt, ich meine du und Magnus? Er kann nicht altern und sterben." Ich sah meinen Geliebten von der Seite an. „Es wird bestimmt einen Weg für jeden von euch geben. Ihr müsst nur bereit sein, ihn zu wählen und zu gehen." Magnus wandte sich an uns: „Ich werde selbst zur Mondin gehen und sie fragen, wie es mit meiner Sterblichkeit bestellt ist. Das ist doch möglich? Ich bin müde wie du, mein Engel. Zum ersten Mal kann ich deine Worte nachvollziehen. Es ist anstrengend, ewig im selben Körper zu leben und keine Chance auf Wachstum zu haben. Ich wähle heute den Weg meiner Seele. Ich bitte die Mondin, mir zu helfen."
Heller Schein beleuchtete unseren Weg. Wir hatten es gleich geschafft, der Ausgang lag wie ein gähnender Mund vor uns. Tessa unterbrach unseren schnellen Schritt. „Wartet bitte. Ich möchte euch, oder besser gesagt, dir, Caleb, gern was wirklich Wichtiges sagen." Wir hielten an. Als ich meine Schwester ansah, verschlug es mir die Sprache. Sie leuchtete hell und klar wie die fruchtbare Mondin. Ich schlug mir die Hand vor den Mund, denn ich ahnte, was ich seit ihrer Rückkehr von der Erde und der Mondin bei ihr gespürt hatte, würde sie jetzt ihrem Liebsten und uns anvertrauen. Ich ergriff die Hand von

Magnus und zog mich in seine Arme. Schweigend standen wir vier schmutzig beisammen und lauschten Tessas Worten: „Als erstes, wo soll ich anfangen?" Sie fuhr sich unsicher mit der Hand durch ihr zerzaustes Haar. „Mein geliebter Caleb, ich bin so glücklich, deine Frau zu sein. Du erfreust mein Herz seit dem Tag an, wo wir uns das erste Mal begegnet sind." Caleb erinnerte sich, denn er fing an, dümmlich zu grinsen. Sie nahm jetzt seine Hände und hielt sie fest. „Bei der Mondin durfte ich dieselbe Wahl wie Lea treffen und glaub mir, sie fiel mir nicht leicht. Aber da ich unser Kind unter meinem Herzen trage, habe ich mich ebenso für die Sterblichkeit entschieden. Ich will es bekommen, ich will ihm eine liebevolle und gute Mutter sein. Dies war der einzig mögliche Weg, der kleinen Seele in meinem Körper ein vorübergehendes Zuhause zu schenken. Oh, Caleb ich liebe dich." Tränen der Freude und der Angst strömten über ihr Gesicht. Am liebsten hätte ich sie in meine Arme genommen, aber nun war Caleb an der Reihe. Er stand wie versteinert da und wusste nicht, wie ihm geschah. Er schüttelte den Kopf: „Du bist schwanger von mir?" Sie nickte, denn ihre Stimme hatte bereits versagt. „Ich werde Vater, aber das kann doch nicht sein." Sie nickte erneut und führte seine Hände an ihren Bauch. Jetzt war Caleb derjenige, der zu heulen anfing. Dies löste ihn aber aus seiner Versteinerung. Endlich küsste er seine Frau überschwänglich auf den Mund und zärtlich auf den Bauch. Anschließend zog er sie in eine wilde Umarmung und führte mit ihr einen Freudentanz auf. „Ich werde Vater. Ist das eine schöne Überraschung!" „Herzlichen Glückwunsch, ihr zwei. Ich hatte ja so etwas in die Richtung vermutet, aber aufgrund der Tatsache, dass Baobhan-Sith unfruchtbar sind, diese Theorie wieder fallengelassen. „Ich freu mich so für dich, komm her, Süße." Ich trocknete ihre Tränen und küsste sie auf die Wange. „Dich so glücklich zu sehen, ist einer meiner schönsten Momente." Wir umarmten uns lange. Die Männer klopften sich derweil lautstark die Schulter. Anschließend herzte ich meinen Schwager, der immer noch völlig von den Socken war und es nicht glauben konnte. Magnus riss uns aus der überschwänglichen Freude und mahnte uns zum Weitergehen. „Erst wenn die Seelen frei sind und die Kinder wach, kann ich mich entspannen." „Recht hast du. Los wir brauchen uns hier um nichts zu kümmern, die Lichtarmee weiß was zu tun ist. Wir müssen schleunigst auf den Hof zurück", stimmte Caleb ihm zu. Als wir in die Freiheit schritten, jubelten uns einige mir unbekannte Menschen zu. Sie lachten und hatten sich bereits im Halbkreis vor dem Höhleneingang versammelt. Sie rückten zur Seite und ließen uns durch. Hinter uns kamen jetzt ebenso viele Krieger mit Tragen, auf denen sie die befreiten Menschen mit sich trugen. Belenus und Owen kamen uns freudestrahlend entgegen. „Wie immer auf den letzten Drücker, Leute. Ihr vier habt ein Faible für Spannungsmomente", meinte Owen. „Gleich wird hier das Portal verschlossen, dann geht hier die Post ab. Dort vorne steht unser Jeep, steigt ein. Die Frauen erwarten uns bereits." Etwas erschöpft und über die Annehmlichkeit des Wagens erleichtert, kletterte ich auf die hintere Sitzbank. Magnus und Caleb waren in der Zwischenzeit den Hügel hinaufgeeilt, um unsere Rucksäcke zu holen. Tessa nahm hinter dem Fahrer Platz, ihr glückliches Strahlen war eine Freude für mich. Wir hatten uns, eine jede für sich, für das wahre Leben entschieden, wo am Ende ein neuer Anfang lag. Ich öfnete den Reißverschluss meiner Tasche und zog den weißen, schweren Stein der Mondin heraus. Die Seelen aller verlorenen Kinder waren so gut wie gerettet. Ich holte die Ketten mit den Seelenteilen von Anna und Leo dazu. Ich betrachtete die kleinen, runden Wölkchen. Eine war im Kern smaragdgrün von einem zauberhaften silbernen Schimmer umgeben. Die andere war indigoblau mit dem gleichem Silberschein umwoben. Sie pulsierten tief aus ihrem Inneren heraus. Sie hatten ihre eigene Lebendigkeit, ihren eigenen, unerschöpflichen Herzschlag. Ich legte mir die Ketten vorsichtig um meinen Hals und faltete meine Hände darüber. Mein Herz pochte lautstark gegen meine Brust. „Es ist Zeit, euch nach Hause zu bringen, meine kleinen Engel", flüsterte ich den Seelenwölkchen meiner Kinder zu. Der Mondstein auf meinem Schoß entwickelte wieder diese angenehme Wärme. „Euch auch." Das Zuschlagen des Kofferraums ließ mich wieder aufhorchen. Magnus schwang sich kraftvoll neben mich auf den Sitz. Seine nackten Füße wurden wieder von Schuhen bedeckt. Er bemerkte meinen Blick. „Hatte ich in weiser Voraussicht eingepackt." „Deine Weisheit ist göttlich, mein Liebster." Er lächelte und verschmolz förmlich mit dem Sitz. Das Auto setzte sich zu meiner Freude in Bewegung. Die Fahrt war sehr holprig, da das Gelände keine befestigte Straße vorwies. In der Ferne ertönte ein heftiger Knall. Grelles, blaues Licht strahlte bis in den Innenraum des Wagens, um sich dann, so schnell es erschienen war, wieder aufzulösen. Ich wandte den Kopf und folgte dem blauen Licht. Es wurde von der Erde in einer wirbelnden Spiralbewegung aufgesogen. Erst herrschte völlige Dunkelheit über dem Eingang der Höhle, die in sich zusammenfiel. Dann brach ein gigantischer Lichtkegel aus dem Boden, der in drei Strahlen bis ins Universum blitzte. Mit einem Donnerschlag zog sich das blaue Licht in die Unendlichkeit des Himmels zurück. Das Portal war ein für alle Mal verschlossen. Die Seelenzehrer waren wieder dort, wo sie hingehörten, nämlich in ihrer selbsterschaffenen Welt. Sollten sie lernen, in ihrer Welt, in einem ausgewogenen Zustand von Geben und Nehmen zu leben.

Wir lachten erleichtert auf. Tessa kuschelte sich in Calebs Arme, und ich tat es ihr gleich und schmiegte mich an Magnus Brust.

Als wir den Hof nach einstündiger Schaukelei schließlich erblickten, stieg sofort meine Aufregung. Ich drückte den Mondstein fest in meinen Händen. Meine Beine begannen, unruhig zu zappeln. Kaum hatte der Wagen angehalten, konnte ich ihn überhaupt nicht schnell genug verlassen. Diese dauernde Warterei zehrte an meinen strapazierten Nerven.

Media und Kristall stürmten uns freudig entgegen. „Herzlich willkommen zurück. Kommt runter in die Höhle. Wir haben alles vorbereitet." Wir sechs folgten ihnen. Media und Kristall trugen beide lange rote Kleider. Sie sahen umwerfend aus. Ich fühlte mich unwohl in meiner dreckigen Kleidung und unter dem Staub und Schmutz der vergangenen Tage. Als wir etliche Stufen nach unten geeilt waren und die Schwelle in die

Grotte der großen Mutter überschritten hatten, empfing uns ein angenehmer frischer Duft. Kristall nahm Tessa und mich in Empfang. Sie führte uns links in eine kleine Nische. Dort standen zwei Wannen mit frischem, dampfendem Wasser bereit. Der herrliche Duft wurde von dem heißen Wasserdampf erzeugt. An der Wand lagen für Tessa und mich ebenfalls zwei rote Kleider bereit. In Windeseile zog ich mir die zerfetzten Klamotten aus, legte den Mondstein und die Ketten vorsichtig beiseite und stieg in das wohlige Nass. Tessa schrubbte sich neben mir bereits den Schmutz aus ihrem hübschen Gesicht. Genießerisch tauchte ich unter, seifte mein Haar und meinen Körper mit den aromatischen Seifen ein, die Kristall mir der Reihe nach anbot. Mit einem Krug frischen Wassers half sie mir, meine verfilzten Haare wieder in Ordnung zu bringen. Viel entspannter stieg ich duftend aus der Wanne. Ich rubbelte mich zügig ab, kämmte mir mein langes Haar und schlüpfte in dieses rote, bodenlange Kleid. Zum ersten Mal fühlte ich mich königlich. Als ich Tessa in diesem roten Kleid erblickte, und ihr bezauberndes Lächeln fast ihr Strahlen übertraf, war mir mehr denn je bewusst, welche Kraft in uns Frauen schlummerte. Wir verließen hinter Kristall unser Badeabteil. Der Weg, den sie einschlug, führte in die Grotte mit dem großen Smaragd. Hier gemeinsam mit Mutter Erde würden wir meine Kinder, die ebenso ihre Kinder waren, wieder zusammenführen. Es kam mir so vor, als würde der Stein noch satter und grüner strahlen als bei unserem letzten Besuch. Anna und Leo lagen rechts und links daneben. Media umarmte uns, als wir feierlich näherkamen. Ich reichte ihr den Stein und die Anhänger. Meine Hände zitterten vor Aufregung.
Wir stellten uns im Kreis um die Kinder und den Stein. Die Männer waren mittlerweile, ebenso frisch gebadet wie wir, in der Höhle angekommen. Im Kreis wechselten sich immer eine Frau und ein Mann ab. Media erhob ihre Stimme: „Ich grüße euch alle herzlich und heiße euch im Namen der großen Mutter willkommen. Sie dankt euch für eure Reise und jedem einzelnen von uns für die Strapazen, die er in all der Zeit auf sich genommen hat. Aber es hat sich wahrlich gelohnt.

Die Mission wurde erfolgreich ausgeführt, ihr habt mehr erreicht, als sie zu erwarten gehofft hatte. Ihr habt unzählige Seelen zurückgebracht und gerettet. Dafür dankt sie euch aus ganzem Herzen. Wir werden nun alle gemeinsam die Seelen erlösen und wieder ihren Körpern zuführen. Wer noch Mondsteine bei sich trägt, legt sie bitte in die Mitte an den großen Stein." Media selbst brachte den großen Stein mit den Kinderseelen zum Smaragd. Die gläsernen, runden Gefängnisse der Seelen von Leo und Anna zerschlug sie mit einem hellen Laut an dem grünen Stein. Sofort schwebten die Wölkchen bewegungslos in der Luft. Media trat in den Kreis zurück. Als Tessa und Caleb ihre Mondsteine ebenso abgelegt hatten, und wir wieder händehaltend den Kreis geschlossen hatten, setzte Media ihre Anrufung fort. „Große Mutter Erde, Dreifaltige Göttin des Mondes, ihr Erschafferinnen, Bewahrerinnen und Zerstörerinnen, ich bitte euch mit all eurer Kraft hier in diesen heiligen Raum. Löst die gebannten Seelen aus den Steinen, fügt sie wieder mit ihren Körpern zusammen, damit diese Kinder leben können. Nehmt sie auf in euren heiligen Schoß und gebärt sie neu aus eurer Kraft. Befreit sie von all der schmerzlichen Erinnerung, schenkt ihnen Heilung. Damit sie lernen mögen in Liebe, Respekt und Achtung ein Dasein zu führen, in dem Ausgewogenheit herrscht. Helft ihnen auf ihrem Weg, ihre angeborene Herzenskraft zu leben, damit sich ihre Talente, Wünsche und Begabungen frei entfalten mögen. Führt sie mit ihrer wahren Seelenbestimmung zusammen, auf dass sich ihr Seelenplan erfüllen möge. Ich danke euch für eure Führung durch all die Zeit. So sei es. Danke. Danke. Danke."
Reihum dankten wir nacheinander den großen Müttern. Media stimmte ein heilendes Lied an. Wir sangen alle zusammen aus der Kraft unserer Herzen. Die Mondsteine begannen zu leuchten und ließen auf ihren Strahlen die Seelen in die Freiheit fliegen. Das grüne und indigoblaue Seelengebilde setzte sich gleichzeitig in Bewegung. Sie nahmen an Größe und Leuchtkraft zu. Das blaue senkte sich über Anna nieder. Das grüne bewegte sich auf Leo zu. Wir sangen weiter dieses sanfte, wiegende Lied der Seele. Der Smaragd nahm ebenfalls an

Leuchtkraft zu. Die Grotte war erfüllt von tanzenden teils runden, teils wolkigen Seelenlichtern. Sie verströmten ihr buntes Licht. Ein unbeschreibliches Gefühl packte mein Herz. Es war ein magischer Augenblick im stillen Erkennen, dass wir alle Geschöpfe der großen Einen sind, die uns das Leben schenkt und nimmt. Sie führt uns durch die Wirrungen des Lebens und des Todes. Sie ist der Anfang und das Ende, der ständige Wandel von Werden und Vergehen. Wir sind alle ihre Kinder, sie liebt jeden einzelnen von uns wie eine Mutter, und sie wird jeden einzelnen von uns loslassen, wenn der Augenblick des Wandels gekommen ist, wie eine Mutter ihre Kinder eben gehen lässt, wenn die Zeit dafür reif ist. Dies erfordert größte Achtsamkeit und Liebe.

Der Gesang nahm an Intensität zu. Anna und Leo lagen eingehüllt in ihr Seelenlicht noch immer wie versteinert zu unseren Füßen. Mit einem lauten Seufzer fing Anna zu atmen an. Bei jedem Atemzug nahm sie ihre Seele immer mehr in ihrem Körper auf. Bei Leo vollzog sich sogleich dasselbe Schauspiel. Beeindruckend beobachtete ich meine Kleinen. Die anderen Seelenlichter verließen auf unbekannten Bahnen durch den Fels hindurch die Grotte. Sie wussten, wohin sie gehörten und würden ihren Körper bestimmt finden. Mit lautem Gebell kündigte sich das Rudel der Mondhunde an. Sie sprangen wild durcheinander und begleiteten den Schwarm der unzähligen Seelenlichter. Jetzt würden sie mit großer Sicherheit ihren Platz finden, wo immer der sein mochte. Als das Glühen des Smaragds nachließ und keine Seele mehr in der Höhle umherschwirrte, beendete Media ihren Gesang und wir mit ihr. Die Kinder hatten deutlich an frischer Farbe im Gesicht und an den Händen zugenommen. Ihre Seelenlichter waren beinahe vollständig eingeatmet. Ich blickte zu Media, die mich wissend anblickte. „Hier", sie reichte mir ein Fläschchen mit einer hellen Flüssigkeit. „Verreibe diese Flüssigkeit auf ihrem Körper und in ihrem Energiefeld. Versiegle ihre Seele wieder in ihnen. Ich helfe dir dabei." Sogleich machten wir uns an die Arbeit und strichen die Körper und Auren der Kinder mit dieser besonderen Essenz ab. „So bleibt ihre Seele geschützt und kann sich wieder vollständig mit ihnen verbinden." Ich spürte, wie durch ihre Körper das Leben pulsierte, ich vernahm ihre kräftigen Herzschläge, und ihre lebensspendende Atmung war die reinste Freude. Anna öffnete als erste ihre verschlafenen Augen und blickte mich liebevoll an. „Hallo, mein Schatz." Tränen der Erleichterung füllten meine Augen. Ich nahm mein Mädchen in die Arme. Sie wusste nicht, wie ihr geschehen war. Als ich mich aus der Umarmung löste, saß Leo bereits aufrecht. Er starrte in die Runde und fragte an mich gewandt: „Mama, was ist hier los?" „Alles in Ordnung, mein Schatz, das ist eine lange Geschichte." Ich ging zu ihm, um ihn ebenfalls mit einer Umarmung zu begrüßen. Tessa stürzte sich sogleich auf ihre Nichte, die sie freudig empfing. „Hallo, Tante. Du bist auch da." Sie plapperte wie eh und je drauflos, als wäre nichts gewesen.

„Kommt, lasst uns nach oben gehen. Ihr habt bestimmt Hunger." Sie nickten beide immer noch etwas verwirrt von den unbekannten Personen, die hier versammelt waren. Ich hoffte sehr, sie würden mit der neuen Situation gut klar kommen. Eilig verließ ich mit den zweien und dem Rest der Gruppe die Grotte. Im Vorbeigehen dankte ich Media und Kristall vielmals für alles. „Lasst uns feiern", schlug Belenus vor und umschlang seine Frau. Leo staunte nicht schlecht, als er durch die funkelnde Höhle mit dem silbernen See marschierte. Ich beschloss in diesem Moment, ihnen alles, aber wirklich alles zu erzählen. Die Menschen mussten sich an diese Geschichte erinnern und meine Kinder durften sie weitergeben. Sie sollten gleich von Anfang an ihre Begabungen erlernen. Magnus kam an meine Seite. Er strahlte übers ganze Gesicht. Ich blieb stehen und vergaß für einen Moment die Welt um mich herum. „Ich danke dir aus ganzem Herzen für alles, was ich mit dir erleben durfte. Du hast mich wahrlich zu einer Königin gemacht. Zu einer Königin in meinem Herzen. Jetzt bin ich die Herrscherin über meine Welt. In meiner Seele und in meinem Körper." Wir küssten uns.